北宋大神晏殊传

邹晓春 著

浙江文艺出版社

前　言

晏殊生于淳化二年十二月二十一（公历已进入992年），十五岁时举神童踏入仕途，五十三岁时登顶拜相，病逝于至和二年（1055）。他五十年的宦海沉浮，几乎贯穿时间跨度六十七年的宋真宗、宋仁宗两朝。他是执掌中枢的政治家，是独当一面的地方主官，也是导宋词先路的一代词宗。他平和低调，有时候却耿介直率，一马当先；严谨周慎，也偶见鲁莽行事；坚持操守，但更多时候明哲保身；知人善任，也因此自食苦果。有人说他日日宴饮，也有人说他自奉若寒士。他是矛盾和复杂的存在。从他的圆融境界中，你能看到儒释道的博弈、灵与肉的冲突、坚持与妥协的摇摆，甚至能看到他面对君恩不测、宠辱不定的惶惑。

他的一生不是平淡无奇，而是跌宕起伏。

南宋洪迈在《容斋随笔》中说"国朝除用执政，多从三司使、翰林学士、知开封府、御史中丞进拜，俗呼为四入头"。晏殊少年得志，这四个职务，他担任过其中三个，只是不曾主政开封府。在宰执的岗位中，历任枢密副使、参知政事、枢密使，庆历三年（1043）才位极人臣，担任宰相。但他的宦海生涯并非一帆风顺，曾三次被贬谪，尤其在人生的暮年，过府冲州，不得其所。

第一次被贬，是为自己的青春冲动买单。天圣五年（1027）正月，晏殊被罢枢密副使，以刑部侍郎外放应天府。当时，晏殊随宋仁宗视察玉清昭应宫，可他的随从慢吞吞地送手板过来。晏殊怒不可遏，接过手板一挥手，当即敲掉了随从几颗牙齿。为此，监察御史曹修古劾奏，说他身为执政，竟然动手打人，有失体统。其实，此事只是被贬的诱因，真正的原因一年多前已然种下。皇太后刘娥拔擢故旧张耆为枢密使，结果，晏殊一马当先跳出来反对，惹得刘娥窝了一肚子火。

晏殊的第二次被贬，纯属无妄之灾。明道二年（1033）三月，太后刘娥驾崩，宋仁宗很快获知自己的身世之谜，龙颜震怒。晏殊与吕夷简、张耆等其他六名宰执同时去职，以礼部尚书身份，出知亳州。一年前，仁宗的生母李宸妃去世，晏殊受命撰写墓铭，不敢挑明真相。结果，此事招致仁宗恼恨。当然，即使没有墓铭事件，晏殊也难逃一劫，因为与墓铭事件无关的宰执同样遭遇解职。这是皇帝对太后刘娥残余势力的清洗。

最让晏殊痛彻肺腑的，是他的第三次被贬。庆历四年（1044）九月，晏殊被谏官孙甫、蔡襄弹劾，从宰相高位上坠落，以工部尚书官衔出知颍州。

此事因欧阳修而起。起初，晏殊拔擢欧阳修为谏官，可欧阳修个性刚直，论事切直，四处树敌，让晏殊倍感压力。于是，让欧阳修转任河北都转运使。孙甫、蔡襄当即将矛头直指晏殊。尽管劾奏的理由很牵强，但值此"谏官日横"之际，宋仁宗只好忍痛割爱，将晏殊外放。

欧阳修、孙甫、蔡襄均是晏殊天圣八年（1030）知贡举时的门生。现在，他被自己的门生拉下相位，外放州府。这该让他多么地肝肠寸断！此番一去，便是十年，赔上了他晚年的所有时光。

公允地说，在宋仁宗朝的二十三个宰相中，晏殊的功业不如吕夷简、王曾、韩琦、富弼、文彦博；但论吟诗填词，却独占鳌头。换言之，在宰相中，他的诗词最好；在词人中，他的名位最高。

此外，以知人善任而言，晏殊堪称北宋第一人。北宋著名史学家、官至翰林学士的范镇曾评价晏殊"平生欲报国，所得是知人"。范仲淹、欧阳修、宋庠、宋祁、韩琦、韩维、韩绛、梅尧臣、文彦博、孔道辅、蔡襄、王琪、王洙、蒋堂、邵亢、邵必、黄庶、张先、张洞、傅尧俞等人均曾受益于晏殊的拔擢、举荐。

晏殊的知人之明创造了一个又一个传奇。且不说他怎样将富弼、杨察选为自己的乘龙快婿，也不谈他如何举荐范仲淹、王洙于微时，单单以他对王安石的判断，即让人叹服。

庆历二年（1042），王安石以第四名进士及第，按照惯例，前往拜谢时任枢密使的晏殊。几天后，晏殊宴请王安石，告诉他：以后，你的名望、职位会超过我。不过，我有两句话送给你：能容于物，物亦容矣。

当时，王安石很不理解，认为晏殊官居宰执，竟然教他容于流俗，感叹说："何其卑也！"

元丰年间，退居南京的王安石反思得失，想起了晏殊当年的劝诫，很佩服晏殊的见识，不无遗憾地对弟弟王安礼说："今日思之，不知晏公何以知之。"

这么一个少年得志的神童、一个身居高位的宰相、一个知人善任的伯乐、一个风流闲雅的词客，当然拥有一个精彩纷呈的人生。他的人生，是从草根到"北宋大神"的华丽逆袭！

我笔下的晏殊，首先是一个沉稳持重、荐贤举能的政治家，其次才是一个富贵闲雅的词人、一个珍惜家庭乐趣的凡人。

在写作风格上，我力求深入浅出，雅俗共赏，试图让一个形象立体的晏殊走进普通读者心里。在史料使用上，我力求严谨，于存疑之说不妄下结论。譬如，很多史料称，晏殊曾推荐孔道辅，但具体什么时候什么场合推荐，语焉不详，令人一头雾水。晏殊自宝元元年（1038）十二月自御史中丞迁任三司使，而孔道辅以龙图阁直学士、给事中、知兖州的身份接任。我推测，这很可能系晏殊推荐所致。苏颂在谥议《司空侍中临淄公晏殊谥元献》中有"孔给事尝代为御史"之说，当指此事。可惜，除此之外，别无旁证。又如，晏氏宗庙有联云"门前桃李重欧苏"，这个"苏"到底指苏舜钦还是苏颂，抑或其他人？因没有找到确切的史料佐证，难以考据，暂存悬疑。再如，有资料称，今本《世说新语》系晏殊整理，因晏氏本今世不存，此说只是分析推测的结论，我不敢贸然写入书稿。

尽量避免错误是每一个作者的不懈追求，我也不例外。即使书稿行将付梓，我仍在筛查书稿中可能出现的错误，并及时纠正。譬如，最初写宋真宗五月十五日召试晏殊的细节，我依据的史料是欧阳修《晏公神道碑铭》"时方亲阅天下贡士，会廷中者千余人"和《宋史·晏殊传》"帝召殊与进士千余人并试廷中"，说当时晏殊和成百上千贡士一起在大殿参试。可最近查阅《宋登科记考》，发现此说可疑。景德二年（1005）的进士殿试及诸科殿试于三月初六、初七基本结束。五月十三日至十七日，又以每天一场的频次，连续五天举行殿试，对象主要是上年抗击契丹入侵的河北战区的贡士、诸科人，"广示甄采，无所遗弃"，榜上题名者两千多人。问题是，其他四场殿试每场至少几百人参加，尤其五月十七日近千人，但晏殊参加的五月十五日神童科殿试，只有他和姜盖。难道欧阳修写错了？欧阳修行文向来慎密，又是晏殊的门生，怎么可能呢？我不得不再次查阅《宋会要辑稿·选举》，终于找到了原因。原来，宋真宗于五月十五日赐晏殊进士出身后，又于五月十七日殿试其他贡士时，召晏殊再次面试诗、赋、论，并"擢为秘书省正字、赐袍笏，令读书于秘阁，就直馆陈彭年习诸科"。也就是说，欧阳修笔下的"会廷中者千余人"指五月十七日，而不是五月十五日。为此，我调整了这一节的表述及注释。

凡此种种，既是写作中的艰辛，也是难得的乐趣。

邹晓春

2019年3月

001 | 第一章
寻根问祖,看看老祖宗有多牛

　　一　天皇巨星晏婴　/ 004
　　二　重振家声,就在江西　/ 011
　　三　我看上的不是那个妞,是那块地　/ 014
　　四　和谐安宁的"五好"家庭　/ 021

031 | 第二章
草根神童拼搏史

　　一　临川小子登台,亮瞎你的眼　/ 033
　　二　勤勉、朴实,闯出一片天　/ 048
　　三　让青春岁月燃烧吧　/ 056
　　四　中年大叔的幸福生活:风流词人,太平宰相　/ 080
　　五　人之将老,暮年心事许沙鸥　/ 120
　　六　驾鹤西去,备极哀荣　/ 139

155 | 第三章
晏殊的朋友圈:门生故吏,遍布台阁

　　一　范仲淹:良师益友,情谊深厚　/ 157

二　欧阳修：前世冤家，恩怨纠葛终言和 /174
三　吕夷简：牛人的朋友不好做 /184
四　宋氏兄弟：高山流水遇知音 /194
五　胜友如云，再列举几个 /202

223 | 第四章
晏殊的家庭：家道荣昌，两个女婿很牛掰

一　梅开三度，情路坎坷终呈祥 /225
二　忠孝子孙，各有所成 /229
三　双星闪耀东床贵 /240

255 | 第五章
晏殊的诗文：赡丽闲雅

一　文辞赡丽气象高 /257
二　富贵闲雅余音远 /265

271 | 第六章
晏殊的词作：珠圆玉润，情中有思

一　北宋倚声家初祖 /273
二　风流闲雅思致远 /277
三　品读经典，口有余香 /282

296　晏殊年表

300　晏殊为官路线图

第一章 寻根问祖，看看老祖宗有多牛

但凡粗通文史的人，对晏婴和晏殊这两个历史文化名人多少会有所了解。

谁不知道"两桃杀三士"的故事？谁会忘记"无可奈何花落去，似曾相识燕归来"、"昨夜西风凋碧树。独上高楼，望尽天涯路"这样的千古名句呢？

也许有人说："我真不知道耶。"

那也没关系，听晓春慢慢道来。

晓春念小学时，主要的课外读物是连环画，《三字经》、《千字文》、《幼学琼林》、《龙文鞭影》、《增广贤文》等蒙学著作一概不曾接触。若干年后，从鲁迅《华盖集续编》中读到《两个桃子杀死了三个读书人》，才知道可爱的人间曾经发生过那么多不可思议而又特别好玩的事情。心想，这个晏婴咋这么聪明呢？可又想，这个点子是不是太阴太损了？恐怕不是侠义所为吧。长大了才明白，人家是政治家，要的是结果，侠义人士算什么！谁是胜利者，谁就有权力书写历史。董狐、太史季虽然确有其人，可那是千年一出的超级大咖，不能以常理而论。也就是说，我们读的二十四史，大多是在"政治优先"基础上的筛选和记载。因此，很难保证其中没有刻意的抹杀、歪曲甚至虚构。

从正史上看，晏婴是一个气场强大、光彩夺目的人物。

他足智多谋，他能言善辩，他平和朴素。太史公司马迁将他与管仲并列，名标青史。

但历史长河滚滚向前，推陈出新，晏氏一族自晏婴公元前500年去世后，日渐式微，正应了孟子那句话"君子之泽，五世而斩"，在此后一千五百多年的历史舞台上，再也没有出现大腕。

这种局面必须改变了，否则在九泉之下的晏子也会努力睁开那双睿智的眼睛。

终于，在北宋景德二年（1005），来自江西临川的草根小子晏殊举神童名满天下，逐渐重振家声，再续辉煌，让人口不多的晏氏重新为世人所关注。

一　天皇巨星晏婴

中国人素来讲究认祖归宗，落魄如阿Q尚且口口声声祖上如何如何阔，况乎那些身居高位或富可敌国的贵人。刘备早年为"织席贩履之辈"，可走到哪里也不曾忘记表明自己"中山靖王刘胜之后"的身份。

在我们这个历史悠久的国度，攀龙附凤，尤其借一借老祖宗的光环是司空见惯的事情。这也是人们热衷于修家谱的原因之一，得定期盘点一下，家族中又有谁发达了，谁给家族长脸了。

那晏殊家族到底来自哪里呢？

晏殊家的老八、著名词人晏几道曾经组织人员重修家谱《东齐世家》，拍着胸脯说："我们家的老祖宗是千古名相晏婴。"

凭什么？咋不说是百家宗师姜子牙呢？

有不少人投来质疑的目光，甚至有人嘿嘿一笑，问道："是因为你老爸晏殊做过宰相还是因为你会写词、泡妞？"

晏几道嗫嚅道："我说的是真的。"

"蒸的？煮的吧！还真的，你以为你是祥林嫂啊？！"那人越发放肆地调侃起来。

晏几道一脸通红，气呼呼地说："你等着，我要写一阕词来砸死你。"

那人呵呵一笑："砸死我？！凭你的'落花人独立微雨燕双飞'，还是'舞低杨柳楼心月歌尽桃花扇底风'？哈哈哈……"

见晏几道一脸窘态，气氛紧张，当朝宰相文彦博缓缓站了出来："你们要相信几道嘛，我作证，几道说的话实事求是。"

"当然是真话，我也可以担保！"国防部长宋庠也站到前台，说。

看着吃瓜群众还迟迟不肯散去，文彦博伸出手捋了捋花白的胡须，说："大家知道，我是一个负责任的人，绝对不会胡诌。我仔细看了，这本家谱考据很详细，源流次序很清晰，没有牵强附会。否则，我也不会亲自为家谱作序。"[1]

既然如此，那我们就信了吧。SGS认证就在宰相手里，人家说话权威啊！

事实上，文彦博和宋庠讲了负责任的话。晏氏的源流关系是这样的，晏殊的高祖是晏墉，晏墉为五胡十六国时期南燕尚书晏谟的八世孙，而晏谟是晏婴的后代。

考证到此结束，结论是：晏殊家的老祖宗就是晏婴。

好，下面且听晓春娓娓道来，看一看晏婴到底混得怎么样。

晏婴太牛了，是那个时代的天皇巨星！

历史上关于晏婴的记载很多，这么多年过去了，传奇故事还在口口相传。看看标签就让你肃然起敬，什么足智多谋、能言善辩，什么忠心辅政、节俭朴素。一言以蔽之，德才兼备、名臣典范。

我们且看权威具体怎么说。

《史记》被鲁迅先生称为"史家之绝唱，无韵之离骚"，那太史公怎么看他呢？

司马迁在《管晏列传》中说得很诚恳，原话是："假令晏子而在，余虽为之执鞭，所忻慕焉。"

呵！堂堂史界太祖，竟然屈尊做车夫也在所不惜，敬慕之情溢于言表，铁杆晏粉一枚！三皇五帝以来，有几人能让太史公如此折服？

很多人听过郑板桥甘愿做"徐青藤门下走狗"的逸事，可有几人注意到司马迁甘愿为晏婴持鞭驾车的心声呢？

在崇拜晏婴的人群中，司马迁还不算老大。晓春再给你列举一位。

是谁？真的比司马迁还牛吗？

当然，他是万世师表孔圣人。

孔子比晏婴小二十多岁，但算起来同属一个时代。

据《史记·孔子世家》记载，晏婴曾在齐景公面前进言，阻断了孔子在齐国大展拳脚之路。

晏婴怎么编派孔子的？晓春的感觉是：够狠！这个梁子结得不小。

晏婴几乎把孔子说得一无是处：

儒者圆滑善辩，不能用法来约束他们；高傲而自以为是，很难把他们作为臣子来驾驭；推崇丧事，尽表哀伤，不惜破产以求厚葬，不能放任成风；四处游说乞取官禄，不能让他们治国理政。自从大圣大贤去世以后，周室衰微，礼乐制度残缺毁坏很久了。如今孔子过分讲究仪容服饰，制定烦琐的上朝下朝礼仪，刻意追求行止合乎规矩，这些繁文缛节几代人都学不完，一辈子都弄不清楚。国君想用孔子这些东西来改变齐国的风俗，这不是引导百姓的好办法。[2]

可即使晏婴在齐景公面前毫不留情地说了一大堆孔子的不是，坏了孔圣人的大事，孔圣人仍对晏婴以直报怨，评价极高。

譬如，孔子说："晏子善于与人相交，他和人处久了，仍然能够对那个人敬意不衰。"[3]

又如，孔子说："晏子在君主面前是一个忠臣，为人谦恭，做事勤勉。我把他当作我的兄长看待，爱敬有加。"[4]

晓春此刻想起一句话："纵你虐我千百遍，我仍待你如初恋。"

孔子是人不是神，有七情六欲，能这样不计前嫌再三为晏婴说好话，除了孔子本身的道德操守之外，也反映了晏婴异乎寻常的人格魅力。

在记载晏婴言行的历史典籍《晏子春秋》中，有很多关于晏婴的逸事典故，譬如"折冲樽俎"、"纪国金壶"、"两桃杀三士"、"死马杀人"、"烛邹养鸟"等。

其中以"两桃杀三士"[5]流传最广，从中可以看出晏婴出类拔萃的足智多谋。

公孙接、田开疆、古冶子三个人都是武功高强、英勇盖世的著名勇士，凭勇力搏杀猛虎而闻名，在齐景公帐下效力。

晏子在他们面前经过时，小步快走，表示敬意。

可人家压根儿不领情，你小步走关我什么事？没有起身回礼。

这样，可让晏大人不高兴了。

晏大人不爽，问题很严重。

他逮住一个机会，对齐景公说："老大，我听说贤明的君主所豢养的勇士，对上有君臣之义，对下懂得尊敬长者、为人表率的道理；对内可以制止暴乱，对外足以威慑敌人；君主从他们的功劳中得利，在下的臣民敬服他们的勇力。所以，让他们有尊贵的地位，有丰厚的俸禄。如今，您所豢养的勇士，对上无君臣之义，对下不懂得尊敬长者、为人表率之理，对内不能制止暴乱，对外不能威慑敌人。这种危害国家的人，留着干啥？不如把他们干掉。"

齐景公说："老晏，你说的有理。可这三个人不简单，搏杀他们恐怕不能成功，刺杀他们恐怕不能击中。很棘手啊！"

晏子说："甭怕。这些人靠力气攻打强敌，哪里会懂得敬爱谦让之礼？"

于是，请齐景公派人只给他们两个桃子，说："桃子只有两个，你们三个人论功吃桃子吧。"

公孙接仰天长叹："晏子太聪明了！他让君王给我们论功，谁没有得到桃子，谁就是无勇之人。人多而桃少，为什么不论功吃桃呢？我一次搏杀野公猪，一次搏杀母老虎，像我这样的功夫，可以吃桃子而不必和别人共吃一个了。"

说罢，抓起一个桃子站了起来。

田开疆说："我手持兵器两次打退敌方三军将士，像我这样的功夫，也可以吃桃子而不必和别人共吃一个了。"

说罢，把剩下的一个桃子拿到手里，站了起来。

看到两个桃子被抢光了，古冶子说："哥们儿我曾跟随君王渡过黄河，有车子左边的马，被巨鳖拖入砥柱山前的激流中。那时候，我不怎么会游泳，但我潜入水中行走，逆流百步，顺流九里，抓住巨鳖，并杀了它。左手抓住马尾巴，右手提着巨鳖的头，像鹤一样飞跃而出。渡口边的老百姓说：这是河神啊！仔细一看，原来是巨鳖的头。像我这样的功夫，也可以吃桃子而不必与别人共吃一个了。你们两个怎么还不把桃子放回去?!"

说罢，拔剑而起。

公孙接、田开疆听罢，表示心悦诚服，说："我们勇力不如你，功夫不如你，取桃不谦让，这是贪心。这样而不去死，是没有勇气。"

说罢，两人把桃子放了回去，拔出剑，猛地把颈脖子上的动脉划拉开了。

看到两个勇士躺在地上，古冶子说："他们都因此而死，唯独我还活着，这是不仁；以言语羞辱别人而夸耀自己，这是不义。为自己的行为感到遗憾，却不去死，这是无勇。尽管如此，他们两人共吃一个桃子很合适，我独吃一个桃子没有任何问题。"

说完这些话，他也放回了红通通的桃子，哧的一声，自刎而亡。

后人对这件事毁誉不一，有人谴责晏婴阴谋杀人，但更多人钦服于晏婴的智谋。

晓春以为，这三人已成为国家团结和稳定的隐患，晏子身为上大夫，献计解除威胁在情理之中。至于是否"毒计"，是否"阴招"，恐怕不是一个成熟的政治家所忌讳的。

而最能体现晏婴应变自如、能言善辩的是"晏子使楚"[6]的故事。

晏子出使楚国。楚国人因为晏子身材矮小，在大门旁边开了一个小门让晏子进去。

晏子心想，还讲不讲人权嘛，坚决不进去，脑子转得飞快，说："出使狗国的人才从狗洞进去。如今我出使楚国，不应该从这个洞进去。"

迎接宾客的人觉得这话靠谱，总不能让楚国先变成狗国吧，只好带晏子改从大门进去。

见了楚王，楚王说："齐国没有人吗？竟派你做使臣。"

说得很直白，问题是太过分了，公开侮辱人嘛。

可晏子淡定地回答说："齐国的临淄城有几千户人家，人们张开衣袖可以遮天蔽日，挥洒汗水就像天下雨一样，人挨着人，肩并着肩，脚尖碰着脚跟，怎么能说齐国没有人呢？"

楚王不知是计，又傻乎乎地问："既然这样，怎么会派你这样一个人来做使臣呢？"

大咖就是大咖，晏子顺着对方的思维方式，淡定地反唇相讥，以子之矛攻子之盾："齐国派遣使臣，各有各的出使对象，贤明的使者被派遣出访贤明的君主，不贤的使者被派遣出使不贤的君主，我晏婴最不贤，所以最适宜出使楚国了。"

没想到吧，晏子才是自黑的老祖宗啊。楚灵王说他是一条乌鱼，谁料他不是乌鱼，而是乌贼，整个楚国都被他黑翻了。

此前，楚王听说晏子将要出使楚国，对身边人说："晏婴是齐国最能言善辩的人,现在将要来了,我想羞辱他,用什么办法呢?"

身边人回答说:"等他来的时候,请允许我们绑一个人从大王您面前走过。大王您问:'这是哪个国家的人?'我就回答说:'是齐国人。'大王您问:'他犯了什么罪?'我就说:'犯了偷窃罪。'"

晏子到了,楚王招待晏子饮酒。酒喝得正高兴时,两个小吏绑着一个人走到楚王面前。

楚王问:"被绑着的是什么人啊?"

小吏回答说:"是齐国佬,犯了盗窃罪。"

楚王瞟着晏子说:"齐国人本来就善于偷窃吗?"

说罢,得意扬扬地看着晏子,准备看笑话。

可面对楚灵王精心导演的"缚贼"大戏,晏婴机智地以"南橘北枳"应对。

他离开座位,恭敬地说:"我听说,橘子生长在淮河以南就是橘子,生长在淮河以北就变成枳了,只是叶子的形状相像,它们果实的味道大不一样。为什么这样呢?因为水土不同。现在老百姓生活在齐国不偷窃,到了楚国就偷窃,莫非楚国的水土使得老百姓善于偷窃吗?"

楚王笑着说:"哇!对于圣明的人,是不能乱开玩笑的,寡人反而自讨没趣啊。"

外交无小事。"晏子使楚"往大处说,就是捍卫了齐国的国格、国威,厥功至伟啊。

撇开晏婴谋略过人、能言善辩的才能不再细说,其节俭的风格也让人叹服。其实,这是最难的,穷人节俭是迫不得已,身居高位咋不能享受享受呢?

据记载,晏婴祭祀先祖用的猪腿连浅浅的高脚盘都遮掩不住,很是简陋;一件狐皮外衣穿了三十年,你说是不是贤明、节俭的大臣?[7]

此外,晏子拒绝公主,苦守糟糠之妻的故事也让人感动。毕竟,对男人来说,美女是一个巨大的诱惑。

齐景公有个宠爱的女儿,他想把她嫁给晏子。

于是,景公到晏子家宴饮,喝到酣畅时,景公看见了晏子的妻子,问:"这是您的夫人吗?"

晏子说:"是的。"

景公叹道:"嘻!又老又丑。我有个女儿年轻漂亮,典型的白富美,您把她给收了吧。"

晏子听罢,大吃一惊,离开座席,说:"现在她确实又老又丑,可我与她生活很长时间了。过去,也曾赶上她年轻漂亮的时候。况且,人本来就是以少壮托付于年老的,以漂亮托付于丑陋的。她曾经托付于我,我也接受了她的托付。虽然君王有所恩赐,但怎么可以让我背弃她的托付呢?"

说罢,拜了两拜,谢绝了。[8]

一般来说,高官显宦能拒绝奢靡就相当不错了,可位极人臣的晏子一生倡导节俭,身体力行,面对富贵、财色,泰然自若,糟糠之妻不下堂。这也是晏子拥有巨大人格魅力的原因之一。

作为春秋时期著名的政治家、思想家、外交家,晏婴对后世影响深远。千百年来,多少文人学者为这位超级大咖的学派归属争论不休。一句话,大伙儿都想把这个天皇巨星拉到自己那一伙去,太长脸了!

譬如唐朝散文巨星柳宗元认为晏婴是墨家,而近代大学者章太炎认为晏婴是儒家,且居于上接周公、下连孔子的中间环节。

甚至不少研究者认为晏婴是齐国法家的代表人物。

在晓春看来,晏婴"似墨似儒似法",又"非墨非儒非法",是一个兼容并蓄的实用主义者,是中国古代史上神一样的存在。

至于晏婴的后裔,将其奉若神明完全在情理之中。这样一个大神,不崇拜才怪呢。

时至今日,在晏殊故里江西进贤县文港镇沙河晏家村,很多家庭的门匾上仍是"狐裘世家"四个字,传承了几千年。晏氏家庙是村人最引以为豪的建筑,中堂对联由南宋民族英雄文天祥题写:狐裘风不改;姜桂性尤存。处处彰显出晏氏后人对先祖晏婴的无限敬仰之情。

晏婴的儿子晏圉长大成人后做了齐国大夫。公元前489年,即齐景公去世的第二年,齐国大夫田乞发动宫廷政变,晏圉和上卿高张、国夏所拥戴的齐国国君姜荼一方被打败了。

押牌押错了,打仗打输了,怎么办?

三十六计走为上计。逃跑吧，先把性命保住再说，以期东山再起。

就这样，晏圉仓皇逃往鲁国。

晏氏一族，自此江河日下，一代不如一代，慢慢地，达官显宦的朋友圈里看不到晏家的任何消息了。

晏氏自晏婴的父亲晏弱声名鹊起到晏圉出逃，仅仅三代，家族便无可避免地走向衰落，着实令人唏嘘不已。

此刻，晓春眼前似乎浮现晏圉出逃时马车扬起的滚滚烟尘，不由得想起晏殊的千古名句：无可奈何花落去。

二　重振家声，就在江西

"晏大人，你不能丢下我们不管啊，不能走啊！"

"晏判官，你是我们的父母官，你走了，我们就再也碰不到你这样的好官了。"

"晏大人，不要走！"

一大堆的老百姓围在晏墉的身边，呼天喊地。

人群中，有白发老翁，有总角少年，有健壮男儿，有清纯少女……

我晏墉何德何能，竟让这么多老百姓牵挂、挽留！

就在他犹豫不决的时候，几个大汉扒开人群，摁住了马车的车辕。

为首的红脸大汉动情地说："晏大人，您是个好官啊！有您在，观察使大人如虎添翼，为大家办好事。您不能走啊！再说，现在黄巢的军队到处放火杀人，兵荒马乱的，太危险了。你们一家老小这么多人，怎么能够回到山东？江西是个好地方，您就先在这里住下，等天下太平了再走吧。"

这几句话说到晏墉心坎里了。

是啊，到处烽火连天，从江西到山东临淄两三千里路，谈何容易！上有老，下有小，赌注太大了！

"好吧。既然乡亲们如此挽留，晏墉一家就靠各位关照了！"晏墉终于下定决心，就此安家落户。随缘吧，看来我要和江西结下深缘了，不必眷恋故土，人生何处不青山！

此人正是江西晏氏的始祖晏墉，祖籍山东临淄，据说是晏婴血脉相传的后裔。

晏墉，唐太和九年（835）四月出生，唐大顺元年（890）三月去世。唐咸通十年（869），于礼部侍郎王凝主考时，进《乐赋》、《小雪排松诗》、《霍将军辞第诗》等，举进士登第。同榜进士还有司空图、归仁绍等。[9]

自山东临淄步入仕途后，晏墉同志先在浙江金华县干了几年"秘书长"，唐僖宗时提拔担任江南西道观察判官。这个职务有点万金油的味道，啥都要管，啥都说了不算，毕竟不是主官、不是一把手嘛。

晏墉主要协助观察使掌管考察州、县官吏政绩，兼理民事。实事求是地说，这官不大，没什么实权。虽然能诗善赋，但在诗文大咖众多的唐朝，他没有引起什么关注，也没几个崇拜者。

不过，晓春发现，虽然晏墉声名不显，但怎么着也是"清华大学牛人班"的，班上很有几个牛人。

譬如该榜状元、来自江苏的归仁绍。

他的家族系苏州名门望族，尤其在科举史上留下了令人惊叹的辉煌。

归仁绍的父亲归融、大哥归仁晦、二哥归仁翰都高中进士，怎么样，一门三进士，够牛气，够你抬头仰望一阵子吧。

可归仁绍说："家里没个状元也就能唬住山野村夫，看我的。"

于是，他摘下了869年那一榜的状元。

归仁绍的弟弟归仁泽说："哥，看你嘚瑟的样子，不就是状元嘛，我也弄回来一个就是。"

于是，归仁泽拿下了874年那一榜的状元。

哇，这也太不可思议了吧？全国人民的目光都投向了苏州归家。

这时，归家老太太出来说话了：孩子们，低调点，木秀于林风必摧之呀。

好，那我们就收敛一点。

时间过得很快，转眼间十多年过去了。

892年，归黯对他老爸归仁泽说："我们家已经好多年没出状元了，让我去试试吧。"

归仁泽掐指算了算,说:"今年距离你四伯考中状元二十三年了,距离我中状元也有十八年了,我们归家很久没有上主席台领奖了,是该派个人露露脸,你去吧。"

于是,归黯屁颠屁颠地去了。

然后呢?

然后就是蟾宫折桂,直接将唐昭宗景福元年那一榜的状元桂冠迎入归家。

聊完闲天,交代一下重点,归仁绍在唐僖宗中和年间官至礼部侍郎,也就是文化教育部副部长,比晏墉的官位高出不是一点点。

又譬如流芳后世的唐末名臣司空图。这也是一个牛人,以气节和诗论为后人敬仰。

朱温篡唐后,将司空图召为礼部尚书。可人家硬是不为所动,从早到晚装出一副老年痴呆的样子。听话听错,说话说错,反应特别慢,慢得你忍受不了。朱温本来就暴躁成性,天天被搞得咆哮如雷,可拳头总是打在棉花上。实在没办法,朱温只好放他回家养老。

908年,唐哀帝被弑。司空图本已老朽的身躯忽然热血沸腾,果断做了一个决定。

什么决定呢?

绝食!坚决绝食,连水都不喝。

这是一个真正有节操的君子。几天之后,他终于成全了自己,以身殉唐。

好在司空同志勤学苦读,文采斐然,给后人留下了《二十四诗品》。毫不夸张地说,这是当时诗歌艺术理论的集大成之作,也是中国文学批评史上的经典名篇,对后世的文学批评、创作以及美学产生了深刻影响。

再如被称为福建历史上第一位思想家的林慎思,这位大哥上知天文下知地理,博采儒、道、法诸家,而独成一家之言,著述丰富。他在进士科考试中虽然没能拼赢归仁绍,却在"博学宏词科"比拼中拔得头筹,为此,又被奉为福建历史上第一位状元。

与这几位时代猛人相比,晏墉在历史上似乎很寂寞。官不大,无非混个温饱。如果不是他的五世孙晏殊富贵荣华，恐怕这个名字早就湮没在滚滚向前的历史长河中了。

可人家是一个天才的战略家啊！

最后的关键时刻，他选择和江西结下深缘。一家人在江西宜丰县花桥乡晏源村定居落户，繁衍后代。

几位同年，几位哥们，这辈子我晏墉是比不过你们了，只能看儿子、孙子的了。走着瞧吧！哪怕有一个儿孙争气帮我晏墉长脸也好哦。

三 我看上的不是那个妞，是那块地

本来，晏墉同志这官做得好好的，还指望着提拔一级两级，谁料愤青黄巢揭竿而起，弄了一场席卷大江南北的农民起义，让他的理想彻底泡汤。

身逢乱世飘摇，人的命和狗的命差不多，保命要紧。不管怎么说，老婆孩子热炕头还是有的，够了！

二十六岁时，晏墉生下儿子晏延昌。

这孩子长得虎头虎脑，天资聪慧。晏墉心里说，晏家的荣华富贵就靠你了。

可过了十几年，晏墉发现一个残酷的现实：晏延昌对《论语》、《孟子》、《大学》这些书兴趣不大，也不怎么写诗词歌赋。

他喜欢看什么书呢？

《易经》。

还有吗？有，《青囊经》。

还有吗？有，《葬书》。

晏墉的鼻子都气歪了，问："你想做风水先生啊？！"

晏延昌并不胆怯，说："老爸，那不叫风水先生，叫堪舆大师。预测学是一门很高深的学问。你不是也喜欢也会几招吗？"

晏墉怒吼："我只是玩玩而已，怎么说我们也是进士出身的官宦人家，你叫老爸这老脸往哪里搁？"

晏延昌淡定地说："老爸，走自己的路，让别人去说吧，我们要自信！"

儿大不由爷，晏墡无奈地挥挥手："滚！你想干啥就干啥吧。"

自此，看风水成为晏延昌同学的主要职业。要么应邀替人家看风水、择吉日，要么发现好的穴地推荐给人家，收入也不低，日子过得很是悠闲。而看风水的水平也越来越高。[10]

当然，他自己也希望能找到一处尽得风水之先的吉穴，以此换来晏氏家族今后百年的荣华富贵。

这一天，晏延昌又早早地起床、洗漱，出门看风水。

走出家门，晏延昌同学想，该往哪里走呢？

于是，随手起了一卦，卦象显示：东面大吉。

东面是抚州，即今天的江西抚州市。

晏延昌同学一路东行，来到了抚州临川闻家港，也就是现在的江西进贤县文港镇。

这一天的落日时分，晏延昌来到了抚河北岸的一个渡口。

此处是洪州（今江西南昌市）和抚州接壤的地界，抚河水沿楮山、白虎岭而下，周边山岭秀美。

他不觉心有所动，如此山明水秀之地，必得风水之先啊。

晚上，他沉沉睡去。

忽见一人来到床前，就在他感到惊异之际，那人开口了，语速迟缓地说："白鹤池中舞，仙人下象棋。有人遇此地，世代着朝衣。"

话音尚未落地，倏忽不见那人踪影。

第二天早上醒来后，梦中情景历历在目。

这是神灵的暗示，是一个大梦啊！他隐隐感觉到，机缘即将降临。

洗漱完毕，出门来到闻家港的街面，他赫然看到两只白鹭在不远处的水面上嬉戏。接着，又看见两个头上挽髻的孩子在地上下石棋。

这不正是"白鹤池中舞，仙人下象棋"吗？

就是啊！

难道这里就是我踏遍千山万水要寻找的风水宝地？

晏延昌同学血往上涌，脑袋几乎要炸裂了。找到了！

我吃饭的家伙呢？

晏延昌赶紧掏出随身的罗盘，左右勘察，上下测量。

他很快发现，旁边一栋榨油坊是这块风水宝地的中心点。

于是，他压抑住内心的激动，装出一副漫不经心的样子，朝榨油坊走去。

来到榨油坊门前面，他抬眼望去，正前方是一口水塘和两个蓄水池，而水塘和蓄水池又通往抚河，尤其脚下这块土地被五座山峰环峙。

晏延昌同学的脑袋"嗡"地响了一声，顿时想起东晋风水大师郭璞书中的几句话——"前有三坳水，周围五峰望，秀水入明堂，后代出卿相。"

哎呀！今天遇到了可遇不可求的宝地啊！

问题来了，谁是这栋榨油坊的主人呢？只有拿下榨油坊，才能抢得风水之先啊。

榨油坊孤零零地立在这块土地上，周边四五十米外才有几幢民房。

晏延昌同学想了想，快步来到榨油坊右侧五十米开外的一家早点店。

他自己草草地吃了烧饼、馒头、稀饭。

离开时，他又买了一些烧饼、米糖带走。

接着，他来到距离榨油坊最近的一栋民房前。

"喂，喂。有人吗？"晏延昌敲打门环。

一位白发苍苍的老太婆慢吞吞地打开门："谁呀？"

晏延昌说："婆婆，我是过路的，讨口水喝。"

"哦，来吧。"老婆婆把晏延昌迎了进去。

看到老婆婆家里有一男一女两个小孩，晏延昌赶紧把包袱里的烧饼、米糖拿出来，散给小孩吃。

这时，老婆婆端了一碗水，给到晏延昌手上。

晏延昌喝了一口水，说："老婆婆，我向您打听一个事。"

老婆婆问："小伙子啊，你说什么事？"

"这旁边那间榨油坊是谁的？"晏延昌问。

老婆婆说："榨油坊啊，是张大员外的。"

晏延昌又问："张大员外叫什么名字？"

"他的大名，我记不住。只知道张员外五十来岁，有一妻一妾，三个儿子，一个女儿。三个儿子都成家了，女儿今年十八岁，待字闺中。"老婆婆说。

这样啊，晏延昌心中一动。

"婆婆，张员外有什么爱好？他的女儿怎么还没有婚配？"晏延昌问。

老婆婆说："张员外没啥爱好，只是每天早上在抚河边散散步。他的女儿长得如花似玉，可心高气傲，谁都看不上，就喜欢到庙里拜菩萨。"

晏延昌顿时捕捉到了一个机会，紧接着问："她多久到庙里一次？"

老婆婆说："这姑娘每月初一、十五一定要到三里外的观音庙上香。"

"哦，谢谢婆婆。我走了。"说罢，晏延昌向老婆婆告辞。

回到旅馆，晏延昌陷入了沉思。看来，只有娶了张小姐才有可能拿到那块风水宝地。而张小姐信佛，那就意味着她心地善良、相信因果。也许，我和张小姐只是差了一个邂逅，一个发生在观音庙的邂逅。如此机缘怎能轻易错过？不就是泡妞吗？胆子大一点！脸皮厚一点！上，先把张小姐搞掂！

晏延昌同学不简单，博学多才、阅历丰富，又一表人才，"泡妞"的条件相当好……（此处省略十万字）

总而言之，几经周折，他获得了张小姐的青睐，私订终身。

水到渠成后，晏延昌请老爸出面提亲。

张员外见自己的掌上明珠已经拿定主意，而晏家也是官宦人家，有头有脸，自然顺水推舟，满口答应这门婚事。又爽快地同意女儿的要求，把榨油坊作为嫁妆陪嫁，让女儿女婿在此安身落户，父女得以朝夕相见。

风水宝地到手了，晏延昌同学是不是该鸿运当头呢？

没有！

让你们失望了，这块风水宝地得到后，晏延昌仍然执着地做一个风水先生，只是名气越来越大了，但并没有大富大贵。

怎么回事呢？莫非晏延昌看走眼了？

非也！问题是，这块风水宝地还没有"激活"，在等待时机。

什么时机呢？我们接着讲。

时光荏苒,岁月匆匆。

转眼间,几十年过去了,晏延昌已垂垂老矣。

后唐天成元年(926)的一天,晏延昌感觉自己再也挺不住了。临终,他把儿子叫到床前,缓缓说道:

"我死后,直接把我埋在床底下,挖到青石板就停下,非要到午时三刻,看到有'头戴铁帽,鱼上树,马骑人'的人经过才下葬。"

看到两个儿子眼睛瞪得像灯笼,晏延昌吃力地解释:"天机不可泄露!你们只管照办就是。"

稍稍停顿,晏延昌喘了一口大气,接着说:"离这里四五里远的抚河边,有一个有沙有水的芦苇洲,正好建房定居,村子以后可以叫'沙河'。三代以内,晏家必将儿孙兴旺,世代荣华富贵。"

说罢,闭目仙逝,享年六十七岁。

晏氏兄弟懵了,老爸要把自己埋在家里?!而且要看到"头戴铁帽,鱼上树,马骑人"才下葬,这是咋回事呢?!那个芦苇丰茂的沙洲就是我们的新家?老爸啊,你不是老糊涂了吧?

尽管觉得父亲的遗言匪夷所思,但想到父亲毕竟是远近闻名的风水大师,所言自有道理,于是严格遵照办理。

赌一把吧,荣华富贵啊,快点快点,到我晏家来!

挖坑的时候,果然被一块青石板挡住了,便按照嘱咐停下,只等棺木下葬的时机。

可等了好久,迟迟不见"头戴铁帽,鱼上树,马骑人"的人经过。

会有吗?哪一桩都是够奇怪的事情啊。

午时临近,太阳火辣辣地悬在天顶。请来帮助安葬下土的"八仙"一个个热得汗流浃背,等得越来越不耐烦。

出于好奇,一个"八仙"偷偷撬起青石板一角。只见青石板下面竟然有两条白鳝,那个"八仙"忍不住用铁锹拨弄了一下。

其中一条白鳝受伤后猛地蹿起,飞蹿到了附近水潭,瞬间踪影皆无。

后人把这个水潭称作"白鳝潭",原址在现在的进贤县文港中学校园内。

看见惊跑了一条白鳝,那个"八仙"赶忙又把青石板盖好。

眼看午时三刻快到，再等下去，恐怕会错过下葬的时辰。

此时，突然雷声大振，暴雨如注，行人纷纷加快步伐。

一个男人急匆匆走来，头上顶着一口铁锅。

晏家人惊叫道：这不正是"头戴铁帽"吗？

接着，又一个小伙子撑起挂着鱼的树杈匆匆走来。

哇，这就是"鱼上树"啊！

可"马骑人"呢？怎么可能呢？人还不被马压死啊？

就在晏家人疑惑之际，举树杈的小伙子后面，走来一个木匠师傅，他的肩膀上扛着一只木马。

哈！这么回事啊。晏延昌大师，真有你的，一个个脑筋急转弯嘛。

"头戴铁帽，鱼上树，马骑人"齐了！

"八仙"赶紧将棺木下葬。

依照晏延昌的遗嘱，晏延昌的大儿子晏郜从此带领家人在沙河定居。

沙河本是抚河旁边的一个芦苇洲，像一只大木排，吊在抚河边，河水像一个"之"字绕洲而流，正是一块可遇而不可求的风水宝地。

怎么样，这个故事够精彩吧？当然，这些是传说，或许有添油加醋之处。但中国的堪舆风水文化博大精深、神秘玄奥也是事实，甚至《江西通志》也采纳了这个传说的一部分。[11]

下面，我们分析一下"娶妻得地"的故事是否可信。

据《晏氏宗谱》记载，晏延昌的妻子姓张，是宜丰县同安乡人，与上文所述的"闻家港"相距甚远。但这并不足以证明以上传说纯属虚构。晓春注意到，虽然宗谱上记载晏延昌的夫人姓张，但与晏殊同朝的宋祁撰写的诰文明确显示晏延昌娶了两位夫人，一位姓张，另外一位姓李。[12]

胡适先生说："大胆假设，小心求证。"晓春斗胆做一个假设——已婚的晏延昌独自云游到"闻家港"，由此和李小姐、李员外发生了这段浪漫的故事。作为偏房的李氏因故没有载入宗谱。在古代，小妾没有载入宗谱并不奇怪。

岁月悠长，世事变迁，因为宗谱上没有李氏的名字，"娶妻得地"传说中的一号女主角便慢慢变成了宗谱上的正房张氏。

好在晏殊、宋祁距离晏延昌的时代并不远，晏殊显达后，李氏也获得朝廷的追封。

当然，这只是晓春的个人观点，姑妄听之吧。

我们继续讲故事。

晏延昌生了两个儿子。老大叫晏郜，老二叫晏邵。

晏家兄弟有没有突出成就？抱歉，没发现。也许，他们都是平凡的人。这没有什么奇怪的，世界上多数人是平凡的人。

但于晏氏家族而言，他们的贡献太大了。因为他们使得晏氏家族人丁兴旺、枝繁叶茂。晏郜生子八人，晏邵生子七人，晏家骤然变成了一个大家族。

也许，你有疑惑，这也算很大的贡献？

答案是肯定的。大家注意，晏郜于唐大顺元年（890）出生，宋开宝四年（971）去世，正是中国历史上最动荡和混乱的时期之一。试问，在你方唱罢我登台、皇帝轮流做的五代十国时期，把家族做大容易吗？这至少说明，晏氏兄弟都是生存能力极强的能人。

后来，晏邵在筠州（今江西高安市）谋得一个官职，于是将家从临川沙河迁至高安，若干年后其子嗣又迁至上高蒙山，而晏郜一支仍然留居沙河。这就是江南晏氏所谓的"七子上蒙山，八子下江南"之由来。

晏郜的八个儿子分别为晏旦、晏固、晏谏、晏清、晏亮、晏聪、晏贞和晏渐。

如果你觉得名单太长，记住老二晏固就行了，因为他是晏殊的老爸。

宋太宗淳化二年农历十二月二十一日（公历992年1月28日）晚上十点前后，大宋神童、宰相词人晏殊降生。

他是晏固的第二个儿子，晏家为他取名"殊"，字"同叔"。

为什么取名"殊"呢？

众说纷纭，莫衷一是。

晓春近来读《道山清话》，忽然看到这么一段话：

> 晏临淄，临川人。其未生时，有仙人曹八百见其父固，谓之曰："上界有真人当降汝家。"

厉害了，我的哥！这还得了！

晏固和他的岳父因此为这个"从天而降"的孩子取名"殊"，完全在情理之中。

取了"名"，还得有"字"。

古人取名和字，要么名和字意义相同、相近、相关，以求强化延伸，譬如屈原，名"平"，字"原"；要么名和字的意义相反、相对，以求平衡中和，譬如韩愈，名"愈"，字"退之"。晏家取名字的方法正是后者，于是字"同叔"。

据当地传说，晏殊出生前，有一只白鹤突然飞到晏家屋顶上，盘桓老半天，死活不肯走。村民们都觉得奇怪，有人回家取了弓箭，一箭射去，没中，白鹤也没跑；再射一箭，还是没中，没跑。如此循环数次。

夜色已经降临，白鹤还是没有离开的意思。吃瓜群众觉得太奇怪了，这是要搞事情啊！

就在村民们疑惑不已、忐忑不安的时候，空中突然响起一声惊雷，震得大家的耳朵嗡嗡作响。

可还没等耳朵完全恢复听力，一阵响亮的哭声就从晏家传出来。

晏殊呱呱坠地，而那只白鹤也神秘地消失在渺远的夜空。

奇人降生，必有异兆。宋太祖赵匡胤出生时红光满屋、香气盈室；晏殊出生时白鹤飞临、一声响雷。

姑妄听之吧，要不然人家怎么一个做了开国皇帝，一个做了太平宰相，成为名垂青史的人物呢。想想你自己，如果出生时既无红光，也无白鹤，又没什么令人足以铭记的事情发生，就老老实实地读书、干活、刷机、点赞，凭自己勤劳的双手创造美好生活吧。

四　和谐安宁的"五好"家庭

想了解晏殊的成长过程，当然要知道他生活在一个什么样的家庭。

中国古代的幸福美满家庭，大多呈现"父慈子孝、兄良弟悌、夫义妇听、长惠幼顺"的状态。而晏家正是这样一个令人艳羡的家庭，父严母慈，嫡庶协谐，兄友弟恭，姊妹和悦。

目前各种资料中，关于晏固有几个子女的说法并不一致。有三子说，有四子一女说，也有四子二女说。结合各种资料及相关专家的考证，晓春以为，晏家四子二女之说比较靠谱。

先看一看晏殊的父亲晏固是一个什么样的人。

在男权社会里，一般由父亲引领家风。

晏固生于南唐保大三年（945），卒于宋大中祥符四年（1011），是抚州衙门里帮助捕捉盗贼，管理牢狱，收缴粮、税的小吏，后来因晏殊贵为宰执，被追封秦国公、楚国公，累赠开府仪同三司、太师、中书令兼尚书令。生前平平凡凡，死后风光无限。

单单从晏固生前的身份、地位看，他是一个不起眼的小人物。可从他四个儿子的出息看，他显然不是一个简单的小吏，至少在教育儿女方面有过人之处。

晏固到底是怎样的一个人呢？

《晏氏宗谱》收录了北宋名臣范仲淹写的《固公传》。

在范仲淹的笔下，晏固"行不标迹、言不华声、躬行践履"，为人低调、谨慎、踏实，不夸夸其谈。在晏氏大家庭中，入孝出悌，敢于担当。分割家产时，宁愿自己拿贫瘠的土地，把好的田产让给兄弟，一家人非常和睦。

在晏殊出生那年，临川闹旱灾，很多乡邻遇到了生活困难，无米下锅。晏固主动开仓赈灾，同时带领乡亲们用抚河的水抗旱，和大家一道共渡难关。

晏固读书不多，但对读书人非常尊重，把光耀门楣的希望寄托在几个儿子身上，让孩子们从小接受很好的教育。

当然，晏固也不单单是心地善良，他还练得一身武艺，一根三节棍在手，勇不可当，人称"三节棍"。为此，他开馆收徒，也是十里八乡的名人。

正因为武功过人，晏固成为抚州衙门里的"手力节级"[13]，捕捉盗贼。

盗贼们听到"三节棍"的名号，便闻风丧胆，而晏固深得老百姓称赞，也是知州身边的红人。

晏固把家安置在离府衙不远的大成巷。大成巷邻近文庙，正是文风炽盛之地，晏家子弟受此熏染，获益良多。

身教重于言传。毫无疑问，晏固的个人品格、思维方式、行为举止对晏殊产生了深刻影响。毕竟，晏殊出生时，晏固四十七岁，正是一个成熟男人的黄金时期，坚定刚毅、处变不惊、人情练达，足以让妻儿钦佩甚至仰望。

晏殊的母亲吴氏，比晏固小一岁，去世的时间也晚三年，是一个温婉贤淑、深明事理、严谨治家的贤妻良母。[14]后来，母以子贵，累赠晋国、齐国、唐国、越国太夫人。

晏殊父母亲这些林林总总的封号虽然高不可攀，但其实都是追封的。他们去世时，晏殊尚未显达，晏固和吴氏生前其实没有从这个日后大富大贵的儿子身上受益太多。

生而为人，长寿多么重要！

晏固的小妾万氏，比晏固小二十三岁，去世的时间则比晏固晚二十七年。她是一个坚强的女人，劬劳持家，深明大义，尤其对抚养、教育晏殊最小的弟弟晏宁起到了极为关键的作用。[15]

晏殊兄弟姊妹的情况又怎么样呢？

大哥晏融比晏殊大七岁，于庆历元年（1041）去世。曾任殿中丞，这个岗位类似于现在的国家机关事务管理局官员。接着在江西星子县、南城县，福建宁化县担任主官。后来稍稍获得拔擢，担任江西吉安、湖南衡阳等地的通判，相当于现在的地级市纪委书记兼副市长。

晏融虽然因为晏殊清贵显达而踏入仕途，但他的气节操守和学识才能、思想得到了朝廷的充分认可，站稳了脚跟。[16]

而从晏殊为晏融写的墓志铭[17]看，晏殊年轻时在开封做京官，俸禄不厚，晏融便舍弃科考，在临川奉养双亲，务农营生。直到处理好父母亲的后事、理顺家族的事情，才沾上晏殊的光，从国家图书馆图书管理员等低级职务干起，在仕途上缓慢攀爬。

晏融一生实际担任的官职不高，但去世后获赠正三品的"金紫光禄大夫"，相当打眼，殊为不易。

晏融娶妻章氏，生子十人、女三人。

他的大女婿彭思永后来官至御史中丞，相当于现在的国家纪检监察机构最高长官，是北宋名臣。而孙子中有晏升卿、晏朋、晏中三人进士及第，也算盛极一时了。

再看看两个弟弟的情况。

三弟晏颖算是宋初传奇人物，虽然他的传奇之处主要是死得比较特别。

他比晏殊小五岁，却在大中祥符六年（1013）就去世了，真是来也匆匆去也匆匆。甚至没能把香火传下去，后来不得不让晏殊的第三个儿子晏全节过继接嗣。

晏颖虽然十八岁时即离奇辞世，但流传后世的相关资料不少，是晏家神秘而富有传奇色彩的人物。

大中祥符四年（1011）七月十三日，宋真宗赐晏颖进士出身。

晏颖自幼能文，在大中祥符元年（1008）宋真宗东封泰山时，曾经上献诗词文赋。

后来，晏殊生病了，宋真宗派遣宦官张怀德带太医前往医治，顺带向晏颖索要文稿，晏颖便上交十卷。宋真宗读罢，非常赞赏，拿出来给身边的宰执大臣看，认为《宫沼瑞龟赋》尤其写得好。

紧接着，宋真宗将晏颖召至便殿，出了三道题让晏颖作文，结果都写得很好。

宋真宗高兴之余，当即赐予晏颖进士出身。[18]

显然，晏颖也是才高八斗的狠角色，否则怎么能够那么快获得宋真宗的赞赏呢？他获赐进士出身时年仅十五岁，堪称少年天才。

但令人惋惜的是，两年后，晏颖不到弱冠之年尚未大鹏展翅，即离奇辞世。

他的死令人费解！

晏颖被宋真宗赐进士出身并封了副科级的小官之后，热血澎湃。

终于像哥哥一样，举神童又做官了，太爽了！

回到住所，他将自己关在房间里，独自静静地享受这幸福的时光。

怎么回事？人呢？独自享受的时间也太久了。

家里人大呼小叫，可晏颖同学坚决不吭声。

怎么回事？家里人只好破门而入，结果发现晏颖已经气绝身亡。

桌子上留下两首诗。一首是"兄也错到底，犹夸将相才。世缘何日了，了却早归来"。另一首是"江外三千里，人间十八年。此时谁复见，一鹤上辽天"。

晏颖当时才十八岁，宋真宗闻讯后，叹息不已。哎呀！可惜我大宋损失一名栋梁之材啊！亲自书写"神仙晏颖"四个字赐给晏家。[19]

这件事离奇至极，多数文字资料用"蜕去"这两个玄秘的字眼记载晏颖的早夭和突然离世。晓春读到这些资料，总觉得难以理解，疑窦重重。

首先，这两首小诗是否确实出自晏颖的手笔？怎么一个对美好前程孜孜以求的少年突然顿悟了，说什么"世缘何日了"，说什么"一鹤上辽天"？

如果这两首小诗不是出自晏颖之手，又是谁写的？生性谨慎的晏殊绝对不敢伪造现场、欺君罔上，那又有谁敢呢？

即便顿悟，又如何有了"涅槃的自由"，竟能仙化"蜕去"？

不探讨这些疑点了，千年时光淹没了一切真相。但有一点基本可以确认，那就是以现代医学常识推论，晏颖是兴奋过度导致急性心肌梗塞致死。

晏颖的离奇早逝，不得不让人联想起传说中那条受伤的白鳝。

假如白鳝不伤不逃，晏颖何至于离奇地"蜕去"啊！

与短命而聪明的晏颖相比，老四晏宁堪称长寿。他在嘉祐五年（1060）去世时，已经六十三岁了。

种种迹象表明，晏宁系恩荫入仕。

"恩荫"是什么意思？

简单地说，就是谁当上够格的官，就可以将自己的兄弟、子、侄、孙、外孙等亲属甚至门客、医生等推荐做官。

因此，晏宁很可能凭借晏殊在朝中的功劳而获得入职做官的机会。

凭什么这样判断？

晏殊在《答中丞兄家书》中，称赞晏宁"二十七宁殿直二年，大段听人言语，谨卓不曾出入，兼识好慈善得力，免劳人心力"[20]。

这段话本身是晏殊夸赞弟弟这两年听话、严谨、勤勉、善良，不必让他费心。

我们重点看"二十七宁殿直"几个字，"二十七"应为晏宁在家族中的排行，"宁"指晏宁，那"殿直"显然指晏宁当时的岗位了。

读到此处，实话实说，晓春好半天没有想明白。因为"殿直"一般是武臣的官阶，从九品，相当于现在中央警卫局的副营级参谋。在大名鼎鼎的北宋杨家将中，杨业的几个儿子都做过"殿直"，如杨延浦、杨延训、杨延环、杨延贵、杨延彬。

假如晏宁是进士出身，那显然不可能做低职级的武官，唯一的可能就是晏宁得到晏殊荫补之便利，成为公务员。

好在晏宁勤勉敬业，一步一个脚印，在仕途上缓慢攀升，最终做到了广东南雄知州（今广东南雄）、山东沂州（今山东临沂）知州，好歹混到了厅级领导干部。家庭也和美，生了五个儿子。

一个最多只有高中文凭的小伙子能够做这么大的领导，相当不容易，其过人之处何在？不会单单凭晏殊关照吧？

据有关文献资料，晏宁有几个非常突出的优点。

一是事母至孝，唯母命是从。母亲生病需要照料时，事必躬亲，这对于一个公务繁忙的地方官而言，相当不容易。

二是勤于公事，不辞辛劳。在浙江淳安任职为东海冤案平反时，临危不惧，置风高浪急的危险海域于不顾，连夜出勤，平反冤案，救人无数。[21]

古人说，救人一命胜造七级浮屠。晏宁此举，该为晏家积下多少阴德！

由此可见，晏宁政声很好，德才兼备。他为官为人得到朝廷和吃瓜群众的认可很正常，不能凭空猜测，把所有业绩都说成沾了晏殊的光。

最后，我们再来看看晏家的女儿。

《乐府》云："碧玉小家女，不敢攀贵德。"

以晏固当时的社会地位，将两个女儿嫁入大户人家并不现实。

有资料称，晏殊的姐姐嫁给了安徽合肥杨氏，生子杨文仲、杨南仲。杨文仲曾任开封县主簿，杨南仲曾任知国子书学、判吏部南曹。

晓春怀疑，这个说法不够准确。

杨南仲其实是晏殊二女婿杨察过继的儿子，杨察没有儿子，就将他哥哥的儿子杨登过继为子，改名元明，字南仲，是宋代著名书法家、金石学家。[22]

晏殊的二女儿嫁杨察，杨察以杨南仲为后嗣有据可查，而晏殊之姐嫁庐州之说存疑。

难道同时出现了这三种巧合？

一是晏殊的姐姐和他的二女儿都嫁给了合肥人；

二是她们都嫁入杨姓人家；

三是她们姑侄二人生的儿子，一个叫杨文仲，一个叫杨南仲。

当然，目前也无法排除出现这种巧合的可能性，双色球一等奖的中奖率仅有一千七百万分之一，尚且间或有人中奖，这算什么！

晓春怀疑杨文仲、杨南仲实为一人，因年代久远，系文本传抄刊刻之误。毕竟"外孙"与"外甥"、"杨南仲"与"杨文仲"混淆的可能性很大。

当然，无论二杨是否混淆，都不影响晏殊有一个姐姐的事实。[23]晓春只是不能确定，晏殊的姐姐是否嫁给了合肥人。

晏殊妹妹的资料相对多一点，我们能了解到一些大致情况。

首先，她的老公也是官场中人，名叫李壶，曾经在福建建阳担任过节度推官，相当于现在市中级法院院长职务。

其次，她有足以傲人的作品。

什么作品呢？四个有出息的儿子。

假如换算成现在的官职，李冕担任江西宜春市中级法院院长，李茂元担任江西瑞金市委常委、公安局长，李亢担任江西省抚州市临川区常务副区长，李充担任江西金溪县的一把手。

再次，她曾经被朝廷封为"靖安县君"，这是她的同胞弟弟晏宁向宋仁宗讨要的。[24]

晏殊这几个外甥大多和晏殊走动频繁，联系紧密，也或多或少因此受益。譬如李茂元、李亢都是托晏殊的福，进入公务员队伍。[25]

　　读到此处，晓春不由得感叹，宋朝的恩荫制太强大了，有些人躺着都能做公务员！别说前世修来一个好爸爸，就是遇到这样一个好舅舅也胜过底层男儿十年寒窗苦读啊！

　　说不定有读者不耐烦了，晓春同学，你拉拉扯扯聊这么多，怎么还没有进入正题呢？

　　别急，晓春把这些背景弄得一清二楚，不就是便于大家对下文的理解吗？

　　因为，晏殊小朋友即将闪亮登场。

　　在晏殊小朋友上场之前，我们简要地把前面的内容归捋一下，毕竟我们在读"高大上"的历史名人传记，总不能一边读一边丢，最后啥都忘掉吧。

　　晏殊的老祖宗是春秋时的千古名相晏婴，他的高祖是江南晏氏一世祖、进士出身的晏墉；他的老爸晏固是抚州衙门小吏，老妈姓吴，小妈姓万；晏殊和姐姐杨晏氏、大哥晏融、三弟晏颖同为吴氏所生，妹妹李晏氏和四弟晏宁系小妈万氏所生，可惜和他一样才华横溢的弟弟晏颖十八岁时就挂了。

注释：

[1] 见喻学才《晏殊家风研究》引自文彦博《东齐世家·序言》："考据详明，不失次序，一可嘉；立身扬名，以显其亲，二可嘉；及其疏远之族，三可嘉。""有可嘉之德，无妄附之惭。"

[2] 原文见《史记·孔子世家》。

[3] 原文见《论语·公冶长第五》。

[4] 原文见《孔子家语·辩政》：子贡问于孔子曰："夫子之于子产、晏子，可为至矣。敢问二大夫之所为，目夫子之所以与之者。"孔子曰："夫子产于民为惠主，于学为博物。晏子于君为忠臣，而行为恭敏。故吾皆以兄事之，而加爱敬。"

[5] "两桃杀三士"原文见《晏子春秋》卷二《内篇谏下第二》。

[6] "晏子使楚"原文见《晏子春秋》卷六《内篇杂下第六》。

[7] 原文见《孔子家语·曲礼子贡问》:"晏平仲祀其先祖,而豚肩不掩豆,一狐裘三十年,贤大夫也。"

[8] "景公请嫁爱女"原文见《晏子春秋》卷六《内篇杂下第六》。

[9] 原文参见唐红卫等《二晏年谱长编》引《东南晏氏重修宗谱·临川沙河世系》。

[10] 原文见唐红卫等《二晏年谱长编》引晏殊《叔父大理幕府君志铭》:"大父讳延昌,生遭乱离,落在幽旷,潜精经史之学,博极天文之奥。"

[11] 原文见唐红卫等《二晏年谱长编》引清朝谢旻《江西通志·名胜志》:"相传元献曾祖自高安居临川,垂没,谓子郜曰:'我死葬于床下。'郜徙家而葬焉。"

[12] 参见宋祁《景文集》之《(晏殊)曾祖妣追封魏国太夫人李氏改封郑国太夫人制》。

[13] 参见朱熹《宋名臣言行录·前集》卷六:"公父本抚州手力节级。"

[14] 原文见宋祁《景文集》之《母吴氏改封唐国太夫人制》:"徽范柔风,嘉藕明德。以如宾之待,训恭内党;以无遂之吉,流芳外姻。"

[15] 参见唐红卫等《二晏年谱长编》引《晏氏宗谱》收录石亚之《知南雄州事晏宁慈母万氏墓志铭》。

[16] 此段内容原文见唐红卫等《二晏年谱长编》引《晏氏宗谱》收录宋庠《除晏融殿中丞敕》。

[17] 见唐红卫等《二晏年谱长编》引《晏氏宗谱》收录晏殊《右赞善大夫殿中丞赠金紫光禄大夫尚书刑部侍郎墓志铭》。

[18] 原文见徐松《宋会要辑稿·选举》:"(大中祥符)四年七月十三日,赐进士晏颖出身。"

[19] 此段内容原文参见佚名《道山清话》。

[20] 原文见唐红卫等《二晏年谱长编》引胡亦堂辑《元献遗文》收录的《答中丞兄家书》。

[21] 参见唐红卫等《二晏年谱长编》引《晏氏宗谱》收录石亚之《知南雄州事晏宁慈母万氏墓志铭》。

[22] 参见《中国书法》杂志2012年第10期载张典友《北宋杨南仲考略》。

[23] 欧阳修《晏公神道碑铭》中明确说晏殊"事寡姊孝谨",因此晏殊有一个姐姐确凿无疑。

[24] 查找韩维《南阳集》收录的《虞部郎中知沂州晏宁亲姊故节度推官李壶晏氏可

特封靖安县君》可知,李晏氏获封靖安县君系应晏宁的请求。

[25] 欧阳修《欧阳文忠公集》卷二十三之《晏公神道碑铭》:"故其薨也,天子尤哀悼之,赐予加等,以其子承裕为崇文院检讨,孙及甥之未官者九人,皆命以官。"而《晏氏宗谱》的相关记载更为确切,如"次茂元,元献公奏授太庙斋郎"、"三兀,元献公遗表恩授将作监主簿"等。

第二章

草根神童拼搏史

至和二年正月二十八日（公历1055年2月27日）晚上十时左右，晏殊撒手人寰，走完了六十五年的辉煌人生路。

看到文坛大咖晏同叔的微信公众号销号，四海震惊，九州哀悼，很多公众场所下半旗致哀。晏殊门生、文坛泰斗欧阳修得知噩耗后，悲痛不已，挥笔写下了三首诗，题为《晏元献公挽辞三首》。其中一首写道："富贵优游五十年，始终明哲保身全。一时闻望朝廷重，余事文章海外传。"

纵观晏殊的仕宦之路，虽略有波澜，起起落落，但整体较为平稳，一生经历了少年成名、青年得志、中年显达、晚年遭贬几个阶段，最终仍然获得宋仁宗的厚爱。与北宋多数大臣的沉浮不定相比，欧阳修以"富贵优游五十年"概括晏殊五十年的宦海生涯总体恰如其分。而后人也给晏殊贴了不少标签，譬如"太平宰相"、"富贵宰相"、"宰相词人"等等。

话说回来，天下没有无缘无故的成功，很多人看到了晏殊"富贵优游"一面，却不想一想一个来自乡间的草根少年凭什么位极人臣？光环背后的辛酸和汗水他们看到了吗？

一　临川小子登台，亮瞎你的眼

神童从天而降，抢尽了风头，临川再次为天下士子所瞩目。

此前，王羲之、谢灵运、颜真卿、戴叔伦、冯延巳等文化大咖，曾先后在这块山明水秀的土地上担任父母官。

桃李春风一杯酒，江湖夜雨十年灯。有几人了解神童背后的艰辛呢？

而当晏殊顺利进入秘阁，师承一代名儒陈彭年时，我们知道，一条金光大道已然伸展到晏殊的脚下。

1. 这个小孩不简单

什么叫神童？天赋异禀，迥越超伦。说直白一点，就是年龄小本事大。放眼历史，中国是一个盛产"神童"的国度。从项橐、甘罗算起，曹冲、孔融、元嘉、王勃、杨炯、刘晏……英才辈出，俊采星驰。

在晓春看来，其中最令人佩服的是王勃。理由嘛，不必在此赘述，上百度百科搜"王勃"词条，再多读几遍《滕王阁序》，你就会同意我的说法了。有专家统计，773字的《滕王阁序》使用典故46处，使用成语40个，其中不少是因为王勃"临幸"才被认可为成语，而华章丽句，数不胜数。甚至可以说，不读《滕王阁序》等于没有读过中国古代的经典美文。

步入北宋，肇始于唐朝的"童子举"得到传承和进一步规范，尤其在宋真宗时期风生水起。

原因很简单，真宗皇帝好这一口。

据《宋会要辑稿》统计，宋太宗朝二十一年"童子举"仅两次，但宋真宗朝二十六年"童子举"达十二次。由此可见，宋真宗赵恒对"神童举"情有独钟。且不说以前的资深"神童"贾黄中、郭忠恕、杨亿、谭孺卿，单单宋真宗亲试的"神童"，就有段祐之、邵焕、重轲、陈炫、张待用等。

稍晚于晏殊的北宋神童汪洙曾写诗述及当时的氛围：

> 天子重英豪，文章教尔曹。万般皆下品，惟有读书高。
> 少小须勤学，文章可立身。满朝朱紫贵，尽是读书人。
> 学问勤中得，萤窗万卷书。三冬今足用，谁笑腹空虚。
> 自小多才学，平生志气高。别人怀宝剑，我有笔如刀。
> 朝为田舍郎，暮登天子堂……

呵呵，"朝为田舍郎，暮登天子堂"，这也太快太神了！是的，就是这么快、这么神！当时的大气候正是如此，否则也不会有那么多人趋之若鹜。

我们再看看当时江西的情况。

唐朝后期,著名诗人白居易曾评论江西说:"江西七郡,列邑数十,土沃人庶,今之奥区,财赋孔殷,国用所系。"

什么意思?

王勃在《滕王阁序》里说江西"物华天宝,人杰地灵",白居易就是在这句话的基础上加了一句:"银子大大的有,国家财政的靠山。"

而从五代十国时期到北宋,江西战乱比较少,社会发展没有中断,经济实力继续增强,且发展速度持续加快,终于成为全国举足轻重的地区。

据许怀林先生《江西通史·北宋卷》统计,北宋太平兴国年间(980年前后),江西人口为65.9万户,占全国人口的10.79%。但一百年后即元丰三年(1080),江西人口骤然增至172万户,绝对值净增106万户。同时,教育事业兴旺,书院发展迅速,北宋时期见于史志记载的书院即有53所。相应地,登进士第的读书人大幅度增加,北宋一朝,江西考中进士的士子达1729名,平均每县26.6名,说"人才之盛,遂甲于天下"并不是自我麻醉的大话。

抚州的情况又怎么样呢?

仍然按照上文的统计口径,北宋太平兴国年间,抚州(含建昌军)人口约8万户,到元丰三年则增至27万户,增速超过江西其他地区。而北宋时,抚州(含建昌军)考中进士的读书人达391人,占江西的22.6%,远远超出其人口在江西的占比。

尤为重要的是,此前,王羲之、谢灵运等文化名人给抚州播撒下了生命力强大的文化种子,成为临川文化之肇始。王勃在千古名篇《滕王阁序》中所写"光照临川之笔"指的正是中国文学史上山水诗派的鼻祖谢灵运。这些文化大咖对抚州产生的影响不可估量,临川文化得以快速发展。

据虞文霞、王河《宋代江西文化史》统计,"两宋时期江西有进士5442名,其中临川文化区域就有1180名"。

有人要质疑了,"临川文化区域"是什么意思?你不会把大半个江西都包进去吧？

当然不是打糊涂牌的意思。现在，抚州市的辖区达九县二区，包括北宋时的抚州及建昌军（治所在今江西抚州市南城县），"临川文化区域"指的正是这九县二区。其中南城县两宋时期有进士437名，临川区为395名，分别列江西省第一、第二位。

而另外一个口径更为惊人，抚州（含建昌军）在两宋时期的进士数量为1282名，遥遥领先，居全省第一，且其中文学家的人数多达69人。这正是后世将抚州称为"才子之乡"的原因。

当然，在宋太祖、宋太宗两朝，江西考中进士的学子不多，仅53名。抚州（含建昌军）也不多，名气较大的有乐史和他的儿子乐黄裳、乐黄目、乐黄中，以及陈彭年和曾致尧。

晏殊正是在这么一种大背景下横空出世，登上历史舞台的。这注定成为抚州文化发展史上浓墨重彩的一笔。

时至今日，在晏殊的家乡仍流传着许多关于他的神奇故事。

譬如说他三岁多了还不会说话、走路，可就在家人将他视为废物、打算扔掉的关键时刻，他突然开口了，而且舌灿莲花，出口成章。

另一个说法是，晏殊三岁了还不能说话、走路，适逢村里挖了新井（今晏氏古井），自从晏殊喝了新井里的水，就变得伶牙俐齿，健步如飞。

这些说法显然难以让饱读诗书的帅哥美女相信，估计是后人为了突出显示晏殊"天赋异禀"而以讹传讹，甚至刻意编排的桥段。

类似桥段在关于解缙的传奇故事中也能看到。解缙四岁时仍是哑巴一个，且矮小瘦弱，在他父亲将要把他活埋时才打开金口说话。而"千古完人"王阳明的传说也差不多。他出生前，其祖母做了一个奇梦，兆头很好，可他到五岁时还不会说话，一个路过的高僧指点说："好个宁馨儿，可惜道破。"为此，其祖父将他的名字由"王云"改为"王守仁"。自此，王阳明不仅能开口说话，还聪明机灵，博闻强记。

从资料看，晏殊在私塾读书时善于对对子倒是事实。

有一次，私塾先生出上联"圣贤书中求富贵"，小晏殊应声而对"龙虎榜上争魁豪"，赢得一片喝彩。下联对仗工整还在其次，关键是他的格局、气度，非凡夫俗子所能及。

也许有人会说，格局、气度如何是比较主观的事情。好，那晓春另外抄录一首诗让大家感受一下，所谓的格局、气度并非虚无缥缈。

待到秋来九月八，我花开后百花杀。
冲天香阵透长安，满城尽带黄金甲。

这是唐末农民起义军领袖黄巢写的《不第后赋菊》。怎么样，感受到诗中的霸气和杀气了吧？

下面，我们来看看《晏氏宗谱》记载的晏殊第一首诗：

白塔青松古道栖，塔高松矮不能齐。
时人莫讶青松小，他日松高塔又低。

这首诗本身未必好到什么程度，但如果出自一个牙牙学语的五岁孩童之手，就相当难得了，至少让人感受到他的远大志向。你想想，农村这个年龄是不是还有一些孩子正站在妈妈的胸前啃乳头呢？

当然，《宋史·晏殊传》和欧阳修《晏公神道碑铭》等多数史料记载，晏殊七岁时善于写文章，被誉为神童，而不是五岁。

可惜的是，因时间久远，晏殊诗文大多散佚，"举神童"之前的文字更是稀少。

《晏氏宗谱》记载了他七岁时写的一首"吟松"诗：

矮矮青松倚曲栏，标姿无奈雪霜寒。
如今正好低头看，他日擎天仰面难。

此诗与上面那首诗取意相似，也有可能是小晏殊五岁时已声名远播，七岁时县令听说他是小神童，善于写诗，故意再次以"吟松"为题，小晏殊随机应变，化用前诗。

不管真实原因如何，至少《宋史·晏殊传》中"七岁善为文"的说法没有争议。

在晏殊故里，时至今日，仍流传着他七岁时如何解救一个遭遇家暴的女子的故事。

一天，小晏殊走出书斋，来到二仙桥，忽然听到一阵凄厉的女人哭声。

怎么回事？

小晏殊站在桥头，竖起耳朵仔细听。

哭声来自桥边一幢飞檐高耸的大宅子。

小晏殊走进宅院一看，只见一个相貌堂堂、身穿长袍的男人正手持马鞭抽打一个年轻女人。看起来，他们是一对夫妻。

听到女人哭得可怜，小晏殊来不及多想，上前阻止："叔叔，别打了。"

男子停手，回头一看，呵斥道："傻小子胆敢干我家政？"

耶！是个读书人嘛，那就好办，我给你来个以文会友。

小晏殊朗声答道："好大叔岂可挞汝贤妻！"

男子听到小晏殊出口不凡，一惊，又说："大人事小孩休管。"

小晏殊上前一步，理直气壮地说："皇帝错子民可规。"

男子见小晏殊有礼有节，对仗工整，心中有了几分怜爱之情，又想看看这小孩到底有多大能耐，便加大了难度，问："妇人家岂容与我争长论短？"

小晏殊见男子语气和缓，拱手施礼："男子汉理宜同他辨是明非。"

男子见晏殊小小年纪，才思敏捷，很是佩服，便把自己搞家暴的原因说给晏殊听。

原来，男子也是一个读书人，本来夫妻恩爱。最近，他的妻子闹着要读书，甚至要外出会亲访友，游山赏景。这可挑战了这个男子的底线，一顿争吵之后，顾不得读书人的身份，抛开斯文，将妻子一顿胖揍。

小晏殊劝道："叔叔，不论男女，读书怎么有错？访亲朋、观花草也在情理之中。那武则天也是美眉一枚，做皇帝不比男人差，婶婶这点追求，咋就过分了？何况你还是孔门弟子读书人，应该通情达理才对啊。"

男子惭愧地连连点头："你说得对，我白读这么多书了。你真是神童!"

这个故事传开后,抚州城里没几个人不知道晏殊的大名了。

单单有天赋其实远远不够,王安石笔下的抚州金溪才子方仲永也是神童,可后来"泯然众人矣"。王安石为此分析原因说,即使天纵之才,没有受到后天良好的教育,也会变回凡夫俗子。

晏殊就是晏殊,不是方仲永,吉人自有天相。他的求学之路丝毫没有走偏,日日早起晚睡,刻刻笔管在握。

到十三岁时,晏殊同学已然胸藏万卷诗书,口吐莲花字字珠玑。

晚秋一日,天高气爽,抚州一伙文人在崇因寺雅集。

此时的崇因寺,枫叶似火,秋菊如金,林茂竹深,远处江面波光粼粼,恰巧前几天一场大雨,苔径上堆积了厚厚一层红叶,极富诗情画意。

文人在一起,当然要显摆显摆吟诗诵词。

第一个吟诗的是抚州市诗词协会吕副主席。

朗诵完毕,李副主席带头鼓掌:好诗好诗,真是我们大宋的李太白、杜子美!

小晏殊涉世不深,还没学会"装",忍不住"扑哧"一笑。

吕副主席正想谦虚几句,听到晏殊的笑声,顿时一脸通红。

李副主席喝道:晏殊,你笑啥呢?我说错了吗?吕副主席的诗写得不好吗?

小晏殊无处可躲,上前一步,实话实说:"吕副主席年高德劭,可惜这首诗写得一般般,发挥得不好,才情贫乏,对仗不工。"

文人雅集无非图个热闹,你吹我,我捧你,一团和气。小晏殊此话一出,大伙儿当即被雷到了,无语!

好大一会儿,李副主席才恶狠狠地反击:"你晏同叔几斤几两,敢这样批评我们德高望重的吕副主席?"

旁边一位诗人起哄说:"人家是神童,想C位出道的!"

晏殊同学镇定自若:"我只是讲了一句实话。"

诗词协会主席老章为人宽厚,见气氛紧张,上前解围:"晏同叔七岁能诗,想必是有好诗的,拿出来分享吧。"

晏殊沉吟片刻,说:"本来还轮不到我这个晚辈,既然章主席发话,我献丑了。请各位指教。"

老章微微一笑："好！"

晏殊先吟出两句："萧寺林峦近水村，卓然幽境画难分。"

"很一般，平庸！"李副主席奚落道。

晏殊不为所动，继续吟诵："卷帘山色眼前有，入夜涛声枕上闻。"

大家默不作声，这两句写得不错嘛。

晏殊接着又用抚州方言说："苔径雨余堆落叶，石楼风斜入闲云。"

章主席听罢，叫道："好诗，好诗！最后两句怎么说？"

晏殊不急不缓："更期他日重游处，白马红缨顿贵群。"

听罢晏殊的诗，几个人纷纷称赞："不愧是神童，有志不在年高！"

章主席问吕副主席："你觉得怎么样？"

吕副主席点点头："这首诗的确写得不错，只是怎么证明一定是晏殊写的呢？我们昨天就知道要来崇因寺，假如他请高人代笔，当然会很好哦。"

章主席摇摇头："这怎么可能呢？不过，你的怀疑也有道理，以前有过这样的例子。要么，晏殊，你再来一首？"

晏殊自信地说："好，既然这样，我依照原韵，再来一首。"

晏殊稍稍思忖，一首新诗倾泻而出：

浮绿微茫水国村，四天垂贤地广分。
玄中鱼语龙还听，梦里钟声鹤不闻。
野日只今稀湛露，大风终古学浮云。
来过车马应无数，只讶红缨是出群。

晏殊话音刚落，众人齐声喝彩："果然文思敏捷！名不虚传！神童！"

吕副主席也抱拳祝贺："晏同叔才高八斗，真是当代曹子建、谢灵运，佩服佩服！"[1]

章主席说："神童，把你这两首诗题写到壁间吧。"

"那怎么行？不能多吃多占啊！我留第一首吧。"晏殊说罢，饱蘸浓墨，笔走龙蛇，题写在寺庙墙壁上。

2. 做了大V，就不愁没有美女

咸平五年（1002），宋真宗签署了一道人事任命。

正是这个人的到来，让草根神童晏殊的人生命运发生根本性的变化。

这个人是谁呢？

北宋名臣、大孝子李虚己。

李虚己本来在朝廷担任尚书屯田员外郎，这个职务相当于现在的农业部农垦局副局长。

按理说，做京官挺好的，悠闲自在，可他偏偏请求外调到南昌。

宋真宗问他："老李啊，怎么不想见朕了，还想去洪州（今江西南昌市）？"

李虚己说："皇上，我天天想见您呢，可奶奶年事已高，老爸又身体不好，我想去洪州服侍奶奶，把老爸也接到洪州来，尽享天伦之乐，请皇上一定要成全我啊！"

宋真宗立马被感动得一塌糊涂："这样啊，好，大孝子！朕成全你。"

就这样，李虚己来到洪州担任通判，实际权力类似于现在的市委副书记、市纪委书记兼副市长。

李虚己同志不但是一个孝子，还是一个能臣；不但是一个能臣，还是一个诗人。

孝子有什么好的表现？

有一次，李虚己被评为先进管理者，于是写了一首诗，自述他和他的父亲李寅的遭遇，顺带感谢祖母养育教诲之恩。皇帝很高兴，不仅赐给他五品官服，还赐给他祖母五十万钱。后来，皇帝因南郊典礼施恩封赏群臣的母亲和妻子，他又请求把妻子受封的资格转授给祖母。而这次放弃京官不干来南昌，也是为了侍奉祖母和父母。[2]

怎么样？授予一块大孝子的牌匾没问题吧？

我们再看看他是不是一个能臣。

先看他的一段履历吧。为便于大家理解，晓春直接把地名换成现在的地域，把官职换成相当于现在的岗位。

考中进士后，先担任安徽临泉县委常委、政法委书记、公安局长。接着，被提拔到陕西城固县做县委书记兼县长。然后到最高人民法院、国务院机关事务局、大型国企任职。转完一小圈，又回来任地方官，担任四川遂宁市委书记、市长。主动要求下派到南昌之前，在国家农垦局担任副局长。

可能有读者忍不住要问了，李虚己同志本是遂宁的一把手，怎么左弄右弄搞成副市长了，莫不是犯了错误？

当然不是，相反，是受到朝廷表彰了。[3]

可同样是地级市，咋干成副市长了？这和北宋复杂透顶的官制有关。简单地说，就是北宋地方官制，府比州大，州又有州格之别，依序排列为都督州、节度州、观察州、防御州、团练州、刺史州，官阶品级也依次递减。打个比方说吧，大连、青岛、宁波、厦门是副省级城市，而锦州、台州、抚州、漳州是地级市。当时，遂州（今遂宁）是节度州，而洪州（今南昌）是都督州。

除了孝子、能臣这两个标签，李虚己另外一个标签就是"诗人"，以他的诗歌赢得无数崇拜者，甚至频频和当时的诗坛老大杨亿唱和，羡煞旁人。

身兼多重身份的李虚己同志到了南昌以后，就深入群众，和老百姓打成一片。很快，他听说抚州有一个少年才子，年仅十三岁，写诗很是了得。于是，老李同志关注了红极一时的晏殊小朋友，搜到小晏殊的诗读了又读。接着，老诗人李虚己同志做出判断，晏殊小朋友才华横溢，将来有可能接替杨亿成为新的文坛泰斗。

放下手机，看到自己的女儿乌黑发亮的飘飘长发和日渐丰满的胸脯，李虚己同志的脑袋嗡的一声：如果这个神童成为自己的乘龙快婿，该多么好啊！

他清楚，在当前形势下，能诗善文的背后是一条金光大道。笔杆好就可能进入办公厅、政研室，然后可能做秘书、做大秘，直到位极人臣。

主意拿定后，李虚己不再顾虑小晏殊的草根身份，主动联系小晏殊。

很快，小晏殊和诗坛名家李虚己取得了联系。

一切都按照李虚己设计的情节推进。小晏殊长得眉目端正，和自己漂亮的女儿一见钟情。

李虚己对晏固说:"老晏,你儿子的诗写得很好,但还要想办法提高,我来帮他,让他拜我为师吧。"

晏固感激地说:"好,同叔遇到贵人了!谢谢李通判,我们晏家八辈子祖宗都谢谢您!"

晏殊赶紧跪下:"谢谢师父!"

李虚己上前扶起小晏殊:"不要回抚州了,就到我家住下,我天天给你上课。"

就这样,李虚己同志开始把几十年的写诗心得尤其是诗歌音韵之法传授给小晏殊。[4]

作为一个见多识广的官员,李虚己同志深知,单单靠实力是不够的。如同身在官场,下面要有人推,上面还得有人拉,甚至得有同僚挤一下。有些哥们或许觉得不好理解,哪天去江西龙虎山看一看"悬棺"怎么安放就知道了。

说干就干,全方位地大干。小晏殊负责苦读诗书,李虚己同志负责疏通关系,开展公关。

要找就找一个大腕来站台。推荐给谁呢?

李虚己决定推荐给自己的福建老乡、文坛泰斗、西昆体诗歌的带头大哥杨亿。[5]

毋庸讳言,李虚己同志给予了小晏殊巨大的帮助。

首先,李虚己好不容易悟透的诗歌音韵之法是无价之宝。有人写的诗词朗朗上口,有人写的东西晦涩生拗,原因是后者不得其法。会飞的鹅叫天鹅,会飞的蛇叫飞龙,而音律就是诗词的翅膀。如果音律不协调,再好的东西也传之不远。李虚己也是读到南朝著名文学家沈约关于诗歌要"前有浮声,则后须切响"的主张后,才茅塞顿开,打通了音韵之法的玄关。[6]试想,晏殊学到这样的绝招,该少走多少弯路啊。

其次,高级领导干部李虚己同志四处为小晏殊摇旗呐喊、广而告之,这无疑大大提高了小晏殊的知名度和美誉度,为下一步的发展奠定了坚实基础。何况,李虚己同志来自上层社会,父亲李寅、弟弟李虚舟都是当朝官宦,素有清誉。[7]

可以想象，以李虚己家族丰富的人脉资源助推草根神童晏殊的前程发展，该是多么强大的一种力量！至少能为晏殊争取更多、更高档次表现的机会。这正是饱读诗书而出身寒微的晏殊所最需要的，或许他将因此迎来人生中"鲲鹏展翅九万里"的光辉时刻。

3. 机会，只给有准备的孩子

事遂人意。李虚己同志敏锐地发现，千载难逢的机会悄然来临。

怎么了？

钦差大臣要来南昌了。

景德元年（1004），江南大旱，宋真宗派张知白前往江南安抚。

张知白是谁？

一个高尚的人，一个纯粹的人，一个有道德的人，一个脱离了低级趣味的人，一个有益于人民的人。也是一个牛人，堪称北宋名臣。

据《宋史》记载，张知白在担任宰相时，使用车服爵号很慎重，没有任何私心。他经常告诫自己不要骄盛自满，虽然已是达官显贵，但清廉节俭如同寒微的读书人。

当然，此时张知白的职位还只相当于中央财经委员会的办公厅主任，但深得宋真宗的器重。李虚己同志清楚，如果钦差大臣张知白愿意把小晏殊推荐给朝廷，那就非常有可能获得宋真宗亲试的机会。

张知白抵达南昌后，立即投入到紧张的工作中，赈济灾民、安抚百姓。而李虚己同志则全力协助，冲锋在前，兢兢业业。在工作中，两个年龄相仿的同僚结下了深厚的友谊。

而在闲暇之余，李虚己同志不动声色地通过多种途径让张知白了解晏殊。所以，张知白大人不仅知道有晏殊这么一个神童，还听到大街小巷不少人吟诵晏殊的诗歌。

一天，李虚己同志郑重地对张知白说："张大人，下官有一事相求，请大人帮忙。"

张知白赶忙说："李大人，别客气，有事请讲，愿效犬马之劳。"

李虚己说："张大人听说过晏殊吗？"

张知白点点头，说："在洪州、抚州听到很多人说起这个神童，的确能诗善文。"

李虚己故作迟疑不决状："下官有一个女儿，和晏殊年龄相仿，本想把女儿许配给他。又怕识人不明，误了女儿的终身。"

张知白一惊："我看过晏殊的诗文，真是一个神童！这等人才做你的乘龙快婿，你还犹豫什么？"

李虚己说："想不到张大人这么了解晏殊，那下官恳请张大人向朝廷推荐晏殊，感激不尽。"

张知白稍加思忖，说："好！皇上求贤若渴，唯才是举，我此次来江南安抚百姓能发现一个绝世神童，也算意外收获。回到汴京，我立即上奏朝廷。"

回到京城后，张知白将晏殊推荐给朝廷，向宋真宗详细报告晏殊这个神童有多神。

前文交代过，宋真宗素来喜欢神童。听了张知白的汇报，龙颜大悦，当即下旨，召晏殊明年春天参加殿试。

李虚己同志听到消息，大喜过望。

张知白的举荐有多么重要？

宋初的"童子举"并非定期选拔，各地如发现聪慧过人的神童，可及时向朝廷推荐，且最后一般由皇帝亲试。

这种上达天听的机会相当难得，可以毫不夸张地说，张知白是晏殊人生中的第二个贵人。

很难想象，在被成功推荐至廷试的几个月时间里，未及束发之年的小晏殊是如何心无旁骛、枕戈待旦，等待这场决定人生命运的通天大考的。

景德二年（1005）元宵节刚过，小晏殊踏上了进京赶考的行程。

江西抚州距宋都汴京约有两千里之遥，晏殊晓行夜宿，须臾不离诗书，几个月后终于如期抵达。

一台精彩的大戏就此徐徐拉开帷幕，神童晏殊缓缓走向舞台中央。

晏殊直接和通过了省试的士子一起参加殿试。

什么是殿试呢？

这是宋朝科举考试的最高级别，此前一般有州试、省试等。

说起宋朝殿试，还有一个小故事。

宋太祖开宝六年（973），翰林学士李昉担任当年省试的主考官。经过几场考试，一共录取进士38人。其中有2人后来在面试时因回答问题错误落榜了。落第举子徐士廉不服，便去上访，控告李昉凭私情取舍进士，要求皇帝亲自主持考试，以求公道。于是宋太祖下诏从落第者中选出195人和已录取的36人，在讲武殿进行复试，由他亲自主持，从中录取了127人。奇怪的是，原先录取的36人中有10人落榜。张榜后，朝野舆论汹汹，李昉被降职。这次科举案，成为殿试的发端，从此确立了进士由皇帝亲试的制度。

农历五月十五日，召试举行，晏殊和来自澶州的姜盖参加。对晏殊的考题是写诗、赋各一首，而对姜盖的考题是写诗六首。[8]

晏殊"初生牛犊不怕虎"，神色自若，拿起试卷仔细审题，接着陷入深思，然后饱蘸浓墨，唰唰唰地在试卷上写起来。

很快，小晏殊写完了，将试卷交上去。

宋真宗接过试卷，仔细读罢，十分赞赏，当即要赐晏殊进士出身。

可这时，宰相寇准不高兴了。

他怎么不高兴呢？关他什么事？

原来，晏殊是南方人，而姜盖是北方人。寇准这个时候正和南方籍的一些大臣争斗激烈，骨子里排斥南方人。

寇准生性直来直去，想说的话忍不住，提醒宋真宗说："皇上，晏殊是江南人。"

宋真宗见晏殊写的东西这么好，又长得一表人才，心里正高兴。听寇准说这么大煞风景的话，很不痛快，反问道：

"寇爱卿，朝廷选拔人才唯才是举，大宋子民四海一家不好吗？什么江内江外！再说唐朝名相张九龄不也是南方人吗？总不能因为考生地域偏僻就不录取吧？"

坚决不为所动，赐予晏殊进士出身，而只赐予姜盖同学究出身。[9]

回到宫里，宋真宗仍然很兴奋，觉得今天找到了一位大才子。可转念一想，又觉得可疑，这么一个小屁孩，凭什么三下五除二就把试卷交上来，还这么好？

过了两天，宋真宗又把晏殊叫来，让他写诗、词、赋。

写赋时，晏殊坦诚地说："皇上，这个题目我写过了，你另外出一个题目吧。"[10]

牛吧？这是在天子面前考试啊，可人家就是这么淡定，就这么不在乎！

凭什么？实力、自信和诚信。

宋真宗顿时被折服了，这小子不光有才，还有德，是正儿八经的德才兼备啊！当即任命晏殊为国家图书馆的副科级图书管理员，并由一代大儒、国家历史文献研究室主任陈彭年做他的老师，手把手地教。[11]

怎么样，草根神童晏殊的表现可圈可点吧？

农村小子小晏殊在这个宽广而高贵的舞台上从容不迫地展示了他的镇静、诚信、自信、才华以及好人好运。他以一诗一赋获赐同进士出身，又于两日后以一诗一赋一论被擢升为秘书省正字，就读于秘阁，跟随音韵学大师陈彭年学习。

"秘书省正字"是从九品下的寄禄官。从九品下大致是副科级，但什么是寄禄官呢？寄禄官是一种官阶的名称，只挂这个官名，据此享受俸禄，但不具体掌管事务。也就是说，晏殊身上挂名副科级图书管理员，但不管事，只是专心攻读硕士、博士学位。

如果说他的才华是"天赋异禀"，那么这个十四岁的农村少年胆气从何而来呢？和上千个诗书满腹的成年人一起在大殿里考试，从容不迫，这该是多么镇静啊！而他的诚信更加可贵，若是常人，遇到押中题目这等好运气，必定额手称庆，哪肯丝毫泄露？可晏殊就是晏殊，自信至极，断然要求换试题。接着，他以作品又快又好的非凡实力告诸世人，"神童"之神绝非浪得虚名，而是用扎实的功底支撑，不怕再三检验和锤炼。

当然，晏殊的运气也相当好，获得皇帝赞赏之后，如果不是宋真宗明智、果断否决寇准近乎党同伐异的地域歧视，他哪里能就此跃入龙门?！

要知道，此时是"澶渊之盟"之后不久，田间地头到处在唱"咱们老百姓，真呀真高兴"，而皇帝心里也正爽。说起来，宋真宗赵恒是行家，曾经写作对后世影响深远的《励学篇》：

富家不用买良田，书中自有千钟粟。
安居不用架高堂，书中自有黄金屋。
出门莫恨无人随，书中车马多如簇。
娶妻莫恨无良媒，书中自有颜如玉。
男儿欲遂平生志，六经勤向窗前读。

看清楚了吧？读书人经常念叨的"书中自有黄金屋"、"书中自有颜如玉"正是当年宋真宗给天下读书人下的钓饵。

自宋真宗大开"神童"之门后，多少家庭倾尽全力"从娃娃抓起"，多少孩童以"三更灯火五更鸡"的努力在一夜成名的大道上攀爬。

现在，小晏殊终于一战成名，入秘阁读书、拜名儒为师、伴皇子以晨夕，是大宋万千少年才子梦寐以求的荣光啊！

二　勤勉、朴实，闯出一片天

意气风发少年郎，折柳仗剑走四方。一展芳华的晏殊会不会得意忘形？在藏龙卧虎的京城，在牛人聚集的朝堂，他能否站稳脚跟？阅人无数的宋真宗什么时候才会真正关注这个来自临川的少年呢？

1. 朋友圈里点赞多

通过几番大考敲开幸运之门后，晏殊没有因此得意忘形，他丝毫不敢懈怠。

用八个字概括他的工作、生活，就是：谨慎恭肃、勤勉向上。

其实，这相当不容易，起自草根的寒门子弟，最容易为繁华所诱惑，为盛名所拖累，为成功所羁绊。

最为幸运的是，因为钦点，他成为宋初大儒陈彭年的学生。

陈彭年是谁？

他是一个高官，官至参知政事，相当于时下的国务院副总理。

他是一代大儒，博闻强记，才华过人，学识渊博，尤其在音韵学、文字学、仪制、沿革、刑名之学等方面造诣很深。他的音韵学成就对后世影响巨大，他主编的《广韵》是我国历史上完整保存至今并广为流传的最重要的一部韵书，是北宋以前韵的集大成者。而作为一个历史学家，他的《江南别录》成为研究南唐历史重要的原始资料。

这么一个大学者，无论做多么大的官，始终保留书生本色，一生所喜好的只是书籍。

宋人笔记里记载了这么一个故事。

陈彭年无所不知，几乎成了活版的百科全书。有一次，皇帝在便殿召见他。

皇帝问："老陈啊，这墨智、墨允是什么人？"

陈彭年答道："伯夷、叔齐。"

皇帝又问："理由呢？你说说是哪本书上记载了？"

陈彭年说："《春秋少阳》。"

皇上当即派人去皇家图书馆把这套书拿来。

书拿来后，陈彭年直接告诉侍从，到哪一册哪一页查找，果然找到了。

皇帝大喜，自此之后更加关注陈彭年，没过多久，让他进位宰执。[12]

陈彭年与晏殊算是抚州老乡，他家乡南城县距离临川也就一百里左右，以前归属抚州，南唐时才升为建武军，宋初为建昌军。

老乡在千里之外才显得珍贵。可以想见，正值壮年的博士生导师陈彭年将如何教育和爱护这个小老乡。一是他必定将平生所学悉数相传；二是他的人脉关系将对晏殊大有裨益，尤其他的铁哥们王钦若、丁谓先后拜相执掌大权的时候。

景德二年（1005）十一月，朝廷筹备南郊祭天事宜。

南郊祭祀向来是朝廷大事，明确不能让老弱病残的官员参加。

但晏殊不想因为不足十五岁而错失良机，特意上奏主动要求参加。

最终，获得宋真宗的同意，并惠及他人，皇帝为他把十五岁这个门槛撤除了。[13]

怎么样，小晏殊这个刷存在感的动作还算到位吧？

第二年，晏殊迁任太常寺奉礼郎。这个职务和秘书省正字一样，也是寄禄官，品阶也差不多，为从九品上。表面看，一年下来，只是把"从九品下"干到了"从九品上"，收获不是很大。但薪酬却提高了很多，翻了一番。[14] 这至少说明，朝廷在关注这个意气风发的少年，或许希望帮这个读书郎改善一下生活待遇。

景德四年（1007）春夏之交，晏殊决定回一趟老家。

故乡临川沙河村在两千里之外，很遥远，但他必须回去。因为祖母傅氏生病了，病得很重，想见晏殊。晏家孙辈中，数晏殊最有出息，做奶奶的心中挂念。

临行前，晏殊向岳父李虚己的老乡、好友杨亿辞行。

杨亿是谁？

他是一个著名的神童，七岁能文，十岁能诗，名播四海，现在已经是公认的天下文宗。他天生聪颖，一生不离文辞笔墨，文章风格雄健，才思敏捷，毫不迟疑，与客人谈笑时，仍挥笔不止。文章精密有章法，擅长用小字起草文书，一篇几千字，从不圈点改动。[15]

此时，杨亿刚刚担任翰林学士，这是读书人梦寐以求的岗位，是皇帝的大秘书。

杨亿见老朋友李虚己的女婿来向自己告别，很高兴。看着晏殊白里透红的粉嫩脸庞和头顶的两个发髻，顿时诗兴大发，欣然赠诗一首：

> 垂髫婉娈便能文，骥子兰筋迥不群。
> 南国生刍人比玉，梁园修竹赋凌云。
> 堵墙看试三公府，反哺知干万乘君。
> 赐告归宁来别我，亭皋木叶正纷纷。

从诗中不难看出，同为神童出身的杨亿对这位比自己足足小十七岁的"神童"赞赏有加，不惜溢美之词。作为一代文宗，作为宋初主要诗歌流派"西昆体"的创始人和代表人物，杨亿的欣赏、延誉无疑对刚刚踏入仕途、文坛的晏殊有很大帮助。少年晏殊当下最需要的是站稳脚跟，不断收获主流社会的肯定或赞赏。

除了大名鼎鼎的杨亿，这一年，晏殊还获得了以性格耿介著称的曾致尧的高度赞赏。

曾致尧是谁？

或许很多人不知道，但如果说起江西南丰的曾氏家族，尤其他的孙子曾巩、曾布、曾肇，估计略知文史的人不会陌生。

曾致尧，生于南唐保大五年（947），宋太平兴国八年（983）进士及第。

《宋史》说他性格刚直，不平则鸣，曾经为一些不公平的事情屡上奏章，言辞十分激烈。[16]但这个性格偏激的大臣其实是一个清正廉明、忧国忧民的好官。

有一年，担任监越州（今浙江绍兴市）酒税的曾致尧回到南丰老家，母亲周老夫人在荣亲园置办酒席为他接风，族人亲戚都来了。有人看到曾致尧穿着粗陋，仆人、马匹瘦弱不堪，暗自讥笑。周老夫人说："身为公务员，贫穷一点来见我，是我的荣耀。如果满载而归，我反倒要担心了。"[17]

身为税务局长，能够如此洁身自好，已经相当难得。而母亲又能够如此深明大义，更是少见。曾氏家族能够创造百年辉煌，你找到原因了吧。

有一次，曾致尧陪宋太宗喝酒，宋太宗沾沾自喜地吹嘘国库如何如何充盈。

当时，南方正闹秋旱，赤地千里，曾致尧便说："国库再富足，也不如现在江南下一场大雨的价值。"宋太宗听罢很有触动。[18]

怎么样，对曾致尧有个大致印象了吧——一个耿介刚直、廉洁自律、忧国忧民的士大夫。可这个刻薄能文、阅人无数、洁身自好的老头，对晏殊却投以青眼，高看一等厚爱一分。

有一天，曾致尧在李虚己家里见到了晏殊。

这个宦海沉浮几十载的老同志久久地注视着晏殊，好半天才开口说话:"晏神童日后贵不可言,可惜我老曾年龄太大了,看不到你做宰相哦。"[19]

写这个故事的人名叫魏泰,是曾布夫人魏玩的弟弟,记载的可信度应该很高。

当时,李虚己担任淮南转运副使,而曾致尧是扬州(今江苏扬州市)知州。两人素有交往,关系密切。现在一个担任副省长,一个担任市长,更是隔三岔五一起饮酒喝茶。曾致尧能诗善文,以前就作诗的音韵向李虚己提过建议。但他难道还会看相吗?古代不少文人粗通周易、堪舆、面相,曾致尧懂不懂这些,晓春不知道。可以肯定的是,他久居官场,也许因为阅人无数有了识人之明,才断言晏殊将来会担任宰相。巧合的是,他的预言若干年后成为人所共知的事实。

2. 宋真宗说,我顶你!

晏殊顺风顺水,风头正盛。

大文豪杨亿力挺他,铁面市长曾致尧也看好他。

这都不算。

关键人是陈彭年,为什么呢?

前面说过了,宋真宗把晏殊交给老陈了,由老陈督察晏殊的学习、工作、交游,是晏殊的直接领导。只有陈彭年认可才算数,别人点赞分量不大。

那陈彭年对晏殊的印象怎么样呢?

好得很!《宋史》中原文是这样说的:"命直史馆陈彭年察其所与游处者,每称许之。"

大家都说晏殊这个小伙子好,但归根结底要皇帝老儿认账才有用啊!

皇帝当然会听一听臣僚们的意见,可他最相信自己的眼睛。

恰好在这段日子,发生了几件事情。

大中祥符四年(1011),宋真宗听说晏殊的弟弟晏颖也写得一手好诗文,便准备将晏颖的作品拿来看,特意交代晏殊不要对晏颖的作品修改。晏颖听说皇帝老儿要看他的大作,便请晏殊润色。晏殊倒好,既不帮忙修改也不做任何解释，弄得晏颖一头雾水。哇，你是我亲哥吗？这么大的事也不伸手帮一把。可晏殊这个周密审慎的做法却赢得了宋真宗的信赖。[20]

晓春读到此处，不由得感叹：奇人必有奇才！

同胞兄弟请求帮助修改润色，你不理睬也就罢了，连一句解释的话都没有，这实在不应该是一个二十岁的少年所能做到的。沉谨老成至此，远远超出常人的想象，就凭这一点，晏殊已经将同龄人甩出了几条街。

大中祥符七年（1014），晏殊的第一任夫人李氏病逝，此前她为晏家生育了一个女儿。

李虚己同志悲痛欲绝，可怜的女儿啊，老爸为你找了一个才貌双全的老公，你却无福消受，呜呼！

此时，晏殊多大年龄？

二十四岁。

对于一般人来说，这个年龄连女朋友都不一定有。譬如范仲淹同志、曾巩同志。

年轻有为的晏殊丧偶了，这个消息很快传遍了开封。

很多大户人家蠢蠢欲动。

"晏殊同学，我家富甲一方，小姐年轻貌美，你意下如何？"

"晏殊小帅哥，我家主人身居高位，小姐温婉清秀，考虑考虑吧。"

晏殊同学果断地摆了摆手，以后再说吧，我没心情。[21]

可没过多久，晏殊同学结婚了，老婆姓孟，是江西丰城的知县孟虚舟的女儿。

有人说："小晏啊，你什么眼光嘛，找个小县长的女儿！"

晏殊同志微微一笑："我草根一个，县长家的小姐已然是高攀了，大户人家的小姐我真的hold不住啊。"

晏殊不愿攀附豪门望族的做法，再次获得了宋真宗点赞。

除了这两件事，晏殊表现出来的质朴和诚信，也获得宋真宗的高度评价。

当时，天下太平无事，宋真宗允许文臣武将聚餐宴饮。

一时间，酒楼餐馆经常能看到公务员甚至高级干部的身影。如果一个领导同志一个月不到知名酒楼、会所喝几次酒，人家都会怀疑你做了一个假官。

可各大酒楼会所死活不见晏殊同学的身影。

人呢？

在家读书。和弟弟晏颖闭门读书，专心致志地读，往死里读。

宋真宗说："晏殊小朋友，大家都玩疯了，你却和弟弟夜以继日关门读书，真是一个严谨质朴的人。既然这样，你来陪太子读书吧。"

晏殊说："皇上，我不是不喜欢吃喝玩乐，可实在太穷了。我如果有钱，肯定也会参加这些'高大上'的活动，可实在拿不出钱哦。"

宋真宗听罢，心想，这小子倒是个实在人。对晏殊更加赏识了。[22]

实事求是地说，宋真宗和晏殊太投缘了，看着他顺眼，以至于贵为天子、日理万机的他时刻关注着晏殊这个科级干部。

譬如，在晏殊频频遭遇不幸的时候。

景德四年（1007），晏殊的祖母傅氏去世。

大中祥符四年（1011），他的父亲晏固去世。

大中祥符六年，他的弟弟晏颖离奇辞世。

大中祥符七年，他的妻子李氏病逝，接着他的母亲吴氏与世长辞。

频频面对家庭的巨大变故，我们无法了解晏殊证悟生死的心路历程。但史料证明，来自宋真宗的关爱给了他巨大的温暖和安慰。

晏殊的父亲去世后，晏殊回乡守孝。可没过多久，宋真宗想念晏殊，便下旨让他回京，还让淮南发运使直接派船去迎接。[23]

怎么样，宋真宗给这个小官的面子够大吧！

在以儒家文化治理天下的时代，"夺服"不是一件小事，皇帝迫不得已方为之。明朝万历内阁首辅张居正曾因"夺服"闹出一连串的风波。

晏殊这么年轻获得如此厚遇，实属罕见。"真宗思之"几字貌似平淡，其实是多少臣子一生也无法抵达的高度。皇帝召见臣子，一道圣旨即可，可宋真宗竟然派船前往迎接这个小官。这实在不像君臣之交，倒像是父子之情。

不仅如此，三年后，晏殊的母亲去世，再次被"夺服"，可见宋真宗对他多么倚重，似乎须臾不能离开。

晏殊的弟弟晏颖猝然离世后，宋真宗也赐以哀荣，亲自题写"神仙晏颖"四字。

同时，宋真宗给了晏殊足够多的表现机会和升迁空间。

这些年，晏殊收获很大。参加编修《州县图经》、《土训纂录》、《方岳志》、《十道图》、《降圣记》；献诗赋颂数篇——《连理木赞》、《祥符嘉瑞殿双莲》、《大酺赋》、《送章明州》、《东封圣制颂序》、《河清颂》、《两朝祥瑞赞序》、《汾阴祥瑞赞》等等。

而相应的变化是，晏殊先后迁任光禄寺丞、集贤校理、著作佐郎。

光禄寺丞、著作佐郎都是寄禄官，品阶为从六品上，相当于现在的副厅级。而"集贤校理"是负责文字编校工作的官员。这对于一个二十来岁的小伙子来说，已经相当不容易。这其实也是积累阅历和经验、积累人脉的过程。说白一点，在中央机关干，先得一边混个脸熟，一边慢慢攀爬，逐渐提升官阶。

大中祥符七年（1014）正月，晏殊随宋真宗祭祀安徽亳州太清宫，获赐绯衣银鱼。

"赐绯衣银鱼"是什么意思呢？

宋初，官阶五品以上才允许穿绯色官服、佩银鱼袋。有时候，皇帝特许官阶不到五品的官员穿绯衣、佩银鱼袋，此为"赐绯衣银鱼"。

三个月后，晏殊获封同判太常礼院。

太常礼院是执掌礼乐制度、仪式等事宜的机构。在尊孔崇儒的封建王朝，这是相当重要的机构，直接对皇帝负责。

此时，晏殊才二十四岁，正因资历尚浅，在"判太常礼院"这个官职前加了"同"字。这也不得了嘛，这么年轻，很多学子尚没有通过大考这一关，他已轮值礼院了。

晏殊一时风光无限，明眼人一看就知道，宋真宗这是在为下一任皇帝培养宰辅一类的股肱之臣。

三 让青春岁月燃烧吧

身在官场,是否年轻着实是一件很重要的事情。现在是这样,一千年前的北宋也是如此。年轻占据高位,意味着更多的发展机会,更大的发展空间。

由此可知,人在仕途,青年时期的作为至关重要。一般来说,这段岁月将决定你能站多高、走多远。一个四十岁才提拔到乡科级领导岗位上的人,正常情况下怎么可能攀爬到省部级领导岗位?

从这个角度看,晏殊是成功的,毕竟年纪轻轻就获得了宋真宗的青睐。

但北宋派系林立,党争激烈,稍不小心,就可能跌入陷阱,万劫不复。

这对于晏殊来说,不能不说是一个巨大考验。

1. 东宫,机会与风险并存

宫斗剧流行一时,以至于在很多人的印象中,太子之争总是有很多精彩甚至血腥的故事。但在晓春看来,北宋的继承皇位之争整体温和,甚至出现过频频谦让的案例。当然,也有完全不用争抢,平安长大即直接继位的,譬如宋仁宗。不是宋仁宗运气多么好,而是他的其他五个同父异母兄弟身体太不争气,还没怎么长大就挂了。

大中祥符八年(1015),宋真宗在元符观南面设置学堂,第二年命名为"资善堂",作为皇子赵受益上学的场所。接着任命晏殊担任"记室咨议",这个职位是亲王府的侍从官,当时赵受益年仅七岁,晏殊的主要任务是伴读。

毫无疑问,和皇子赵受益结缘,继而随之步入东宫,是晏殊宦海生涯的一个重要节点,由此踏上仕途的快车道。

大中祥符九年(1016)五月,晏殊写了《景灵宫》、《会灵观》两篇赋，获得宋真宗的赞赏和嘉奖，迁任太常寺丞。

这个职务在北宋前期无职事，为文臣寄禄官，也就是说晏殊因迁任太常寺丞将官阶擢升至从五品上，但他的职事仍主要为"记室咨议"。

考虑到后面很多内容将涉及北宋复杂的官制，晓春觉得有必要引用邓广铭先生《辽宋夏金史讲义》中《官名和职责的分离》这一段内容，帮助大家了解北宋官制情况：

> 《通考·职官志》总序谓："宋代官人授受之别，有官有职有差遣：官以寓禄秩，叙位著；职以待文学之选；而别有差遣以治内外之事。"
>
> 所谓官，是指中书令、侍中、六部尚书、给事中、大夫、郎以至刺史等。在宋代，做这类官的，并无职事可以掌管，不用到机关去办公，这等名义只是用以叙补薪俸的，故又称为寄禄官。
>
> 所谓职，是指学士院中的学士以及在皇帝左右的文学侍从之臣所担任的各种名义。例如龙图阁学士、天章阁学士等，因在当时都被认为是清高的头衔，故称之为职，以示与专用以叙俸之"本官"有别。其后凡有清望而出外任地方官者，也多带有职名。
>
> 所谓差遣，是指内外百官所实际担任之职务。例如侍中、中书令为官，而同中书门下平章事及参知政事则为差遣；刺史为官，而"知某州军事"则为差遣，凡属差遣，均是"名若不正，义若不久"，略似近代之所谓特派员，北宋各行政机构的事务均由此等被临时指派之人负责，而正式编制中的各种官名反成虚衔，故"居其官不知其职者十常七八"，反之则任其实职而不居其官者也必不下于十之七八。故有以某路某军节度判官为阶官，而实任某州州学教授者；有以某军判官为阶官，而试秘书省校书郎者；有以某县县令为阶官，而实任某路转运司勾当公事者。

这段引文深入浅出，应该对读者了解北宋官制大有裨益。简单地说，"官"指享受的待遇级别，"职"是文学荣誉，以待文学之选，"差遣"是实际担任的工作。

天禧二年（1018）二月，寿春郡王赵受益进封为"升王"，晏殊则相应改任"升王府记室参军",接着又擢升为"左正言"、"直史馆"。

他的工作依然主要是担任王府教授和伴读等,但官衔增加,官阶进一步提升。

同年八月,赵受益被立为太子,并改名为赵祯。

主人成为皇储,侍从官自然一荣俱荣。晏殊被接连加官晋爵,先是加官"户部员外郎"兼"太子舍人",紧接着,又加差遣官"知制诰",判集贤院。

怎么样?好运来了挡都挡不住,算是官运亨通吧!

"判集贤院"一般由正五品以上的德高望重的文人学者担任[24],晏殊这么年轻兼任这个儒雅至极的职务相当罕见。

而"知制诰"是什么职务呢?

宋朝初年,翰林学士起草诏令且加"知制诰"官衔称为"内制",是皇帝御用的大秘书。其他官加"知制诰"官衔起草诏令,称为"外制",相当于现在的中央办公厅、国务院办公厅的正厅级秘书。晏殊正是以东宫的本官兼任中枢机构的高级秘书,这个时候,他才二十八岁,大宋立朝以来,这个年龄担任"知制诰"的凤毛麟角,譬如曾任宰相的卢多逊,譬如文坛老大杨亿。能够如此少年得志,没有出类拔萃的才能,没有皇帝的宠信几乎不可能。

二十八岁的晏殊风光无限,他是太子的老师、伴读,他是朝廷的大秘,他是史馆的要员,他是集贤院的高官……

你千万不要小瞧"直史馆"和"判集贤院"这两个职务。晓春悄悄告诉你,监修国史的通常是首相,而集贤院大学士一般由次相兼任。同时,依照北宋文臣的成长路径,翰林学士大多从有馆阁任职经历的官员中产生。这两个职务的含金量如何,大家认真掂量掂量吧。

在东宫的岁月异常美好,以至于若干年后晏殊仍然对这段岁月念念不忘。从他写于这个时段、题为《东宫阁》的三首诗,我们可以看出其状态和心境。

其一

青幡乍帖宜春字,翠箑初迎入律风。

一有元良昭大庆，问安长在紫宸中。

其二
鲛冰千片解华池，神水香醪满爵户。
旭日九门凝瑞露，东厢朝拜奉宸慈。

其三
碧燕幡长彩树新，寝门瑶佩庆初春。
邦家累善钟储贰，皎皎重晖在璧轮。

春水荡漾、丽日和风、绿树青幡、贺寿问安，多么明快而温暖的意象啊！其中不难窥见晏殊无比愉悦的心情。

这种感觉不仅仅表现于诗中，他在一次冶游之后填的词《迎春乐》也给人这样的感觉：

长安紫陌春归早。嚲垂杨、染芳草。被啼莺语燕催清晓。正好梦、频惊觉。　　当此际、青楼临大道。幽会处、两情多少。莫惜明珠百琲，占取长年少。

此时正是大宋国泰民安的一段黄金岁月。宋、辽缔结"澶渊之盟"后，边境安宁，而西夏尚未兴起，大宋经济得到快速发展，人口迅速增长，一派欣欣向荣的景象。尤其开封的城区规模、人口数量、商业水平大幅度提升，宵禁制度基本瓦解，繁华不分昼夜，四处莺歌燕舞。

在这种大环境下，身处东宫、春风得意的晏殊怎么不是满眼青翠？怎么不是冉冉旭日？

话说回来，无处不是江湖，矛盾无所不在。宋人笔记曾记载同为伴读的晏殊与蔡伯俙在太子赵祯面前的不同表现。

蔡伯俙谄媚求荣，当时想方设法讨皇太子赵祯的欢心，甚至不惜跪在地上让赵祯跨过门槛，但赵祯明白事理，登基后对蔡伯俙的为人不屑一顾，一直没有重用，反而启用宁折不弯的晏殊。[25]

那时，赵祯年纪小，嬉玩成性，不喜欢读书。晏殊苦口婆心地规劝，惹得赵祯很不高兴。而蔡伯俙小小年纪却善于逢迎，处处讨赵祯欢心。

有一次，宋真宗要检查赵祯的学业。

赵祯愁眉苦脸，要晏殊代作文章。晏殊认为不能弄虚作假，死活不答应。蔡伯俙哪肯错过这个溜须拍马的好机会？他立即赶写了一篇文章，让赵祯一字不漏地照抄。

宋真宗毕竟能诗善文，不是那么好糊弄，发现文章不像赵祯的水平，追问下来，晏殊如实禀告。

此举彻底得罪了赵祯，他指着晏殊的鼻子大骂："姓晏的，我以后当了皇帝，杀你的头！"

晏殊梗着脖颈，毫无惧色："就是杀头，我也不说假话、做假事。"

赵祯继位后，蔡伯俙自以为和宋仁宗关系很铁，可以大展宏图了，谁知反而是晏殊青云直上。

蔡伯俙很不服气，心想，真没天理了，我为他赵祯做牛做马几年白干了？反倒是那个死脑筋晏殊占了便宜。实在咽不下这口气，于是去找宋仁宗。

蔡伯俙说："皇上，我真的很怀念在东宫的那段岁月。我常常想，什么时候有幸让皇上再踩到我背上啊，那感觉太爽了。"

宋仁宗笑了笑："对不住了！那时我小屁孩一个不懂事。现在我一脚下去，就怕你的骨头要碎了，万乘之尊怕压死你。你的意思我清楚，不过，我也算见过风风雨雨了，甄别人才还是有几把刷子的。你和晏殊能诗善文，可你为人不够地道啊，谁知道你什么时候把我给糊弄了？宰相是一人之下万人之上的朝廷重臣，还是由晏殊这种德才兼备的人来担任吧！"

蔡伯俙挤出一丝笑："皇上，看你说的，怎么着给碗饭吃哦。"

宋仁宗说："放心！我这个绝世老好人准备做到死，不会饿着你。"

后来，宋仁宗确实对一事无成的蔡伯俙很是容忍，东挪西调，为他保住职位俸禄。此是题外话，不再赘述。

2. 任你龙争虎斗，我只认老大

以前，晏殊的主要事务是在东宫陪小太子。陪小屁孩虽然有点烦，甚至被威胁，但毕竟工作单纯，经常可以哼一哼歌曲《今天是个好日子》。可兼任了"知制诰"就不一样了，这个职务相当于中央办公厅的大秘书，能近距离地感受朝廷斗争的波谲云诡。

宋真宗对晏殊宠信有加，以至于有一次不假思索地弄了一出张冠李戴的闹剧，无意之中把他拽入凶险的政治党争旋涡。

一天傍晚，宋真宗将晏殊召入宫中，要他拟写任免文件。

晏殊一看，大吃一惊，任免人员竟然涉及宰执。

什么是宰执？是宰相与执政的简称。宋朝先后以同中书门下平章事、尚书左仆射、尚书右仆射、左丞相、右丞相为宰相，以参知政事、门下侍郎、中书侍郎、尚书左丞、尚书右丞、枢密使、知枢密院事、同知枢密院事、枢密副使为执政。

这些大佬的名单让晏殊的肾上腺素骤然升高、心跳加速，连忙解释说："皇上啊，小晏是'外制'知制诰，草制这等大臣的任免不是小臣的职事。"

宋真宗拍拍脑袋，说："是朕弄懵了。"

于是，召翰林学士、知制诰钱惟演拟写任免文件。

原来，北宋时，翰林学士兼任知制诰被称为"内制"，拟写重要诏书、人事任免制词。其他官员兼任知制诰被称为"外制"，拟写普通诏书、一般官员的任免制词。

钱惟演来到宫里，说："这个寇老西儿，不知道多么专横跋扈，对皇上您他都吹胡子瞪眼，弄死他！"

宋真宗说："那怎么行，怎么着人家也是大宋功臣。你觉得挪他到什么位子比较好呢？"

钱惟演说："王钦若是给了太子太保官衔，给他也够了吧？"

宋真宗想了想，说："还是授予太子太傅吧。"

接着又说："这还不够，当年他帮过我的大忙，还要优待。"

钱惟演说:"那就好人做到底,封他做莱国公。"

接着又说:"这样一来,中书省只有李迪一名宰相,恐怕还要任命宰相。"

宋真宗说:"先这样安排吧。"

晏殊被宋真宗误召进宫,心想,这些绝密消息一旦走漏,就惹上大麻烦了,至少是嫌疑人。

于是,当天晚上,晏殊在学士院住下。那个时候没电话没手机,他也没有飞鸽传书的能耐,这样就彻底撇清嫌疑了。

可等到宣布人事任免时,他发现和那天宋真宗给他看的任命书很不一样。

哈!这也太离谱了,简直是乾坤大反转嘛!但他硬是憋住,丝毫没有声张,而旁人也一直弄不清楚最初宋真宗人事调整的底稿。[26]

这件事情发生在什么时候?

据记载,是在天禧四年(1020)六七月。

事情要从一代名相寇准说起。

天禧三年(1019)六月,王钦若被罢去宰相职务,寇准重新担任宰相,丁谓则担任参知政事。丁谓清楚,寇准对宋真宗前有拥立之功,后有"澶渊之盟"中的出色表现,在朝廷的话语权非常大。因此对寇准非常尊重,唯恐服侍不周。

一天,宰执们在一起吃饭。

丁谓看到寇准喝汤时,把汤羹沾在胡须上,便上前擦拭,谁料被寇准奚落道:

"参政是朝廷大臣,哪有为长官擦拭胡须的道理呢?"

这句话如同一把锋利的匕首扎进丁谓的心脏!热脸蛋贴到了冷屁股蛋啊!

丁谓又羞又恼,从此和寇准较上劲了,越走越远,以至于彻底反目成仇。[27]

一本正经的寇准其实没有能力阻挡丁谓的仕进之路。天禧三年十二月,丁谓和曹利用一并担任了枢密使。

曹利用也和寇准尿不到一个壶里。当年,寇准担任枢密使时,曹利用是枢密副使。寇准一向看不起曹利用的荫补和武将出身，议事不合，便说："你武夫一个，哪里懂得这些国家大事?!"

曹利用为此十分记恨寇准，心里把寇准八辈子祖宗都骂遍了：老子出生入死还被你寇老西儿冷嘲热讽，官二代怎么了，就一定是纨绔子弟？考个进士出身、吟两句诗真有那么不得了吗？

那时，宋真宗身患重病，经常神志不清，前言不搭后语，朝廷大事多数由皇后刘娥拍板。渐渐地，刘娥权势日盛，丁谓、曹利用和钱惟演纷纷依附。刘娥老家的宗亲族人也在四川横行作恶，夺人盐井，闹得民怨沸腾，告到了朝廷。宋真宗虑及刘皇后的面子，想赦免刘氏宗人，但寇准是死脑筋，坚决反对，要求严格依照国法处置。为此，刘皇后头都大了：寇老西儿，你这是想让本宫难看啊！

丁谓、曹利用冷眼旁观，心想，这是你寇老西儿自己踩上了地雷，别怪我们心狠手辣！

他们觉得出手机会到了，合谋搞垮寇准。

寇准毕竟不是等闲之辈，粗中有细。见丁、曹等人结交刘皇后，马上猜测到政敌的意图，不愿坐以待毙。

一次，趁着宋真宗清醒，寇准提出由太子监国，并另选贤臣辅助。

宋真宗觉得他说得有道理，便同意了。

于是，寇准请翰林学士杨亿草拟制词，并打算由杨亿接替丁谓的职务。

杨亿向来行事谨慎，屏退左右，独自燃灯夜书。

而寇准反而在酩酊大醉之后放松警惕，满嘴跑火车，导致消息走漏。

当然，另外一种说法是：杨亿拟写诏书前后私下里对他的内弟张演说："几天之后，朝廷面貌将为之一新。"结果，张演泄露了秘密。[28]

谁泄密的已经不重要了，重要的是反对派了解到相关情况。

丁谓一党见情况这么紧急，千方百计说服宋真宗罢免寇准。

宋真宗患风湿病半身不遂、精神恍惚，把对寇准的承诺忘得一干二净，同意了丁谓等人的建议。

晏殊就是在这个时候奉召入宫，得知是涉及宰执的重大任免事项，当即说明自己是"外制"，不敢越位。

于是，宋真宗召翰林学士钱惟演入宫，草拟制词。

钱惟演是刘皇后的亲戚，又是丁谓的儿女亲家，来到宋真宗面前，不可能胳膊肘往外拐，再三说寇准如何霸道、专横，应该惩处。

宋真宗本来就举棋不定，没有拿定主意，听钱惟演这么一说，当即决定赶寇准下台。好在他对寇准感情很深，罢免寇准宰相职务后，仍封为太子太傅、莱国公。

晏殊考虑到自己已经看到了朝廷任免大臣的机密，便在学士院住下，以免有泄密之嫌。后来，诰文任免的内容与他当初看到的出入很大，晏殊深感吃惊，却守口如瓶，丝毫没有透露当时看到的内容。

这场斗争后来愈演愈烈，寇准涉嫌周怀政案，遭远贬，客死雷州（今广东雷州）。

考虑此事后来的发展与本书关联不大，在此不再赘述，有兴趣的朋友可查找相关资料阅读。

这件事情至少说明两个问题。

一是晏殊在宋真宗心中有足够的分量，在关键时刻、精神恍惚中直接想到了。

二是晏殊之老成持重超乎岁月打磨的正常水平，阅历丰富，胸有丘壑。嘴巴紧，不妄动，在寇准、杨亿与丁谓、钱惟演这场激烈的政治较量中极其谨慎。

先撇开是非不论。不同的角度、不同的利益群体有不同的是非评判标准，晏殊和两个政治阵营均有交集。寇准虽然曾经在晏殊"神童举"时设置障碍，但与寇准同一政治阵营的杨亿是他岳父李虚己的故友至交。丁谓或许政声欠佳，晏殊步入仕途的引路人陈彭年却和王钦若、丁谓交好。所以，不管从哪个方面考虑，晏殊的谨慎做法都经得起推敲。

事实上，晏殊的缜密审慎在宋真宗面前再次获得加分。天禧四年八月，晏殊官拜翰林学士，三个月后官加太子左庶子。

对于晏殊来说，这是一个大踏步的攀升——以后不仅仅随侍太子左右，还名正言顺地成为皇帝的大秘之一，跻身皇帝最为宠信的臣僚。

此时，晏殊年仅三十岁，三十而立，立在高处！

翰林学士是什么？是皇帝的机要秘书，直接听命于皇帝。但凡从宫中发出的重要文件大都由翰林学士草拟。但他们并不是单纯的"刀笔吏"、"文字匠",如感觉指示不妥,即使皇帝开了金口,他们也有权"论奏贴正",提出不同意见,具有顾问性质。在皇帝举棋不定时,他们的意见有异乎寻常的力量,上文钱惟演的"大翻转"即是其中一例。

尤其在宋真宗一朝,翰林学士拥有相当特殊的地位,是宰执的预备队,几乎一半的宰相、参知政事、枢密使出自翰林学士。

当然,翰林学士之所以有这么大的权力,有一个很重要的背景,那就是,君权侵揽相权,相权不断被分割。而翰林学士正是将皇帝的意图草拟成诏书的关键人物,也就是说,翰林学士实际是皇帝下达旨意的操刀手。

王称在《东都事略》卷四十七记载了一个故事,由此可见,皇帝对翰林学士的依赖有多么大。

宋真宗朝,翰林学士杨亿恃才任性。有时候,皇帝开口,他也懒得搭理。

有一次,宋真宗气得实在受不了,亲自动笔写了一摞,说:"杨大才子,你认得我的笔迹吧?这些都是我亲自动笔起草的,没有叫哪位朝臣代笔。哼!"

而太子左庶子是什么职位呢?是东宫太子的属官,辅佐太子,驳正启奏,将太子的言行上奏天子。

这个职务潜力极大,让人浮想联翩。试想太子登基后,将是多么不可想象的一笔人脉财富。

当然,翰林学士作为皇帝身边的清要尊贵,有些矛盾无法回避,同一年发生的李迪、丁谓之争,晏殊再也无法像上次那样置身事外,彻底撇清干系。

寇准罢相后,李迪、丁谓先后拜相。其中,丁谓为昭文相,即首相;李迪为集贤相,是次相。丁谓一贯独断专行,排除异己,拉帮结派,李迪几乎被架空,两人的矛盾日渐激烈。

一次,丁谓准备提拔同党林特为枢密副使,李迪坚决反对,情急之际,用上朝的手板对着丁谓搂头就打。

丁谓一看,君子动口不动手,怎么还上全武行?跑吧,一溜烟跑了。

宋真宗听说两个宰相差点动手打架，大吃一惊，你们把大宋的脸面丢光了！

面对宋真宗的质询，李迪振振有词，斥责丁谓奸邪，愿意和丁谓一道接受宪司调查，同时表示愿意与钱惟演一道丢官罢职。

后来，宋真宗命翰林学士刘筠草拟制词，李、丁二人"各降秩一级罢相"，出知州府。

可宋真宗大病在身，无法正常思维，前面刚说的话马上又忘记了，翻覆不定成为常事。丁谓几经运作，又得到钱惟演全力帮助，准备第二天重新担任宰相。

朝廷召刘筠草拟丁谓重新担任宰相的制词，刘筠拒不奉诏——这是朝令夕改，欺负忠良，放纵奸邪啊！

宋真宗见刘筠来了牛脾气，只好召同为翰林学士的晏殊草拟制词。

因为李迪是一代名臣，而丁谓争议较大甚至被视为奸臣，晏殊此举向来遭到一些所谓的正人君子的指责。

可正邪之辨向来不是那么简单，史学大家吕思勉在《中国通史》中论及宋朝士大夫时，说："喜欢结党、喜欢排挤、喜欢标榜、喜欢攻击，差不多是宋朝士大夫人人同具的习气。恭维自己的同党，便说得比天还要高；毁骂异党的人，就说得连禽兽也不如。叫后世读史的人疑惑，这时候，何以君子这样多，小人也这样多，其实谁也算不得君子，谁也不定是小人，不过是风气已成，人人为群众心理所左右。"

何况，设身处地为晏殊想一想，一个刚刚获得提拔的年轻人有什么资本像名齐杨亿、年过半百的当朝名臣刘筠那样"不奉诏"？难道要让恩同父母的当朝天子下不了台？这些非议委实有求全责备之嫌，对晏殊颇不公平。

从另外一个角度看，值此矛盾纷争之际，晏殊这种搁置个人成见、服从大局的做法正合圣意。

此后，宋真宗更加信任晏殊，有什么拿不定主意的事，都愿意听一听晏殊的意见。

说起来，这件事情让很多人百思不得其解，宋真宗自至道三年（997）即位以来，已是二十多年的资深皇帝，怎么会对一个而立之年的臣子如此信赖？

晓春觉得，除了晏殊见解独到之外，他慎密行事的作风也很关键。

宋真宗每次向晏殊咨询，都是在小纸条上写上小字，晏殊回答问题后，连同小纸条一起还给宋真宗，宋真宗觉得晏殊慎密有加。

事实上，此举十分重要。宋神宗年间，范仲淹的表弟、曾任翰林学士、知开封府、御史中丞等职的滕甫也深受器重，宋神宗经常派遣太监持信札向他咨询意见。有一次，滕甫将神宗亲笔写的短札给旁人看，结果有人发现神宗写了错别字。于是，小人攻击滕甫故意让神宗出丑，以至于宋神宗逐渐疏远滕甫。试想，假如晏殊像后来的滕甫那样马大哈，恐怕三下五除二就会被小人踩在脚下。

宋真宗驾崩后，发现晏殊进献的手稿有八十卷。可见，宋真宗对晏殊不是一般程度的依赖和宠信。

甚至可以说，晏殊自景德二年举神童以来，获得宋真宗的宠信达到了顶峰。

此时，晏殊正值而立之年，风华正茂！

3. 说真话的代价

对晏殊来说，宋真宗这么投缘的皇帝可遇而不可求。

令人惋惜的是，他们之间这段令群臣艳羡、后宫嫉妒的君臣恩谊因为宋真宗的驾崩戛然而止。

乾兴元年（1022）农历二月，时年五十五岁的宋真宗病逝。年仅十三岁的太子赵祯即位，皇太后刘娥"权听军国事"，执掌大权。

天子更迭，最忌主少国疑。

皇太后刘娥贤明而能干，但此时正值宰相丁谓、枢密使曹利用当权。这两人都不是"省油的灯"，个性张扬、争强好胜。前两年联手把寇准搞下去了，现在变着法子在刘娥面前争宠，各自想面见太后奏事。

为此，晏殊建议群臣奏事时，太后"垂帘"，大家都不能单独面见太后。[29]

此议对于防止飞扬跋扈的丁谓、曹利用假借圣裁、结党营私有一定作用。尤为重要的是，这是参照东汉名臣蔡邕处理此类事情的做法，师出有名，足以说服皇太后和群臣，安定人心。[30]

几个月以后，晏殊再行官运，拜右谏议大夫兼侍读学士。

这还不够，接着，太后说晏殊是伴随皇帝的东宫旧臣，再加一个"给事中"官位吧。

"给事中"全称为"门下省给事中"，宋前期为文臣迁转寄禄官阶，是皇帝的顾问，算是一个打眼的官衔。此处可理解为太后刘娥和宋仁宗再次对晏殊示以恩宠之举。

第二年四月，晏殊又一次获得加官晋爵，以翰林学士、知礼仪院的身份判太常礼院。

这个职务掌礼乐制度、仪式等事，也是朝廷要职之一，直接向皇帝负责。五十五年后，一代散文大家曾巩被任命为与这个职务相关的"判太常寺兼礼仪事"。只是，那个时候，曾巩已经六十岁了，须发皆白。

皇恩浩荡，晏殊此时可谓"春风得意马蹄疾"。这些年来，他一路加官晋爵，虽然只有三十二三岁，却是名副其实的东宫旧臣，随侍天子左右，名实俱握，放眼天下，几人可及？

这一年，晏殊还与翰林学士承旨李维、翰林侍讲学士孙奭、知制诰宋绶、度支副使陈尧佐一道编修《真宗实录》。参修前朝天子的实录史书本身就是高度的政治认可和巨大的荣誉，况且一同修史的，除了宋绶和他同龄，其他皆是年高德劭的朝廷重臣。

一百五十卷的《真宗实录》于天圣二年（1024）三月修成，参修人员均获褒奖拔擢，晏殊迁任礼部侍郎、知审官院。

审官院的职责是考核六品以下京官的业绩，排列其爵名、秩位，并据此提出相应的内、外职务任命方案。

可见，这个岗位实权在握。晏殊以翰林学士、礼部侍郎的身份执掌审官院，更显风光无限。其实，天圣元年（1023）五月晏殊已受命以翰林学士的身份参与官吏的选拔任用，目的是避免组织部门随意突破规则用人。

除了官场上如鱼得水，晏殊在文坛的地位得到进一步稳固和加强，成为公认的文坛领袖之一，基本取代了两年前去世的杨亿的文坛地位。[31]

怎么样，够红够火吧，令人艳羡的名利双收啊！

可这样仍无法让晏殊停下步步攀升的势头，一年半之后，他再度获得提拔。

天圣三年（1025）十月，三十五岁的晏殊迁任枢密副使，成为当朝宰执之一。

对于晏殊来说，这次升迁的意义不单单是进入大宋的权力中枢，更为重要的是，从政的领域获得新的拓展，与以前侧重舞文弄墨的岗位区别很大。

众所周知，崇文轻武系大宋基本国策，而枢密院正是文人执掌兵权的主要平台。依宋朝官制，枢密院"与中书号称二府，掌兵符、武官选拔除授、兵防边备及军师屯戍之政令"[32]，向来由文人担任枢密使、枢密副使或知枢密院事、同知枢密院事。

晏殊此前虽升迁频繁，却不曾涉足"枢密院"这个关键而庞大的系统。

毫无疑问，与"中书"并称"东西二府"的枢密院在朝廷有着举足轻重的地位。在战争时期，其地位甚至超过"中书"。

钱穆先生在《国史大纲》中记载"太宗命曹彬取幽州，而宰相李昉等不知。其伐辽，一日内六诏枢密院计议而中书不预闻"，可见，枢密院地位独特，足以和"中书"分庭抗礼。

两个月之后，晏殊再获圣眷，官加刑部侍郎。在任命诏书中，他获得了高度评价，说他学问渊博，资质天性方正；说他辅助宋仁宗治国理政通畅无阻，兢兢业业，尽显美德。[33]

可见，章献太后刘娥以及宋仁宗对晏殊的充分认可。

天朗气清，云白风轻。

此时的晏殊权柄在握，风光无限。

他还是那个粗衣素食的沙河村少年吗？

还是那个掩关苦读、拒绝嬉游的诚信小子吗？

还是那个周慎处事、藏锋敛气的翰林学士吗？

一切都在改变。

于晏殊而言，既有坚守，也有改变。

古代江西人普遍呈现的"刚简"、"耿介"、"执拗"等性格特质在他身上慢慢溢出来，而不是初入仕途时那样谨小慎微，唯命是从。

担任枢密副使不久，晏殊上疏论事，直接得罪了皇太后刘娥，从而为一年后的外放州府留下伏笔，遭遇仕途的第一次挫折。

事情源于朝廷的一次重要的人事任命。

在晏殊官加刑部侍郎十几天后，朝廷任命张耆担任枢密使。

张耆是谁？

他十一岁起跟随在宋真宗左右，尽管当时宋真宗只是亲王。宋真宗即位后，他得以一展宏图。历任西头供奉官、供备库副使、南作坊使、昭州刺史（今广西平乐县）、天雄军（今河北大名）兵马铃辖、英州（今广东英德）防御使、侍卫亲军马军都虞候、绛州（今山西新绛）防御使、殿前都虞候、武宁军（今江苏徐州）节度使，拜同中书门下平章事、判陈州（今河南淮阳）。此时正担任淮南节度使、判寿州（今安徽淮南）。

张耆没有进士出身，经历多在大内和行伍。这在大宋官场是无可争议的"先天不足"。

一个没有进士出身的人仕途上顺风顺水已属罕见，现在竟然要担任位高权重、比肩宰相的枢密使，这在重文抑武的北宋的确让很多文人难以接受。所以，武将冒头，文臣必定倾全力迎头痛击，北宋一朝，概无例外。譬如三十年后，欧阳修以几近"莫须有"的无聊指责将武将出身的枢密使狄青挑翻在地。

尽管刘娥权倾天下，但此次反对张耆担任枢密使的人不少，而一马当先的正是晏殊。[34]

晏殊领头站出来，说："张耆同志没有资格做枢密使。朝廷就算人才匮乏，怎么着，也得找个差不多的人才担任这么重要的岗位吧。老张这样的，高官厚禄养着就可以了。"[35]

以晏殊少年老成、处世圆融的风格看，此举令人费解。

说得太直白了，不单单说得当事人难过，简直就是和未来的顶头上司直接翻脸。

问题是，你能阻止吗？不怕群众意见大，就怕领导印象差！哥们，你咋会不懂呢？

满朝文武，谁不知道张耆与皇太后刘娥的关系呢？

难道晏殊真的以为刘娥会采纳他的意见？单单给待遇给钱养就行，你太小看刘娥、张耆了！

刘娥从一个出身低微的底层女子几经波折，最终成长为左右乾坤的皇太后。在此披荆斩棘的万里征程之中，张耆曾经起了极为重要的作用。

当年，宋真宗还只是亲王，名叫赵元休，与天生丽质的刘娥一见钟情。但赵元休的乳母秦国夫人看不起刘娥的低微出身，认为这个小妖精勾引赵元休走上邪路，劝赵元休赶走她。小赵同志拒绝，说："奶妈，我们是真心相爱！"

"爱你个头！我告诉你老爸。"秦国夫人便向宋太宗报告。

宋太宗震怒，鼻子都气歪了，责令逐刘娥出京，并为十七岁的赵元休赐婚，迎娶开国名将潘美的女儿。

要江山还是要美人？这是一个艰难的选择，小赵同志的头都要炸了。

关键时刻，王宫指挥使张耆站出来为小赵分忧，把刘娥藏到了自己家里，随时为他们的约会提供最便利最优质的服务。

小王爷和刘娥感激涕零，自此经常在张家幽会。

这种偷偷摸摸的日子竟然过了十多年，直到宋太宗驾崩。

皇太后刘娥执掌大权之后，对张耆回报丰厚。而此时，刘娥要用一个最信赖的人执掌枢密院。朝堂上下，谁都猜得到，张耆是不二人选。

在一手遮天的刘娥面前，晏殊的劝阻丝毫不起作用，可以说是"蚍蜉撼树"。

以晏殊缜密的思维、广博的阅历，应该预估到自己的努力将无果而终，可为什么他还奋力一搏？是不能忍受一介武夫位居其上，还是想捍卫知识分子群体的尊严？是认为张耆难以担当重任，还是无法控制自己备感失落的情绪？

晓春无力考证具体原因。但有一点可以确定，晏殊的努力和坚持不是为了一己之私，他不惜忤逆太后旨意应该是作为一个知识分子和士大夫的坚守，正所谓"苟利国家生死以，岂因祸福避趋之"。当然，也有可能是代表文官集团对侵入势力范围武将的阻击。

另外，晓春感觉到了晏殊性格矛盾的另一面，即处世圆融却偶见峭直、执拗。

任性是要付出惨重代价的，即使你并非出自私心。

伴君如伴虎，章献太后将不再把他视为心腹，尽管此前两个月刚刚称之为有功勋的旧臣。

冒犯天威是一件可怕的事情。

试想，晏殊在张耆事件后，即使不至于惴惴不安度日，也难免心猿意马。

果然，大约一年以后，晏殊为自己此前的赤膊上阵品尝苦果。

事情的起因匪夷所思，与少年晏殊展现于公众面前的风格相悖。

当时，晏殊随宋仁宗巡视玉清昭应宫，可他的随从慢吞吞地送手板赶来。

晏殊火冒三丈，接过手板挥手一甩，当即敲掉随从几颗牙齿。

堂堂朝廷宰执，竟然动手打人，还伤得不轻，有失体统！

结果，此事被监察御史曹修古抓住把柄，接二连三封章劾奏。

最后，晏殊被外放出京。[36]

晏殊这一年三十七岁，正是一个男人血气方刚的年龄。可不管怎么说，他最近两次的行为与他年少时"沉谨"、"周慎"、"圆融"的风格有严重的违和感。

说白一点，简直换了一个人。

倘若说，上书张耆任职事件是对自己节操的坚守，那笏击事件该如何理解呢？

曹修古所说的"殊身任辅弼，百僚所法，而忿躁无大臣体"何尝不是在情在理的话？

世事洞明的他，难道不知道刘娥不可能再对他网开一面吗？

也许，他正是清楚自己得罪了皇太后刘娥，才希望工作上不出任何纰漏，一旦下属工作怠慢便怒不可遏，无法控制自己的情绪，导致有失体统，被御史抓住了把柄。

天恩无常，圣意难测。

晏殊从春风得意的波峰到贬谪州府，仅仅一年多时间。

4. 商丘兴学，青史留名

北宋时设立四京，即首都东京开封府（今河南开封市）、南京应天府（今河南商丘市睢阳区）、西京河南府（今河南洛阳市）、北京大名府（今河北大名县）。

最初，朝廷让晏殊出知宣州（今安徽宣城市），可不等他动身，又改任知应天府。这说明宋仁宗和皇太后刘娥还顾及东宫旧情，不忍心将他远放。

韩非子说："宰相必起于州郡，猛将必发于卒伍。"从这个角度看，主政南京对晏殊来说未必是坏事。毕竟他自十四岁"举神童"以来，大多时间在馆阁、东宫和中枢机构任职，远离基层，对老百姓和基层官吏的工作、生活不够熟悉，而这正是难得的基层历练良机。

事实证明，应天府很快成为晏殊一显身手的地方。在短短两年的时间里，他致力于兴办教育，奖掖后进，成果斐然。

应天府书院规模迅速扩大，学田扩大，学子增加，辉煌一时，后来与江西白鹿洞书院、湖南岳麓书院、河南嵩阳书院并称为天下四大书院。

历史因此记住了晏殊，"自五代以来，天下学废，兴自殊始"[37]。五代以来，官学废弃，此时距离大宋立国已经六十七年，终于由晏殊再次大规模官府办学，这是具备远见卓识之人才能完成的。

而因为兴学，晏殊得以深入了解后来成为北宋名臣的范仲淹，把这位年龄比自己还大两岁的才子、能臣收归门下。

此时，范仲淹的仕途处于较为低迷的阶段。他于大中祥符八年（1015）考中进士后，历任广德军（今安徽广德县）司理参军、集庆军（今安徽亳州市）节度推官、兴化（今江苏兴化市）县令等职，干的都是芝麻官。当时因母亲谢氏病逝，辞官守丧。

晏殊久闻范仲淹的才名，便力邀他到府学任职，执掌应天书院教席。

执掌书院后，他不负所望，勤勉督学，以身示范，严以律己，崇尚节操，倡导畅所欲言，针砭时弊，避免学生死读诗书，书院风气为之焕然一新。

在南京应天府的大约二十个月时间里，晏殊过得风流闲雅。

他抵达应天府任职一个月左右时，向朝廷建议，由他的老朋友王琪前来应天府担任"签书南京留守判官事"。

为此，朝廷颇费斟酌，因为在此之前没有"馆阁校勘"带职外任的先例。[38]

最终，宋仁宗为他首开先例。

王琪是谁？他凭什么得到晏殊如此青睐？

据宋朝吴曾《能改斋漫录》记载，晏殊的千古名句"无可奈何花落去，似曾相识燕归来"中的"似曾相识燕归来"出自王琪之口。

此前，晏殊曾游览扬州大明寺，寺内诗板上留诗很多，晏殊便闭上眼睛，让随从念诗，以免自己看到作者署名有先入为主的错觉。

听了几十首，感觉平平。

这时，听到随从吟诵一首《扬州怀古》诗：

> 水调隋宫曲，当年亦九成。哀音已亡国，废沼尚留名。
> 仪凤终陈迹，鸣蛙底沸声。凄凉不可问，落日下芜城。

听罢，晏殊击节叹赏。当即将作者、时任扬州主簿的王琪找来，饮酒品茗，谈诗论词。

酒宴结束后，晏殊和王琪在大明寺旁的池畔散步、聊天。

晏殊说，我前段时间写了一句上联"无可奈何花落去"，可迟迟写不出下句。

王琪稍加思索，说，用"似曾相识燕归来"如何？

晏殊把这两句放在一起吟诵一遍，觉得浑然天成，连连称赞。

当然，这个故事也有人提出质疑。理由是，没有记载证明晏殊曾经有赴杭州、途经扬州的经历。

问题是，晏殊当时的行迹是否能记载得那么详细和完备呢？

不管真相如何，姑妄听之吧。

此外，后来成为一代名将的张亢当时担任应天府推官。

晏殊、王琪、张亢等同僚意气相投，交往融洽。

张亢人高马大，很是肥胖，王琪讥笑他为"牛"。王琪瘦骨嶙峋，张亢称他是"猴"。两人互为讥笑。王琪曾经嘲笑说"张亢触墙成八字"，张亢则回击说"王琪望月叫三声"，旁人听了纷纷拍案叫绝，开怀大笑。[39]

这只是晏殊、王琪、张亢活色生香、意趣无穷生活的一个侧面，他们诗意风流、妙趣横生的故事不胜枚举。

有一年中秋节，月亮沉沉不出，王琪本想约晏殊聚一下，结果听说晏殊睡下了。

王琪不甘心，写了一首诗带给晏殊，其中两句云"只在浮云最深处，试凭弦管一吹开"。

晏殊在枕头上看到这两句诗，顿觉睡意全失，诗兴骚动，当即起床穿衣，备菜奏乐，召集大家一起吟诗作词。夜深时，月亮果然从深深的云层中冒出来了。于是，大家欢饮作乐，通宵达旦。[40]

怎么样？算得上诗酒风流吧？晓春恍惚间穿越到了以月助兴、以诗下酒的魏晋风流时代。

除了王琪、张亢，范仲淹也和晏殊极为投缘。

因此，他留守南京这一段经历时间虽不长，但过得惬意、舒适，立校兴学，厚待乡贤，邀风宴月，舞文弄墨。

譬如，他曾在南湖放驯鹭，极尽名士风流之浪漫。

譬如，他兴学的政绩被范仲淹作文夸赞——"于是人乐名教，复邹鲁之盛；士为声诗，登周召之美。既而丘园初秀，阀阅令嗣，拳拳允集，济济如归。"[41]

在北宋名臣中，范仲淹堪称一朝之标杆。苏东坡评价范仲淹"出为名相，处为名贤；乐在人后，忧在人先"。毛泽东主席评价范仲淹"不但能够下笔千言，而且是知兵善战"。而晏殊能获得范仲淹如此赞誉，可见其兴学之功影响巨大。

庆历四年（1044），范仲淹主持了著名的"庆历兴学"，这显然与他执掌应天书院这段经历有关。

事实上，在这段光辉岁月里，晏殊的诗词创作也有很大收获，写下了那首著名的《假中示判官张寺丞王校勘》，其中"无可奈何花落去，似曾相识燕归来"这两句被广为传唱，风靡一时。

宋庠对晏殊佩服得五体投地，曾感叹说：晏大哥，你让我们这些人咋动笔咋活嘛！看看你这些名句，哪一句不让人拍案叫绝？——"无可奈何花落去，似曾相识燕归来"、"静寻啄木藏身处，闲见游丝到地时"、"楼台冷落收灯夜，门巷萧条扫雪天"、"已定复摇春水色，似红如白野棠花"。[42]

5. 重返朝堂，且看我大显身手

毫无疑问，晏殊在南京应天府的岁月风流惬意，诗酒当道，政绩斐然。

可这样的时光并不长，很快，他再度回到开封，担任朝中大佬。

天圣六年（1028）八月，晏殊被任命为御史中丞，执掌御史台，接替以七十岁高龄去世的名臣李及，且朝班位次列于翰林学士宋绶之上。[43]

"排排坐，吃果果"，可谁先谁后很重要。这是我们文明古国的辉煌成果之一，时至今日，依然如此，且不说会议主席台要排得分毫不差，就是饮杯酒喝杯茶也有明确的主次前后之分。

无论如何，这是一件令晏殊倍感开心的事情。正如刘禹锡诗中所言"种桃道士今何在，前度刘郎今又来"，仕途遭受挫折的临川小子又回到朝堂之上了！

以北宋的官制，除中书、枢密院二府之外，最为重要的机构便是三司、御史台、学士院，其主官很多能登上宰执之位。御史台既是中央监察机关，也是中央司法机关之一，负责纠察、弹劾官员，肃正纲纪。换算一下，御史中丞相当于现在的国家纪检监察机构最高长官。

这次晏殊重返朝堂，位高权重，势必大展宏图。

种种迹象表明，晏殊同志是一个重感情的人。

譬如，调离应天府之后，晏殊依然牵挂应天书院的师资问题，推荐王洙担任府学教授。

王洙本是进士出身，年纪轻轻即以博学多才名扬四方。曾担任舒城（今安徽舒城县）县尉，因审查县民钟元杀妻一案出现偏差被免官。

晏殊了解王洙的才学文章，对他十分欣赏。听说王洙即将复用为富川（今广西富川县）主簿，当即上书朝廷，请求留用为应天府书院说书，获得朝廷同意。

此时，晏殊想不到，自己二十七年后驾鹤西去，为他书写碑铭的正是当时担任翰林学士的王洙。

譬如，这年十二月，推荐范仲淹担任秘阁校理，参与管理秘阁事务。

对范仲淹来说，这是一个很重要的机遇，甚至可以说是人生的转折点。毕竟，馆阁素来为皇帝关注，任职馆阁是北宋多数低级官员的梦想，正所谓"国朝馆阁之选，皆天下英俊，然必试而后命，一经此职，遂为名流"[44]。何况，馆职在官阶升迁上历来被高看一等，中央高级官员多从馆阁选任。而馆阁中，校理高于检讨、校勘等职，范仲淹被安排到了一个比较理想的岗位上。

当然，范仲淹获得晏殊的推荐，和当朝宰相王曾的建言密切相关。[45]

以常理而论，晏殊在应天府时曾任用范仲淹执掌书院，两人很是投缘，关系也密切，为什么到了关键时刻反而要宰相王曾发话才向朝廷引荐呢？

这显然和晏殊一贯的审慎风格密切相关，朝廷上下都知道他依赖范仲淹在应天府大举兴学，两人是同志加兄弟的关系。这反而让他缩手缩脚，总怕授柄于人，直到宰相开口，才顺水推舟向朝廷举荐。这样，他既避开了培植朋党的嫌疑，又如愿以偿拔擢贤臣。

在御史中丞这个万众瞩目的岗位上，晏殊很快就变成了一个合格的监察官员，恪尽职守，兢兢业业。他连续递交多道奏折，均获得朝廷采纳。譬如"场务不得妄增课利"、"差剩员兵士代百姓充驿子"、"诸州都监等尝为公人仆隶者毋与旧所事官接坐"等等。

可就在晏殊干得正欢的时候，朝廷又把他调到了小皇帝宋仁宗身边。

屈指算来，晏殊执掌御史台的时间很短，不足半年。

天圣七年（1029）二月，晏殊改任兵部侍郎兼秘书监、资政殿学士、翰林侍读学士。

身任数职、肩担两学士已令人羡慕嫉妒恨，宋仁宗为了表示特别的恩宠，还向他赐赠绣鞯。

"绣鞯"是什么东西?

这是马鞍下面的垫子,格外精致豪华而已。关键这是皇帝所赠,无限荣光。

北宋前期,兵部侍郎和秘书监都是文臣迁转官阶,晏殊主要履职官阶为正三品的"资政殿学士",兼以"翰林侍读学士"之职,也就是"讲解经文,当皇帝老师,并备咨询典故"。[46]

一言以蔽之,此时,晏殊充当的角色主要是皇帝的顾问和老师。

到底是做实权在握、正风肃纪的"御史中丞"好,还是到皇帝身边做这个"首席幕僚"好呢?

在晓春看来,三十九岁的晏殊不宜在风口浪尖的御史台消耗太多时间,多陪一陪刚刚长大成人的宋仁宗才是正理。毕竟,在皇帝身上的每一分投入都将得到高额回报。

天圣七年(1029)八月初一,晏殊的第二任夫人孟夫人去世,他再次遭遇丧妻之痛,此时距离他第一任夫人李氏病逝仅十五年。屈指算来,李氏嫁入晏家四年而卒,孟氏也只和晏殊共度十四年时光。

晏殊词作中有大量祝寿词,很多人表示难以理解。

问题是,有几个读者能够像他那样频繁而深切地感受健康之珍贵、生命之脆弱、世事之无常。他的祝寿词,正是对生命之树常青的祈求和祝愿。

晏殊是一个极其敬业的人,即使遭遇如此人生之大悲痛,也不曾耽搁职事。

在孟夫人去世不久,他几经调查,多次会同审官、三班院、流内铨和三司副使商量,上奏《乞罢职田奏》,最终获宋仁宗批准,暂时解决了"屡致讼言"的官吏职田问题。

矛盾无所不在,忧患如影随形。

这年十二月发生了一件事情,让晏殊深感忧惧,为此忐忑不安。

当时,章献太后垂帘听政已有七年之久,里里外外都是她的亲信党羽,权势熏天。于是,身边一些宵小之徒献媚于太后,想再次请宋仁宗率领文武百官在大殿为太后祝寿。

范仲淹听说后,表示坚决反对。晏殊得知范仲淹领头反对,又惊又惧，严厉指责范仲淹，说他太狂妄了。

范仲淹辩解说："我受到您的赏识和栽培，常常害怕自己担当不起，可没有想到今天因为说了几句真话得罪阁下啊！"[47]

单单从是非曲直看，范仲淹上疏纠错在情理之中。

但晏殊几年前因上疏反对张耆担任枢密使，遭遇人生重大挫折，深知皇太后刘娥此时权柄在握，一手遮天。况且类似的祝寿两年前就举行过，而此次"冬至立仗"事件是宰相吕夷简一手谋划。晏殊觉得范仲淹的做法莽撞甚至轻狂，为什么不能暂时保持沉默？为什么不能以柔克刚另想办法呢？

从晏殊之忐忑和忧惧心理看，他为人处世的风格重回"沉谨"、"圆融"。

面对范仲淹振振有词的辩解，他也不认为范仲淹的观点错误，无非各人的处理方式不同，可自己以柔克刚的做法又不宜挑明，只好沉默以对。

从这个角度看，虽然晏殊不想直面矛盾，却不曾泯灭良知，更不可能是非不分。

所幸，范仲淹此举的后果仅仅是迁任河中府（今山西永济市）通判，没有带来什么严重后果，更没有"殃及池鱼"，与晏殊之间最后没有造成实质性的隔阂。

整体看来，晏殊重返朝堂后还算比较顺利。仕途的上升通道正在不断打开，文坛地位进一步稳固。家庭方面虽非常不幸地再次丧偶，但他的大女儿许配给了后起之秀富弼，算是忧喜参半。大女儿是他与第一任夫人李氏的唯一血脉，生于大中祥符七年（1014），现在正逢及笄之龄，是谈婚论嫁的时候。

"逝者如斯夫，不舍昼夜"，人生恰如白驹过隙，一晃眼，当年那个童稚未脱的临川小子已经步入不惑之年，甚至女儿都即将出嫁。

四　中年大叔的幸福生活：风流词人，太平宰相

四十不惑。转眼间，晏殊踏入仕途已经二十五年，当年的懵懂少年变成了中年大叔。他经历了宦海沉浮，熟悉了尔虞我诈，有经验、识大体、能办事、懂妥协，历任关键岗位，成为宋仁宗的股肱之臣。一切顺风顺水，拜相登顶只是时间问题。

1. 圣眷优渥，光芒四射

天圣八年（1030）正月，刚刚步入不惑之年的晏殊"知礼部贡举"，成为这一榜天下举子的主考官。[48]

科举考试以网罗天下英才为目的，"知贡举"是"特命主掌贡举考试"的意思，一般以朝廷德高望重的斯文大臣担任。四十岁的晏殊担此重任，可以说实至名归，也是宋仁宗对他格外青睐的体现。

晏殊奉旨担任主考官后，率领同僚王随、徐奭、张观等人遴选天下举子，判庐陵（今江西吉安市）举子欧阳修为该榜省元。

此前，欧阳修同学于天圣元年（1023）和天圣五年（1027）两度应试。第一次在随州（今湖北随州市）州试时就落榜了，第二次试于礼部，再次名落孙山。

两个月后，宋仁宗御崇政殿亲试进士，点王拱辰为状元，刘沆、孙抃、蔡襄、田况、石介、欧阳修、张先、元绛、孙甫等二百四十九人并赐进士及第、进士出身、同进士出身。

据宋人邵伯温《邵氏闻见录》记载，王拱辰被点为状元颇有戏剧性。

当时，欧阳修连中"监元"、"解元"、"省元"，满以为要高中"状元"了。

于是，他特意去裁缝店做了一身新袍子，心想，夺得状元后，便是万众瞩目的人物，总得穿一件新衣服吧。

欧阳修在广文馆读书时，有一个比他小五岁的同学，名叫王拱辰，

也入围殿试。

一天晚上，王拱辰调皮地穿上欧阳修的新袍子，得意扬扬地说："我穿上状元袍子了。"

谁料，一语成谶。

殿试后，欧阳修果然丢了状元，排名第十四，而那个抢新袍子穿的王拱辰中了状元。

估计，欧阳修在心里骂开了：抢袍子穿也就罢了，咋这么不地道，把状元也给抢了？！

此时，他还不知道。几年后，他们两人都做了参知政事薛奎的女婿，成为一对政见不合的欢喜冤家。连襟，连襟，不连心！

这一榜的进士中，后来不少成为朝廷的股肱之臣或名士。

譬如，若干年后，刘沆官居宰相，田况成为枢密使，欧阳修和孙抃官至参知政事，蔡襄官至三司使，王拱辰多次担任御史中丞和三司使。

譬如，欧阳修成为一代文宗，蔡襄以书法造诣名标后世，张先成为著名词人，石介被奉为理学先驱、"泰山学派"创始人。

在莘莘学子中，当时最获晏殊青睐的是欧阳修和蔡襄。

晏殊点欧阳修为省元，对他的文学才华非常赏识。

而蔡襄获得晏殊认可则和凌景阳穿针引线有关。凌景阳的父亲凌策官至权御史中丞、工部侍郎，和晏殊的岳父李虚己交谊深厚，算是铁哥们。因此，凌景阳和晏殊算是世交。凌景阳和蔡襄关系很好，两人后来成为连襟。

写完《寝不逾庙赋》后，蔡襄将赋通过凌景阳呈送给晏殊看。晏殊看罢，赞赏有加。

等到快要放榜的时候，晏殊说："蔡襄写的赋肯定拿第一名。这一榜名士才子写的赋，大家都看过了，没有人能超过蔡襄的水平。"[49]

作为高官显宦，作为当时文坛执牛耳者，晏殊的认可、延誉对蔡襄是一个巨大的鼓励和支持。

> 瑞萼才半折，金蕊已争妍。幸得重阳近，贪为一日先。
> 登高谋宿约，泛酒试芳筵。诘旦寻余馥，明知赏爱偏。

这首《八日菊》诗系晏殊四十岁那年的九月初八作于私邸西园，当时一同会饮的人还有王琪、富弼、彭乘等人。

一年前，晏殊的私邸西园、中园、东园先后落成。西园成为他呼朋唤友、邀约宴饮的主要场所。而宋氏兄弟宋庠、宋祁和王琪是频频来访的常客，三天两头上门撮一顿。

这些年，晏殊深得圣眷，事业通达。在家庭生活方面也处理得有条不紊，大女儿许配给了富弼，而自己续娶了大将王超的女儿。

王超是谁？

他是资深的镇边大将，死后被追封鲁国公，谥号"武康"。

欧阳修说他深得宋太宗器重，持节治军，远征近卫，又受遗诏辅助宋真宗，勤勉敬业。[50]

作为前朝旧臣，他虽然缺乏军事谋略，不大善于打仗[51]，但毕竟忠君辅国，兢兢业业，屡次获得宋真宗的拔擢，于大中祥符五年（1012）知青州（今山东青州市）任上去世后，获赠侍中、尚书令。他的儿子王德用后来成为声震四夷的一代名将，官至枢密使，先后被封为祁国公、冀国公、鲁国公。

怎么样，王家算是正儿八经的名门望族吧？

晏殊与王家联姻，客观上起到了强强联合的作用。

这一年还有一件事不容忽视，他以礼仪使的身份陪同宋仁宗到郊坛祭祀。记得景德二年（1005），少年晏殊上章请求赴南郊观礼获得宋真宗恩准。

从获准观礼到成为万众瞩目的礼仪使，他花了整整二十五年时间。

此时，晏殊顺风顺水，可又何止是一个"顺"字？

唐朝诗人孟郊四十六岁时考中进士后，喜不自胜，赋诗云"春风得意马蹄疾，一日看遍长安花"。而晏殊的状态以"春风得意"形容更贴切，毕竟晏殊人生阅历丰富，心态不似孟郊那般轻狂。

而让晏殊尤其欣慰的是，长子晏居厚的仕进之路很是平稳。天圣九年（1031），年仅十六岁的晏居厚自秘书省正字迁任奉礼郎，而这正是复制晏殊当年的成长轨迹。

同年秋，四十一岁的晏殊担任了"三司使"。

三司指盐铁、度支和户部。

北宋前期，朝廷的权力格局大致是"中书主民、枢密院主兵、三司主财"。可见，这是一个位高权重的职位，总领朝廷财政，掌管全国经济命脉，俗称"计相"。

"三司使"已然是实权在握、炙手可热的职位，但宋仁宗并不觉得晏殊风光太盛，还经常安排他抛头露面。譬如当年十一月，诏遣晏殊迎宋太祖、宋太宗、宋真宗圣像至宫奉安，譬如敕命晏殊赋诗撰碑，譬如召晏殊进读《唐史》等。

而最能体现晏殊能量的，是他帮助李虚舟谋求致仕待遇的事情。

李虚舟是晏殊的岳父李虚己的弟弟，以恩荫踏入官场，很是能干，可惜在担任余干（今江西余干县）县令期间，因狱卒杀人承担连带责任被免职。后来获得担任德安（今江西德安县）知县的机会，但他辞而不就，没有到任。

也就是说，李虚舟担任过的最高职务仅为县令，经晏殊斡旋，最终以官阶从五品的"太子洗马"衔致仕。[52]

这件事折射出，晏殊在宋仁宗和章献太后刘娥面前有相当大的话语权。

从另外一个角度看，晏殊是非常重情重义的人。此时，晏殊的第一任夫人李氏及岳父李虚己均去世多年，他其实没有非帮不可的压力。

宋朝陈思在《两宋名贤小集》中收录了晏殊的《题东湖涵虚阁》诗：

水有支流树有孙，重重门巷挂朱轩。
三君雅望标人杰，千里澄波隔比喧。
西对户庭徐孺宅，北传钟梵给孤园。
欲知嗣续无穷胜，两两荣归汉使轓。

从诗中，我们不难看出晏殊对李氏家族的高度评价和深厚感情。

一个人望重位高之时，要看他对待故交旧友的态度。

毫无疑问，晏殊是温情脉脉的，是暖人心田的。

2. 风云再起，只因两个女人去世

先说"狸猫换太子"的故事。

这个故事在民间传播广、影响大，甚至把历史真相逼到了墙角。

到底是一个什么样的故事呢？

宋真宗时，刘妃与内监郭槐合谋，用剥皮的狸猫调换李宸妃所生男婴，李宸妃随即被打入冷宫。宋真宗驾崩后，仁宗赵祯即位，包拯奉旨赴陈州勘查国舅庞煜放赈舞弊案。途中，包拯受理李妃冤案并为她平冤，迎李妃还朝。

这个故事一波三折，极具戏剧性，又牵扯到大宋的廉政明星包拯，被后人竞相传诵，在民间影响很广泛。

可历史果真如此吗？

显然不是。包拯在宋仁宗登基的第六年（1027）进士及第，直到庆历三年（1043）才担任监察官，哪里有机会为李宸妃主持公道？

这个故事不单单假，而且让刘娥蒙冤。

冤！刘娥比后来的窦娥还冤，就像名将潘美被污名化成为演义、小说里的奸臣"潘仁美"一样。

真实情况是，李宸妃本是刘娥的侍女，因侍寝于宋真宗而怀孕。男婴出生后，宋真宗对外声称是刘娥所生，并由刘娥养育，将刘娥封为德妃，后来封为皇后。而李氏只封为崇阳县君，后来才陆续晋封为才人、婉仪。宋真宗驾崩后，刘娥成为皇太后，她将李氏晋升为顺容，并将李氏的弟弟李用和召至朝廷任职。明道元年（1032），李宸妃病重，刘娥晋封李氏为宸妃，但李宸妃在册封当日病逝了。

怎么样，刘娥虽然至死都没有让李宸妃、宋仁宗母子相认，但对待李宸妃还算有情有义。而且李宸妃病逝后，她在宰相吕夷简的劝导下，同意丧事从厚。

宋人邵伯温的《邵氏闻见录》记载了此事一些细节。[53]

李宸妃病逝后，皇太后刘娥不想声张，打算按照一般嫔妃的规格办理丧事。

吕夷简建议隆重治丧，刘娥当时不理解，反而责怪吕夷简离间她与宋仁宗的母子关系。吕夷简暗示说，如果太后为刘氏今后考虑，请隆重治丧。刘娥虑及刘氏后人的处境，只好同意吕夷简的要求，从厚治丧。

吕夷简于是盼咐内臣严格按照应有的礼仪重殓厚葬。

李宸妃的下葬给晏殊带来了一个差事——奉诏撰写墓铭。

《老子》云：祸兮，福之所倚；福兮，祸之所伏。

一贯沉谨的晏殊或许没有想到，撰写墓铭貌似轻松，其实暗藏重重杀机。

他虽然深得太后和天子赏识，但机会和风险如影随形，天恩难测，一着不慎，满盘皆输。

当时，皇太后刘娥准备将李宸妃系宋仁宗生母的事实彻底隐瞒。宰相吕夷简、皇叔燕王赵元俨，竟然没有一人敢挑明真相。

于是，晏殊遇到了一个棘手的问题：是装糊涂还是挑明真相？

挑明真相势必惹怒一手遮天的皇太后刘娥，后果不堪设想。而装糊涂也有风险，一旦宋仁宗得知真相，自己肯定难辞其咎。

怎么办？怎么办？！

思之再三，他在墓铭中写了"五岳峥嵘，昆山出玉。四溟浩渺，丽水生金"等暗示性语句，但对真相仍保持沉默。

试想，假如他不考虑皇太后刘娥的感受，贸然捅破真相，将承受怎样的后果呢？

离间太后和皇帝母子关系的罪名无论放到谁身上，都难以全身而退，不可能像上次外放州府那么简单。

因刘娥权倾天下，晏殊给李宸妃撰写的墓铭当时没有引发任何后果。

这年的八月，晏殊被重新任命为枢密副使，但还没有来得及上任，四天后即改任参知政事。三个月后，又加封尚书左丞。

尚书左丞在宋朝前期无职事，为文臣迁转官阶，暂且不论。但参知政事是名副其实的宰执，"为副宰相之职，与宰相同升都堂议政事，如宰相阙，则轮日执宰相笔，行相事"[54]。

毫无疑问，倘若刘娥身体健康，晏殊的前途一片光明。尽管这年十二月，他还因为谏阻刘娥服衮冕飨太庙而惹得刘娥颇为不快。

刘娥拜谒太庙之议发生于明道元年十二月。

这是刘娥垂帘听政的第十一个年头，宋仁宗已经二十三岁了。

此时，刘娥权势熏天，想要披穿皇帝服饰拜谒太庙。大臣纷纷劝阻，晏殊是领头人之一[55]，此外还有礼部侍郎薛奎、宰相吕夷简等人。但刘娥坚持己见，在次年三月拜谒太庙时，只是将天子拜谒太庙穿的十二样服装减少了三样，并在太庙文德殿接受群臣给自己上的尊号，接着还政于宋仁宗。

从晏殊谏太后服衮冕飨太庙这件事情看，至少说明他操守气节仍在，不为威权所迫。

尽管当年因谏阻张耆任枢密使惹来的麻烦记忆犹新，他还是选择真理和良心，把一贯的"圆融"、"周慎"风格和偶有的"明哲保身"思维抛至脑后。在他看来，三年前的"冬至立仗"事件只是小事，不值得因此开罪皇太后刘娥，而这件事关乎重大，决不能妥协。

明道二年（1033）三月，皇太后刘娥驾崩。

作为一个执掌皇权十多年的女强人，她的去世让朝堂上风云再起。

燕王赵元俨很快向宋仁宗挑明了真相。

宋仁宗如梦方醒，原来李宸妃才是自己的生身母亲！原来朕给刘娥当了二十四年的假儿子，反而把亲妈李宸妃扔在一边。天理何在！

真相大白后，晏殊身上的压力骤然增加。

再无掣肘的宋仁宗，可以尽情释放自己的爱和恨。

刘娥去世的第二个月，晏殊遭遇仕途上的第二次外放，目的地是亳州（今安徽亳州市）。

晏殊此次被外放的原因迷离扑朔。

其中的一个说法是，晏殊撰写李宸妃墓铭时，掩盖了她是宋仁宗生母的事实，宋仁宗得知实情后震怒。[56]

单单从理由上看，晏殊撰写的墓铭足以让宋仁宗记恨而招致外放。但倘若真是这个原因，为什么吕夷简、张耆、夏竦、陈尧佐等太后核心旧臣均遭外放？[57]

他们至少没有撰写墓铭吧。

宋人李心传在《旧闻证误》中质疑道："四月己未，宰相吕夷简判澶州，执政晏殊等五人皆迁一官，罢恐非缘志文事也。"

显然，李心传认为撰写墓铭不是最主要的原因。

宋仁宗和章献太后刘娥处得还好，但直到刘娥驾崩，他才知道生母竟然不是刘娥，而是李宸妃！可恨至极，自己登基，生身母亲却依然在忍气吞声[58]，唯恐说破真相，影响自己的皇位，这是多么伟大的母爱啊！

每每念及此事，宋仁宗便肝肠寸断。对刘娥的怨恨和愤怒可想而知，由此迁怒于太后一党旧臣何尝不是情理之中？

假使这是主要原因，晏殊作为李宸妃墓铭的执笔人，列入大臣外放名单毫不意外。古人对墓志铭非常看重，不管什么客观原因，你晏殊的笔下没有挑明李宸妃和宋仁宗的母子关系是不争的事实。何况，宋仁宗还念及旧情，考虑距离京城远近，对他高抬贵手，改到相对距离开封更近的亳州任职。[59]

毫无疑问，这是晏殊仕途中又一次比较大的挫折。

但聊以自慰的是，这次的情况与上次被贬略有不同，上次形单影只，此番成群结队，而且亳州距离开封只有四百多里。

这一年，晏殊四十三岁，虽说少年得志，却在政坛经历了两起两落，个中况味恐非三言两语所能道。一年前，他健毫在握，洋洋洒洒，写了李宸妃墓铭，赢得一片喝彩。可时过境迁，那篇墓铭反而为其坐实了太后旧党之议。

都说男人四十不惑，或许晏殊能够坦然面对，或许临行之前心有不甘。自己天圣六年才从应天府还朝，到现在还不足五年，怎么又开始倒霉了？

也许，这是命运使然！不必谈什么对错，对和错本来就在不断发生变化；不必信什么恩宠绵长，几曾见过不谢的鲜花，只知伴君如伴虎是亘古不变的真理。不必太执着，不必留恋政事堂，甚至不必留恋东京开封，放下吧！况且，这次六名宰执一同外放，其中赵稹、范雍以年过古稀之高龄分别外放河中府、陕州，自己年龄最轻，正值壮年，何所惧哉！

3. 运逢驿马，迁徙一州又一州

再遭贬谪的晏殊虽胸有块垒，却不至于愤世嫉俗。

当然，这也是无可奈何的事情。身为臣子，最理智的做法是认清形势，兢兢业业把工作做好，以此博取皇帝的再次青睐，获得重返朝堂的资本。

晏殊到亳州上任不久，让好朋友宋祁代笔向宋仁宗上了谢表，接着又向朝廷提出裁减僧道的建议。

种种迹象表明，他基本上没有因为被贬而精神不振，至少工作状态正常。

不过，有一个基本事实不容忽视：主政州府既非晏殊所愿，亦非其所长。

这样，他心中难免抑郁不快。

夜深人静的时候，他总会想起投身宦海二十年来的酸甜苦辣，世态炎凉、朝臣倾轧、反复无常、如履薄冰……

多少个夜晚，他在辗转反侧中迷迷糊糊地入睡，翌日清晨却不得不精神抖擞地升堂办公。旁人只看到他风风光光的一面，岂知其内心有一个脆弱的痛点。

于是，当他听到一个凄美的爱情故事时，压抑已久的情绪瞬间释放无遗。

诗人释放情绪的方法自然不是痛哭流涕，而是写诗。

他饱蘸浓墨，写下了感情真挚的《吊苏哥》：

> 苏哥风味逼天真，恐是文君向上人。
> 何日九原芳草绿，大家携酒哭青春。

刘苏哥是军营里的普通营妓，与一个下级军官相爱，两人情意绵绵，相约永结同心、白头偕老。

岂料，情郎突然身亡，背盟爽约，只剩下刘苏哥茕茕孑立。

这是多么痛苦的一件事情啊！营妓是慰藉军士的慰安妇，社会地位低下，要想遇到一个真心相爱的男子比大海捞针还难。刘苏哥好不容易遇到一个有情有义的郎君，可这个绝世好男人却撒手人寰，与她阴阳相隔！

适逢踏青时日，刘苏哥前往郊外祭奠，当初和情郎的往事历历在目，忍不住在坟前悲痛号哭，越哭越伤心，不能自已，以至于气绝身亡。

毫无疑问，这是一个感人至深的爱情故事。

晏殊久居官场，时时遭遇虚情假意，处处担心尔虞我诈，听到这个故事非常感动。

苏哥虽然只是一个飘零女子，但其至纯至性足以让士大夫们汗颜。你看朝堂之上，人人满腹诗文，个个一本正经，可哪一天不是暗流涌动？哪一天不是相互倾轧，你方唱罢我登台？人人自危，谁敢敞开心扉？谁敢畅所欲言？几曾见管鲍之交？哪里有高山流水？

为此，晏殊大为感叹，原话是："士大夫受人眄睐，随燥湿变渝，如翻覆手，曾狂女子不若。"[60]

是啊！宦海无情，官场凶险。哪一个士大夫官员不是见风使舵，背信弃义，争宠夺利？

晏殊除了发几声感叹，又能如何？！

话说回来，置身暗流涌动的官场，单单感叹和抱怨无济于事。

身为一名成熟的政治家，晏殊当然会自我检讨和思索。

有一天，他游览涡水时，看到一只蛙猛地跃到树上将一只蝉咬到嘴里，可口小蝉大，吞咽不下，一起坠落到地上。

见此情景，晏殊陷入沉思。为此，他写了《蜩蛙赋》，感叹说，这只蛙静悄悄地靠近蝉，然后跃起发起攻击，好不容易捕获了蝉，可终究吞咽不下去，结果一起跌落。

是啊，人生何尝不是如此，贪多勿得反受其累啊！

自己一路走来，步步小心谨慎，处处与人为善，无非力求仕进，可现在反受其累。

眼前蛙与蝉一同坠地的情景，是否让他联想起此番宰执团队被同时罢免的巨大震荡呢？

宋仁宗生性仁厚，将六名宰执同时外放州府是一件很蹊跷的事情。背后到底有什么隐情导致太后一党全部外放？本来宰相吕夷简不在被贬外放之列，只因郭皇后一句话，吕夷简也被外放陈州。

时光永不止步，太阳每天都是新的。再糟糕的事情也终将成为过去，接踵而来的喜讯正扫除晏殊心中的不快。

景祐元年（1034）四月，晏殊第六个儿子晏明远被封为秘书省校书郎。

这是继三年前晏殊长子晏居厚获任奉礼郎之后，晏家再一次沐浴皇恩。

看来，阴霾正在慢慢散去。

接着，晏殊将次女许配给了刚刚高中榜眼的青年才俊杨察。

继选取富弼为婿之后，他再次使出了识人之明的看家本领。

上次选取富弼在其进士及第之前，算是期货。这次，杨察高中进士甲科第二名，即榜眼。不仅如此，小杨同志还是"美风仪"[61]的大帅哥，属于仕宦之家争抢的如意郎君。

除了了女前程、姻缘的事情让他开心，与宋祁、欧阳修、范仲淹等人的书信来往、诗词唱和也使他暂时忘却官场烦恼。他还从阅读柳宗元文集中获得了快感，认为柳宗元的文章比韩愈更好[62]，甚至把读书心得通过书信告知富弼。

日子就这样不紧不慢地过。晏殊少年得志，顺风顺水，但毕竟出自平民百姓家庭，生活要求不高，又有主政应天府的经历，在亳州的日子自然也可以过得从容悠闲，有滋有味。

晏殊在亳州的任职时间不足两年，景祐二年（1035）二月移知邻近的陈州（今河南淮阳县），接着迁刑部尚书。

对于晏殊来说，以刑部尚书衔知陈州和以礼部尚书衔知亳州没有太大的分别，都是京畿近地，无非从一个渐渐熟悉的地方迁徙到一个相对陌生的地方。

而接替他主政亳州的竟是当朝宰相、年已六十五岁的名臣李迪。

明道二年（1033）十月，吕夷简官复原职，担任昭文相，李迪当时是集贤相，即次相。

两位宰相很快搞得水火不容。最后，李迪再一次在"两相之争"中败北。

十多年前，李迪曾被同为宰相的丁谓排挤，出知郓州（今山东东平县）。

晏殊惯看秋月春风，可见到须发皆白的李迪如此高龄竟然出知州府，心中该作何感想呢？

说起来，李迪曾经是一个牛人。

他于景德二年（1005）状元及第，而当时晏殊以"神童举"获赐同进士出身。也就是说，他们是同榜进士，李迪高居榜首，晏殊少年得志。

李迪曾两度拜相，一时风光无限，可现在蓬头垢面，个中滋味，诉与何人？！

晏殊主政陈州三年多，境况类似亳州，于政事之余写诗填词，舞文弄墨。或与知己鸿雁传书，相与唱和；或邀三五好友宴饮，吟风诵月。如遇贤才，必定不遗余力予以举荐，譬如举荐钱象先签书镇安军节度判官公事，譬如举荐何中立任职馆阁。

而家庭也是圆满的，妻贤子孝，次子晏承裕娶妻成家了。尤其让他感到欣慰的是，女婿富弼的仕途并没有受到他外放州府的影响，依然保持强劲的上升势头，三十四岁时担任了官阶为五品的太子中允，女儿晏氏因夫荣妻贵被封为长安县君。

晏殊一生两次徙知陈州，宋人笔记对他此次主政陈州的逸事记载比较少，宋人王铚在《默记》中记载了"酷暑食柿"的故事。

有一个名叫李宗易的官员，是陈州人，诗文、琴棋、游艺无一不精。

一天，晏殊和宾客在衙门的后花园聚会。

当时赤日炎炎，晏殊感叹说："江南人在隆冬时节将还不怎么成熟的柿子放起来，到这个时候拿出来吃，极为解暑。"

这本来是随口一说的话，可还真有人拍着胸脯上了。

李宗易马上说："想吃柿子有什么难处，你们拿四个大食盒给我。"

说罢，到西厢房拿了四个大盒子，关上门。

过了一会儿出来，抖了抖衣服上的灰尘，慢吞吞地说："现在可以打开食盒了。"

打开食盒一看，果然不假，四个食盒装满了烘熟的柿子，霜粉蓬勃。

事后，晏殊说："这个人有这么神秘的本事，什么事情做不到？"

对这个半神半鬼的人，他慢慢地疏远了。

在炎炎盛夏得江南烘柿于垂手之间，对于现代人来说不足为奇，可对于一千年前的古人来说，这是何等让人感到惊讶的事情。"子不语怪力乱神。"晏殊对神鬼玄秘之事素怀敬而远之的心态，疏远李宗易在情理之中。

宋人蔡绦《西清诗话》则记载了宋庠、宋祁兄弟向晏殊讨教的故事。

宋庠、宋祁以晏殊门下弟子自居，即使后来两人身居高位，也经常手抄诗文寄给晏殊，请他雅正。

有一次，宋祁写信给晏殊，问："白雪久残梁复道，黄头闲守汉楼船"这一联中用"闲"字好还是用"空"字好？

晏殊在书信上批注说："用'空'字比'闲'字好，还能给人有船不用的感觉，这个字准确又好听。"[63]

宋氏兄弟俱以能文善诗闻名天下，却对晏殊如此敬重。而晏殊也不客气，把用"空"字比"闲"字好的具体理由列出。可见，他们之间的关系较为密切和随意。

窥斑见豹。晏殊在陈州的日子过得不错，气定神闲，舞文弄墨，磨砺文字，心情自然也差不到哪里去。

当然，晏殊不可能单单满足于诗酒风流，他对回到朝堂其实念念不忘。不管怎么说，谁也无法抹去自己当年在东宫的岁月，说不定皇上哪一天突然想起自己呢。

毕竟我晏殊才四十几岁，再回开封之日可期，重返两府有望。

因此，当官伎吟唱的歌词里有"千里伤行客"几个字时，晏殊忍不住勃然大怒，质问："小姑娘啊，你搞清楚点好不好？！我一生任职，不曾离开京城五百里，唱什么'千里伤行客'？！"[64]

由此可见，晏殊虽遭遇外放，迁徙两州，但并不以为自己遭到朝廷的冷遇。或者说，他不认为宋仁宗对他不够好，至少不愿意正视。官伎唱"千里伤行客"，恰巧击中了他的痛点，点燃了他心头的熊熊怒火。

也许，直觉告诉他，重返朝堂指日可待。

4. 开封,我又回来了!

事实证明,晏殊的判断并非一厢情愿的乐观。

宝元元年(1038)四月,晏殊回到朝廷担任御史中丞,充理检使,以接替刚刚升任"同知枢密院事"的张观。

宋朝初年,御史台行使最高监察权,同时具备司法职权,有权审理层次较高官员的犯罪案件、其他司法部门难以公平合理决断的重大疑难案件及前往案发地审理地方重大案件。因御史台一般不设御史大夫,御史中丞成为御史台的长官。而理检使是天圣七年(1029)恢复设置的职位,多由御史中丞兼任,主要职责是"冤滥枉屈而检院、鼓院不为进者,并许诣理检使审问以闻"[65],实际是替蒙受重大冤情,喊天天不应、叫地地不灵的人开了一个绿色通道。

十年前的天圣六年(1028),晏殊自应天府回京,担任的职务就是御史中丞。月落日升三千次,依旧徘徊不向前。何止是彳亍不前!当年担任御史中丞,诏命"位翰林学士宋绶之上",而此次任职一个多月之后,才明确"立位在翰林学士之上"。

但不管如何,终归回到皇帝身边了,主政州府非晏殊所长,任职台阁、谋猷两府,向天子建言却正是他的拿手好戏。

因为曾经担任这个职务,晏殊很快重新进入角色,忙得不亦乐乎。

有时候,历史惊人地相似。和上次担任御史中丞一样,晏殊此次执掌南台的时间也很短,不足九个月。

当年十二月,他再度出任实权在握的三司使,类似于现在的财政部长兼国家税务总局局长,掌控天下财政、税赋。

这是一段美好的时光。政事之余,呼朋唤友,吟风诵月。

宋人叶梦得曾记载晏殊担任三司使时的风流逸事。[66]

晏殊虽少年得志,但极其俭朴。只是十分好客,几乎日日宴请宾客。不过,事前并不做什么准备。直到客人来了,才简单布置,无非每人一个空盘、一个酒杯,斟了酒以后,才慢慢上水果小菜——这就是晏家声名远扬的"空杯宴"。同时,歌乐相伴,谈笑风生。酒过几巡,桌子上慢慢变得丰盛。

酒喝得差不多了，晏殊便让歌伎、乐师退场，说："各位美女帅哥，你们这点手艺使完了，该看我们使出的大招了。"

说罢，各自铺纸磨墨，笔走龙蛇，写赋吟诗。

这等名士风流的雅事，对他们来说，极其平常。宋哲宗时担任宰相的苏颂小时候曾随同父亲苏绅参加过"空杯宴"，留下深刻印象。当时，苏绅是晏殊的同事，担任三司盐铁判官。

在众多文人雅士之中，宋庠、宋祁兄弟和欧阳修是常客，晏殊和他们频频唱和，以至于诗词写作数量大增。

当然，即使籍籍无名之辈，晏殊也不会冷眼相待，诗词唱和不设置等级门槛是他一贯的做派。宋祁在《宋景文公笔记》中说他"不自贵重其文，凡门下客及官属解声韵者，悉与酬唱"。不摆官架子，和哪个文艺青年都能诗词唱和一番，这对于一个贵为"计相"的高官而言，殊为难得。

小令《诉衷情·芙蓉金菊斗馨香》是和宋氏兄弟的酬唱之作：

芙蓉金菊斗馨香，天气欲重阳。远村秋色如画，红树间疏黄。　流水淡，碧天长，路茫茫。凭高目断，鸿雁来时，无限思量。

这首短词上阕写景，下阕以景抒情，以疏淡的笔墨勾勒出一幅生动的秋景图，生出疏淡而悠远的情思。

时近重阳，芙蓉和金菊争奇斗艳。远村近树，秋色如画。水淡天清路苍茫，登高望远，秋雁掠过，引发妻子对远在边地的丈夫的无尽思量。

怎么样，这样的经典作品让人回味无穷吧？

除了吟诗填词写赋，晏殊还开始编写《类要》。

这部书若干年后获得曾巩的高度评价，他对晏殊的渊博学识和道德操守表示由衷的钦佩，言辞恳切。[67]

事实上，编写这样一部类似百科全书式的书籍，工作量堪称巨大，晏殊为此劳神耗力极多。他每每听到奇闻异事，立即记载下来，贴到大册上，有的写在小纸条上，然后贴上去。如果后来编辑到书页里了，就除去一张。后来越贴越多，便分门别类编写，取名《类选》。因为工作量太大，晏殊把黄庠邀到门下来牵头，其他负责抄书的人还有几十个，黄庠来回取抄好的资料，供晏殊亲手编定。[68]

晓春刚参加工作时，在宣传部做新闻干事，将各级报刊上的本地新闻汇聚到剪报本上是职责之一，没少花时间剪报、粘贴、编录，深知这是一件极为繁琐的事情。

而晏殊贵为"计相"，竟然乐于做这么繁琐的苦差。当时，主要用毛笔书写，其工作量更加不可想象。倘若没有"立言"的崇高使命感，倘若不是深入骨髓的兴趣爱好，堂堂三司使怎么可能投入如此多精力编写这皇皇巨著？

当然，晏殊的本职工作也政绩斐然。

宝元元年（1038）十月，西夏李元昊建国称帝，接着向宋朝派遣使者要求承认其帝号，被宋仁宗断然拒绝。

于是，元昊大举兴兵攻城略地。

为此，晏殊全力以赴筹措经费应对边事，甚至协调动用宫中财物，全力做好后勤部长。此外，他还建议募教弓箭手、罢免内臣监军、停止以阵图制约前线指挥官等。

这些举措切中肯綮，收效明显，为他赢得了很好的口碑。[69]

文臣主兵对大宋朝廷来说有迫不得已的苦衷，因循成例。所以，晏殊在三司使职位上建言军事，并不奇怪，况且他曾担任过枢密副使，至少不是外行。

5. 强敌压境时，兵符手中握

话说回来，晏殊并非事事顺心。

最近，有一件事情让他颇为忐忑。夜半三更，经常被噩梦侵袭，小心脏怦怦地一阵急跳。

宝元二年（1039）五月，晏殊的大舅子王德用被罢"知枢密院事"，外放徐州（今江苏徐州市）。

朝臣外放并不奇怪，但上疏参奏王德用的理由极为牵强和险恶，实在让人不敢掉以轻心。

作为从基层军官成长起来的一代名将，王德用可圈可点的地方太多了。他早年荫补衙内都指挥使，雍熙三年（986），随父亲王超出击西夏李继迁，沉着冷静应战，使宋军摆脱险境，全师而还，一举成名。在宋将中是胸有谋略、能征善战的典型代表。历任巡检、指挥使、刺史、团练使、观察使等职，政绩卓著。

宋仁宗亲政后，对坚持原则、不依附皇太后刘娥的王德用赞赏有加，接连拔擢。王德用先后任签书枢密院事、枢密副使、同知枢密院事。此时正担任知枢密院事加检校太尉、定国军节度使、宣徽南院使。

作为宋仁宗青眼有加的宠臣，王德用突然之间被外放，接着被降职，到底是什么原因呢？

说起来，原因令人难以置信。

一是王德用同志长得太奇怪了，面黑，而颈以下白皙。"面黑而身白"在相术中是大贵之相。

这还不是问题的症结所在，关键是他太像一个人了。

谁？

大宋第一牛人宋太祖赵匡胤。

二是王德用的家宅泰宁坊在皇宫的正北面，在风水之说大行其道的年代，这很容易遭人非议。

三是被称为"黑王相公"，深得人心，妇幼皆知，八方闻名。

于是，开封府推官苏绅上疏劾奏，说王德用"宅枕乾冈，貌类艺祖"。宋仁宗觉得是无稽之谈，没有理会。结果，御史中丞孔道辅也以这个理由弹劾，说王德用深得人心，不能太长时间执掌军权。

迫于压力，宋仁宗将王德用罢为武宁军节度使。而王德用也把泰宁坊交给朝廷了。

为此，王德用上表辩解说："状类艺祖，父母所生；宅枕乾冈，先朝所赐。"[70]

什么意思呢？

说我像宋太祖赵匡胤，可这是父母所生，哪里由得我想长什么样子呢？你们说泰宁坊占尽风水之先，问题是房子本来就是真宗皇帝所赐啊！

怎么样，够有说服力吧！

可朝廷还是有人看不惯他，又举报他跟官府做军马生意。王德用便上交契据，说清是跟商人做买卖。然而，举报的人依然喋喋不休。

为了给举报者一个交代，王德用被降职为右千牛卫上将军、随州知州。

单单降职也就罢了，朝廷还在州内设置通判。须知，通判不单单是州府的副职，还负责监察州府主官。这是明摆着对你老王不放心嘛，王家人为此惶恐不安。[71]

宋太祖赵匡胤夺孤儿寡母之天下于陈桥，最忌大将拥兵自重，北宋多以文官主政枢府。现在苏绅、孔道辅以王德用奇人奇相和占风水之先说事，加之王德用行事公正、体恤部下，颇得兵心、民望。凡此种种，都触碰到皇家痛处。

宋仁宗天天听这些臣僚唠叨，难免动摇了对王德用的信任，将其一贬再贬是迫于无奈之举。

晏殊作为王德用的妹夫，毫无疑问也要承担很大的精神压力。天恩难测哦，这么亲的人，是荣是枯也只能绑在一起了。

何况，孔道辅和苏绅一向和他关系很好，他还要防止王德用对他的误会。

说不定，晏殊在睡梦中会听到王德用的质问："我最亲爱的妹夫，你这几个铁哥们怎么老是和我过不去啊？！这不都是你的门生弟子、同僚吗？"

凡此种种担心并非杞人忧天，王德用被外放的次月，其另外一个妹夫葛怀敏被降职。由沧州知州、莱州团练使降为滁州知州，理由是王德用当权时，葛怀敏沾了裙带关系的光，爬得太快。[72]

王德用当权时，葛怀敏被接连提拔，现在被降职也在情理之中，只是这种被人清算的感觉实在让人心烦。

好在有一些迹象表明，宋仁宗对晏殊仍是信任有加。

譬如，他奏请宋仁宗使用新年号"康定"，宋仁宗欣然采纳。[73]

而几个月之后，朝廷一系列的任命使他彻底放下心来。

先是晏殊的连襟葛怀敏再次担当重任，为泾原路副都部署，兼泾原、秦凤两路经略安抚副使。宋仁宗为了示以恩宠，特别把名将曹玮曾经使用的甲胄赐给他。[74]

接着，晏殊本人被任命为"知枢密院事"。

大敌当前，为什么会选晏殊呢？

大概因为他频频建言军事议题吧。譬如他曾经提出"罢内臣监兵"、"不以阵图授诸将"，并且征募弓箭手训练，以备战事。同时，他作为三司使，还是前方作战最优秀的后勤部长，广受赞誉。[75]

毫无疑问，对于晏殊而言，"知枢密院事"是仕途上一个重要的节点。此前，他担任过的最高职务是枢密副使和参知政事。

主政枢府无疑是一件光宗耀祖的事情。

对晏殊来说，意味着宋仁宗对包括王德用在内的晏殊家族的充分信任。

此前，朝臣一而再再而三地攻击王德用，使宋仁宗不得不忍痛割爱，将王德用外放甚至降职。

现在，以晏殊知枢密院事，既是应战事之需要，也足以澄清加之于晏、王家族的无妄猜测。

当然，这副担子着实不轻，正好遭遇西夏一代雄主李元昊频频叩关，滋事扰边。

元昊是谁？

他是党项族历史上空前绝后的一代英主，文有韬略，武有谋勇。

宝元元年（1038）十月，元昊称帝建立大夏。

大宋当然不会认账。第二年六月，宋仁宗下诏削夺以前授予元昊的官爵，还张榜明确，谁能将元昊擒获、斩首，就封为"定难节度使"。[76]

如此悬赏非常罕见！以此为标志，双方彻底撕破脸皮，做好大规模开战的准备。

两个月前，宋夏交兵于三川口。宋军喋血鏖战，伤亡过万，但最终仍以宋败夏胜收场，名将刘平、石元孙被俘，郭遵战死。

石元孙是宋初大将、"杯酒释兵权"主角之一石守信的孙子，遭此大辱，该让多少北宋子民痛哭流涕！

晏殊归根结底是舞文弄墨的文臣，此前建言"不以阵图授诸将"可能来自他的大舅子王德用之谋。现在于危难之际担此重任，唯有兢兢业业全力应对。毕竟前任枢府主官、次官王鬷、陈执中、张观去职的主要原因就是三川口之败。[77]

晏殊主政枢府的第一件大事，是建议参知政事要共议边事。

三川口之战前，边寨战事只报枢密院而无关中书省，以至于宰相对边事袖手旁观。兵败三川口之后，翰林学士盛度、知谏院富弼先后提建议，说边事应告知宰相，宋仁宗才下诏请宰相参与讨论军事。现在宋仁宗听从晏殊的建议，再请参知政事加入决策群体，终于形成了东西两府并谋、宰执共议的局面。

不管如何，这对于促成集思广益、共同担当的氛围终究有所裨益。从另外一个角度看，晏殊的压力被分担了一些，此举不失为一个阅历丰富的老臣手笔，也是他一贯沉谨风格的体现。

晏殊右迁枢府时，宋仁宗采纳陕西安抚使韩琦的建议，强化边关核心力量，将越州（今浙江绍兴市）知州范仲淹迁任天章阁待制、知永兴军（治所今陕西西安市）。可未及到任，四月又改任为陕西都转运使。

范仲淹一向对晏殊执门生礼，两人交往密切。晏殊熟知范仲淹之长短及人品，对他颇为倚重。当年五月，范仲淹迁任陕西经略安抚副使。八月，兼任延州（今陕西延安市）知州。

范仲淹抵达西北后，形势大有改观。针对前方军队编制和作战方式不合理的情况，他进行了彻底整顿和变革。

宋朝军队官制有总管、钤辖、都监等级别，总管领兵一万，钤辖五千，都监三千。临阵作战时，命令官小的率先领弱旅出战，官大的带领劲旅在后面。

范仲淹认为，打仗不根据实际情况选择将领，而以官阶高低为依据很荒谬。

于是，他全面盘点延州的军队，选取了一万八千精兵，分成六队，每队三千人，分派六位都监统率，进行严格的军事训练。如有敌人进犯，根据敌情不同，六队轮番出战，敌军为此不敢轻易进犯。而这些做法也在西北前线得到推广。

西夏军士为此感叹说，再也不能打延州的主意，范仲淹胸有数万大军，不像以前的范雍老家伙好欺负了。

范仲淹一介文官，能有如此作为，甚至令敌兵胆寒，极为不易。北宋一朝，文官善于领兵打仗的人很少，范仲淹同志算是其中一员。

而在知人善任方面，范仲淹也颇受赞誉。范仲淹培养、重用了狄青、杨文广等将领，使之脱颖而出，战功赫赫。后来还点拨、教导张载，促使张载遍读经典，建立了影响巨大的"关学"体系，成为中国思想史上的一代大儒。

这段时间，范仲淹和晏殊书信往来更加频繁。有时，范仲淹会详细地把边关的情况向晏殊汇报：

> 今至延安，北入金明，视城垒之役，且欲深见边事。戎马之后，原野萧条。金明北百里之间，原有寨门、栲栳二寨，并李士彬下蕃部寨三十六所，悉已荡去，尽没蕃境，人不敢诣。又此间随川取路……[78]

类似书信来往，既是上下级之间的工作汇报，也是师生之间必要的沟通。

康定元年（1040）九月，晏殊官加检校太傅、枢密使。

在任命诏书中，极尽溢美之词。说他人品好，诚实严谨，天赋好，有才华；说他任职东西二府，谋划国家大事，出任地方主官，为老百姓所称道。[79]

由此可见，宋仁宗对晏殊高度赞赏。

此时，不仅晏殊本人深得圣眷，加赠封邑，他的父亲晏固、祖父晏郜、曾祖晏延昌也被追赠封赏。如晏固被追赠"金紫光禄大夫、太师、中书令兼尚书、开府仪同三司、秦国公"，晏郜、晏延昌被追赠"中书令兼尚书"。[80]

临川晏家，一时风光无二。

什么叫"一人得道，鸡犬升天"，呵呵！

即使位极人臣，晏殊也保持较为低调、周慎的为人处世风格。

这段时间，他给张士逊写了一首《张太傅生日》诗，给陈尧佐写了《次韵和致仕陈相公除夜》诗。从中不难看出，他对曾经担任宰相、分别以"太傅"和"太师"致仕的两位老同志充分尊重和肯定，不惜溢美之词。

如此种种做法，与他一贯温情脉脉的处世方式相吻合。

同时，不难看出，晏殊与多数年高德劭的老同志保持很好的私人交谊。

6. 西风凛冽，败仗一场接一场

单单以军事实力而论，此时的大宋委实孱弱。不要说对付契丹，即使和西夏对仗也十分吃力。

晏殊执掌枢府后，这种状况并没有得到明显改观。假如填词写诗比赛，他饱蘸浓墨上场，挑落几个番将不在话下，可惜笔杆子在战场上派不了什么用场。

澶渊之战时，名将高琼力劝宋真宗亲赴北城鼓舞士气，签署枢密院事冯拯呵斥高琼，说他在皇上面前说话不够恭敬。

签署枢密院事相当于现在的国防部副部长，是高琼的直接领导。

可高琼当即反唇相讥："你靠舞文弄墨进入枢密院，现在大敌当前，你还说我无礼！你有本事，怎么不吟诗一首击退敌兵呢？！"[81]

诗词再好，也当不得刀戟弓箭，晏殊没有能力扭转战场上的颓势。

当时，宋军内部主战和主守的分歧很大。

譬如韩琦主张取攻势，范仲淹力主以守为主，避免再蹈刘平轻敌兵败之覆辙，而晏殊和陕西转运使庞籍也认为不可轻举妄动。

可惜，晏殊防御优先的思想没有被宋仁宗所接受，以至于宋军在几个月之后重蹈覆辙，吞下好水川之战大败的苦果。

庆历元年（1041）正月，宋仁宗觉得西夏李元昊越来越猖獗，迟早要惹事，便钦派参知政事晁宗悫前往陕西调研，了解前方将领的攻守之策。

当时，前线的总指挥官是陕西经略安抚招讨使夏竦。

夏竦本来倾向防御策略，见两位副使韩琦、范仲淹各执一说，顿时没了主意。又揣测宋仁宗主张进攻，一雪前耻，担心有违圣意，干脆溜边做了"甩手掌柜"。把韩琦的"主动进攻"之说和范仲淹的"积极防御"之说一并上呈，由天子定夺。

宋仁宗果然倒向了韩琦的"主动进攻"之策，大手一挥：打！

试想，此时宋仁宗才三十二岁，比血气方刚的韩琦还小两岁，怎么可能按兵不动，龟缩不前？即使枢密副使杜衍反对，认为主动进攻的时机不成熟，也丝毫听不进去。[82]

以晏殊对范仲淹的信赖，他毫无疑问更赞同"积极防御"策略，而不是贸然进攻，但天子一言九鼎，他自然不敢违旨。

事实证明，战争的胜利并非单单靠激情和勇气便能赢得。

这场战役拖延到二月打响，因环庆路副总管任福未能严格执行韩琦的命令，轻敌冒进，导致被伏击围歼，宋军战死一万零三百多人，任福父子、桑怿、刘肃、武英、王珪、赵津、耿傅等将领战死。

此役史称"好水川之战"，与此前发生的三川口之战、此后发生的定川寨之战并称为第一次宋夏战争的三次大规模战役。

消息传来，宋仁宗深感震惊，为此推迟了吃饭时间。[83]

可以想象，这段时间，身为枢密院老大的晏殊肯定不轻松。

就算是宋仁宗乾纲独断，决定主动进攻，可现在兵败好水川，主管军事的枢密院难辞其咎，你晏殊怎么没有责任？

何况，好水川之战刚刚结束，范仲淹便惹了一个天大的麻烦，让晏殊为之吓出了一身冷汗。

好水川之战打响前，李元昊派遣使者高延德来到延州，装出一副准备和谈的样子。

范仲淹向来热爱和平，对此事十分重视，亲自接待了高延德，以免错过议和时机。但和高延德接触后，他感觉西夏诚意不足，没有递交书面材料，便暂缓向朝廷报告，避免不必要的纠纷。

为了尽快化解冲突，消弭战争，范仲淹写了一封劝降信，备陈利害，派下属韩周带了信随高延德去西夏。在信中，范仲淹详细分析了"和"与"战"的利、弊，极力劝解元昊归顺。在他看来，虽然元昊归顺的可能性不大，但不必断绝和议之路。

好水川之战结束后，元昊派出使臣随韩周来到延州，带了一封由其亲信野利旺荣署名的信。在信中，西夏极尽悖慢辱骂之能事，把难听的话说遍了。范仲淹气得牙痒痒、直跺脚，当着来使的面，付之一炬，把信烧了。只录了一个副本，还做了删改。

宰相吕夷简得知此事后，对参知政事宋庠说："人臣无外交，范仲淹竟敢擅自与元昊通信，接到回信后又焚烧不报。普天之下，除了他，谁还有这么大的胆子？！"

朝廷要求范仲淹对此事做出解释。

范仲淹向朝廷上交元昊回信的部分副本，辩解说："我最初以为元昊有悔过之心，才写信诱导教谕。任福兵败之后，贼军声势大涨，回信中有很多悖慢侮辱之词。我觉得如果朝廷看到而不讨伐，则是侮辱朝廷，所以当场烧掉。假如朝廷没有看到不知情，则仅仅是侮辱我而已。因此，我没有让皇上和朝廷知道。"

宋仁宗觉得老范的话多少有点道理，一时没了主意，召中书、枢密两府共议如何处置。

宋庠感觉吕夷简想要严厉追究范仲淹的责任，便放了头炮："范仲淹的问题相当严重，可斩！"

杜衍据理力争说："范仲淹的目的是招抚叛军，是忠于朝廷之举，怎么能处罚太重呢？！"

宋庠满以为吕夷简会帮着他说话，谁料，吕夷简两眼发直，一言不发。

直到宋仁宗点名，他才说："老杜言之有理，对范仲淹稍加惩罚即可。"[84]

晏殊和范仲淹向来交好，深知范仲淹是一个忧国忧民的磊落君子，值此关键时刻，毫不犹豫出手相援，与枢密副使郑戬一道，提出了查验书信证明清白的方案。[85]

吕夷简最后一刻愿意妥协，放过和自己向来关系紧张的范仲淹，显然考虑了晏殊、杜衍、郑戬等人的意见。同时，玩转权术，一脚把宋庠这个官场经验不足的愣头青踢到深坑里。

其实，吕夷简一直讨厌是非分明的宋庠，此次手腕翻动，轻松地让宋庠吃了哑巴亏，不久后贬知扬州。

最后，范仲淹被轻责，降户部郎中为员外郎，迁知耀州（今陕西铜川市）。但一个多月后，朝廷起用范仲淹知庆州（今甘肃庆阳市）、兼管勾环庆路都部署司事。再过四个月，范仲淹又官复户部郎中。说白了，对范仲淹的处罚只是走了一个形式。

当年七月，宋、夏两国兵戎再起。

元昊率西夏兵进攻麟州（今陕西神木县）、府州（今陕西府谷县），结果遭遇宋军的顽强抵抗，久攻不下。

于是，他将麟州城团团围住，企图困死宋军。宋军人少，将领全凭智谋与西夏兵周旋。好在麟州建在山上，易守难攻，但城中没有水井，只有一个沙泉，缺水十分严重。

西夏军中一个倒霉蛋自作聪明，对元昊说："城内缺水，不出半个月，里面的人必定喉咙冒烟，只有死路一条或者投降。"

元昊听罢大喜，丝毫不懈，将城池围得水泄不通。

紧急时刻，比拼的不仅仅是意志，更为重要的是智谋。

有个麟州军士献计说："夏军重重围困，不就是说我们城内缺水吗？那我们就告诉他，我们不缺水，干脆取沟里的淤泥到高处用泥巴堆积起来，让西夏兵士看见。"

守将觉得靠谱，依计而行。

元昊看到后，鼻子都气歪了：城里压根儿不缺水！

倒霉蛋远远望着城内高高垒起的泥巴，百思不得其解。

元昊大骂：你这龟孙，浪费我多少时间啊！

说罢，下令把那个倒霉蛋推出营门斩首了，才带领军队悻悻而去。

可怜那个倒霉蛋，本想表现一下、讨好一下，混个排长、连长干一干，岂料成了元昊刀下的冤魂！

八月，西夏兵攻陷宁远寨，寨主王世亶、兵马监押王显战死。

紧接着，元昊借此余威，进攻府州。

府州城高墙厚，四面为峻岭峭壁，城内除了兵士，居民也有作战经验，在知州折继闵的指挥下，顽强应战。

西夏军连续围攻四日，死伤千人，可城池固若金汤，无奈之下，只好引兵退去。

见府州也拿不下来，元昊又进兵丰州（今内蒙古准格尔旗）。丰州孤城无援，被攻陷，知州王余庆、兵马监押孙吉战死。

丰州失守后，麟州、府州被隔绝。

情况危急！再这样下去，元昊迟早能够得逞。

好在这个时候，一员悍将横空出世！

谁？

他就是晏殊、范仲淹当年在应天府的同僚张亢，于危难存亡之际担任并代都钤辖、管勾麟府军马事。

张亢连续在琉璃堡、柏子寨、兔毛川等地大败西夏军队，并建起了建宁等十来处堡、栅，取得了接二连三的局部战争胜利，最终导致西夏军队全线溃败。

麟、府、丰之战以西夏占领丰州告终，但西夏后期死伤不少，并未取得军事上的明显优势。

而直接指挥麟、府一线军队打仗的张亢以一系列战役的胜利奠定了他在北宋历史上的名将地位。

《宋史》为此发出由衷称赞，换成时下的语言叙述，大致是："张亢一个文艺青年，但通晓兵书，胸有韬略，在琉璃堡、兔毛川几场战役中打得西夏兵满地找牙，大快人心，振奋士气。区区一个舞文弄墨的书生能建立起如此不世功勋，这是多么伟大啊！点赞！"[86]

7. 欧阳修，你够狠！

对麟、府、丰之战的结果，晏殊勉强能够接受，至少有输有赢，没有一败涂地。尤其当年担任应天府推官的张亢表现神勇，为他挣回了一点脸面。张大胖子：老兄谢谢你了！

按理说，向来喜欢宴饮的他应该邀朋唤友，煮酒品茗，一曲歌来一支舞，放松一下。

可此时他实在没有这样的雅兴。

怎么了？

"堵心啊！"晏殊摸着心窝子说。

原来，在麟、府、丰战役尚未完全结束的时候，晏殊和他的门生欧阳修发生了一件很不愉快的事情。

这件事情不小，以至于若干年后他们的关系还不大和谐。

什么事呢？

一日，开封城里大雪纷飞。

看着空中柳絮般飞舞的雪花，资深诗人晏殊雅兴勃发，说："赏雪赋诗乃人生美事，我等不喝两杯怎么说得过去？下了班到我家西园去。"

北宋第一文艺青年欧阳修当即举双手赞成，下班后邀上好朋友陆经前往晏殊府中。

一路上，只见纷飞的瑞雪将开封城装点得琼楼玉宇一般，鼓乐喧天，欢歌笑语，处处宴饮。

到了晏府西园，欧阳修看到酒桌上已摆满美味佳肴，酒壶正放在炉火上加温，不时喷出热腾腾的蒸汽。包厢里视野极好，欧阳修面对着窗外的假山。

酒过三巡、菜过五味之际，文艺青年欧阳修突然想起了戍守边关的将士。

唉，如此大雪纷飞，那些正与西夏作战的兵士该如何过啊？！

欧阳修曾经希望从军，在战争一线展示才能，可惜不能如愿到合适的军事岗位上。此时，他想，如果当初去了西北一线，此时或许正在风雪中鏖战吧。

陆经推了推他："嗳，怎么发呆呢？该你下笔写诗了，我们都写完了。"

欧阳修恍如梦中，顿时清醒过来，拿起其他几位同僚写的诗看了看。

瑞雪丰年……国泰民安……

你们说什么呢？

强敌压境，你们咋还在歌功颂德呢？咋还在歌舞升平呢？咋还在醉生梦死呢？

欧阳修离席来到案前，饱蘸浓墨，一气呵成，写下了《晏太尉西园贺雪歌》。

其中最后四句是：

> 主人与国共休戚，不惟喜悦将丰登。
> 须怜铁甲冷彻骨，四十余万屯边兵。

晏殊来到案前，认真读这位得意门生的诗作。

前面还马马虎虎，可越到后面越不对劲。你这是什么意思？

当读到最后四句时，晏殊的脸唰地变成猪肝色：欧阳修，你到底是几个意思啊！

漫天飞雪时，宴饮赋诗本是浪漫至极的事情，你欧阳修在诗中语含讥讽，说我作为掌管大宋军事的大臣不该悠闲赏雪饮酒，而应想到西线边关戍卒的冷暖生死。这等简单的道理需要你这个学生辈的人来教吗？私下劝劝也罢，你竟然写到诗里去，这里满座文人雅士在场，明天还不传遍开封啊？！你说不该喝酒，可你不是来了吗？还带上了几个好朋友。你欧阳修也太矫情了吧！

这酒没法喝下去了，晏殊虽然隐忍不发，但哪里还有兴致？不欢而散！

事后，晏殊越想越觉得难以理解，曾经对人说："唐代的韩愈也是能诗善文的大才子，他每次参加宰相裴度的宴会，只不过写些'园林穷胜事，钟鼓乐清时'这样的应景诗句，从来不曾像欧阳修这样瞎胡闹！"[87]

这件事情发生后，两人的关系产生了严重裂痕。

后来，晏殊有一次指着韩愈的画像说："你们看啊，这个人好像欧阳修，说不定欧阳修就是他的后人。说实话，我觉得欧阳修的文章的确写得很好，可做人嘛，呵呵！"

而欧阳修也曾针锋相对地说："我的晏老师啊，小令写得最好，诗次之，文又比诗差。当然，这还不是他最差的，最糟糕的是为人。呵呵！"[88]

或许晏殊心里想：我好歹是你的座师，你欧阳修端起碗吃肉，放下碗骂娘，这也太过分了！

欧阳修也许在心里说：吾爱吾师，吾更爱真理！

晓春每每读到此处，便不免唏嘘不已，看看两位大文豪，说话火药味十足，这哪里还有一点师生之情？又哪里看得出一丁点提携之恩？人啊！

公允地看，前线战事正酣，身为国防部长的晏殊竟有赏雪饮酒之雅兴，着实略嫌轻松有余。但欧阳修身负天下文名，清楚其诗将传之四海，仍在诗中写"晚趋宾馆贺太尉，坐觉满路流欢声"、"小轩却坐对山石，拂拂酒面红烟生"、"主人与国共休戚，不惟喜悦将丰登。须怜铁甲冷彻骨，四十余万屯边兵"等内容，必然导致晏殊陷入百口莫辩的境地，甚至招惹台谏关注。这显然不是一个以门生自居的人所应该做的，你可以直言劝诫，但何必报以诗词传诸朝野呢？

当然，欧阳修向来"论事切直"、"平生与人尽言无所隐"[89]，性格如此，或许不宜以常理而论。我欧阳就是这样有个性的人，你们看着办吧！

好在当时没有微信、微博，这件事情没有发酵和大面积传播，小范围议论议论算过去了。

8. 翁婿争执，良苦用心谁人知

转眼间到了庆历二年（1042）正月，晏殊受命撰写《御飞白书记》。

说起来，这也是晏殊深感荣幸的事情。

飞白书又称"草篆"，是一种书写手法特殊的字体，因横竖笔画丝丝夹白，飞笔断白，燥润相宜，故称飞白书。宋太宗、宋真宗、宋仁宗均对别具风韵的"飞白书"情有独钟，所以盛极一时。

晏殊在书法方面是行家里手，他的书法作品曾被收入《群玉堂法帖》。尤其对"飞白体"颇有研究，写过《飞白书赋》、《御飞白书扇赋》、《谢赐飞白表》等文，此次奉诏写《御飞白书记》是实至名归，当然也是身为宰执的荣誉和待遇。

三月中旬，朝廷放榜，杨寘、王珪、韩绛分别斩获状元、榜眼、探花，而王安石为第四名，吕夷简的儿子吕公著、晏殊的外甥李冕、苏绅的儿子苏颂等人一并金榜题名。

关于杨寘和这次科考，宋人笔记中记载了一些细节。

殿试之前，杨寘已连续获得州试、省试的第一名，因此信心满满，准备冲击状元。

在殿试正式放榜前，杨寘让哥哥杨察向晏殊打听自己的名次。晏殊第二天入朝，看见杨寘已经被初定为第四名，便告诉了女婿杨察，杨察又让人悄悄地告诉杨寘。

当时，杨寘正和一伙人在酒楼喝酒，听说后，拍案大叫："不知道哪头蠢驴夺了我的状元！"

到了皇帝亲自审卷的时候，主考官将第一名王安石的试卷呈上。

宋仁宗一眼看到试卷中有"孺子其朋"几个字，很不高兴地说："这句话犯忌了，不可以点为状元。"

至于这句话犯了什么忌，宋仁宗没有明确说。

为此，后人众说纷纭，较为集中的有两种意见。

一种意见认为此话冲撞了少年登基的宋仁宗。"孺子其朋"出自《尚书·周书·洛诰》，原文为"孺子其朋，孺子其朋，其往"。本来是周公对周成王说话的口吻，大意是：你这年轻的小孩啊，今后和群臣要像朋友一样和谐相处。试想，宋仁宗十三岁登基，说不定太后刘娥就以此语气说过类似的话，他一看到这句话或许就会想起刘娥那张颐指气使的面孔。

另一种意见认为这句话触动了宋仁宗心中的痛点。当时，朝堂上党争激烈，甚至公开结党，这几个字刺痛了宋仁宗。

到底是什么原因已经不重要了，贵为天子，没有任何理由也可以把王安石即将戴上的状元桂冠敲掉。

而第二名王珪、第三名韩绛都是在职官员，按照规定不能点为状元。

于是呈上第四名杨寘的试卷，宋仁宗高兴地说："就点杨寘为状元吧。"

然后，把王安石定为第四名。[90]

王安石事后按照惯例拜访晏殊。晏殊对这位临川老乡颇为青睐和客气，并赠予"能容于物，物亦容矣"两句劝诫语。

接下来的几个月，晏殊很是轻松。

为什么呢？

西北战场烽火暂熄，他这个国防部长身上的压力顿时消解。虽然依然忙碌，但无非案牍劳形、举贤荐能、吟诗作词、宴饮郊游而已。

可惜，这种悠闲的日子没有维持很久。

这年七月，知谏院张方平建议废除枢密院，将枢密院主管的军事并于中书。

在此之前，富弼也曾建议宰相兼任枢密使，当时宋仁宗虽然也认为"军国之务，当悉归中书"[91]，但只是下令让宰相同议枢密院事。

这次，专司规谏朝政缺失的张方平一不做二不休，直接建议把枢密院裁撤，相关职能并归中书，才能不足的枢密使、副使予以罢免。

看来，这个张方平是一个狠角色。

当然！他是北宋能臣，名标青史。

那年晏殊为长女选择郎君时，除了富弼，张方平是另一位候选人，《宋史·张方平传》称其"慷慨有气节"，深得宋仁宗器重。

二十天之后，宋仁宗下旨，宰相吕夷简判枢密院事、宰相章得象兼枢密使、晏殊同平章事。

"判"字在这里是什么意思？

以高位兼任低职或出任地方官称为"判"，以皇帝近属而官尊者也称为"判"。

意思很明确，吕夷简才是枢密院真正的一把手。

晏殊虽然获任同平章事、授检校太尉[92]，班护国军节度使左仆射兼侍中张耆之上[93]，貌似风光，但实际上成为吕夷简的副手，不再是枢密院的老大了。

吕夷简可不是一个简单的人！

如果用最简单的话来描述他，晓春告诉你，他是大宋昭勋阁二十四功臣之一。

昭勋阁二十四功臣是怎么回事呢？

南宋理宗宝庆二年（1226），朝廷把曾对大宋做出重要贡献的二十四位功臣的神像供奉在昭勋阁。这些人无一例外全部是彪炳青史的名臣，具体名单为：赵普、曹彬、薛居正、石熙载、潘美、李沆、王旦、李继隆、王曾、吕夷简、曹玮、韩琦、曾公亮、富弼、司马光、韩忠彦、吕颐浩、赵鼎、韩世忠、张浚、陈康伯、史浩、葛邲、赵汝愚。[94]

在宋朝历史上，吕夷简家族相当惹眼。

吕夷简是宋初名相吕蒙正的堂侄，而他的第二个儿子吕公弼在宋神宗时官至枢密使，第三个儿子吕公著是宋哲宗倚重的宰相。他的七世孙吕祖谦、吕祖俭则是青史垂名的南宋大儒。

牛人吕夷简才智过人，而且极有政治手腕，时人对他褒贬不一。但整体看，正面评价相对居多。

晓春觉得，《宋史》对他的评价很是到位，用当下的语言来说，大致意思是：

吕夷简同志执掌大权最久，虽然多次被人弹劾攻击，但宋仁宗对他一直厚爱有加。当然，即使吕夷简当初排挤的官员，也很快会重新起用，不至于最终还没有好结局。这位老兄处理天下大事，能屈能伸，舒展自如，那是相当地有政治手腕哦！[95]

但不管如何，吕夷简排斥、打击异己也是不争的事实。

谏官蔡襄说："吕夷简执掌大权后，谁反对他，他就把谁干掉。譬如曹修古、段少连、孔道辅、杨偕、孙沔、范仲淹、余靖、尹洙、欧阳修这些人，要么贬谪到千里之外，要么一脚踩住，几年不得动弹。他狐假虎威，借皇帝的威权，贬逐忠贤，无非让大家依附到他的身边。"[96]

此外，吕夷简与名相王曾交恶也颇为后人所诟病。

本来嘛，别人家的闲事谁都不愿管，你吕夷简和王曾吵翻天关我等什么事？你王曾政声好，名列昭勋阁二十四功臣之一，人家吕夷简也是嘛，怎么可能不分青红皂白把吕夷简大骂一顿呢？

那是什么原因导致大伙儿众口一词批评吕夷简呢？

对吕夷简来说，王曾如同打灯笼难寻的伯乐，有全力举荐之功。可吕夷简前恭后倨，后来和大恩人王曾闹掰了，水火不容，最后两人一同罢相。这不是白眼狼吗？

我们先来看看王曾当初是怎么拼了命帮吕夷简的吧。

天圣六年（1028）二月，次相张知白病逝，朝廷开始物色宰相人选。

首相王曾推荐吕夷简，而枢密使曹利用推荐张士逊。

皇太后刘娥觉得张士逊排位在吕夷简前面，想提拔张士逊。

王曾说："选择宰相要看他的才能，不该看资历排位。"

可就在太后准备听取王曾的意见任用吕夷简时，吕夷简上疏说："皇上做寿春郡王时，张士逊就在身边侍奉，而且品德高尚，请先任用张大人吧。"

硬是把位子让给张士逊了，赢得了刘娥的高度评价。[97]

天圣七年（1029）正月，曹利用被罢免枢密使。二月，张士逊被罢免次相职务，由吕夷简接替。

而吕夷简能够这么快接任，又是王曾使用"激将法"的结果。

在罢免张士逊之前，王曾对刘娥说："太后，您不让吕夷简担任宰相，在我看来，就是不想让他排位在枢密使张耆上面而已。我就看不懂了，他张耆一个武夫出身的赤脚佬，凭什么阻碍贤臣到这个地步？！"

刘娥见王曾火气这么大，便说："我没有这个意思，那就让吕夷简做宰相嘛。"[98]

怎么样，王曾同志为了把吕夷简拉上来，算是使出了浑身解数吧！

吕夷简担任次相几个月后，王曾因原则性强得罪了刘娥。于是，在玉清昭应宫发生火灾后辞职，外放青州（今山东青州市）。

景祐元年（1034）八月，首相吕夷简为了对付次相李迪，推荐王曾担任了枢密使。

次年二月，王曾在吕夷简的帮助下，接替李迪成为集贤相，即次相。

不难看出，这个时候仍是这对好朋友的蜜月期。

可惜的是，相知容易相处太难！

仅仅两年之后，两个人彻底闹掰了，互相攻击。

据史书记载，原因是"夷简专决，事不少让。曾不能堪，议论多不合"[99]。意思是说，身为昭文相即首相的吕夷简大权独揽，分毫不让，被逼到墙角的王曾难以忍受，牢骚话很多。

就凭这个结果，大伙儿不说你吕夷简是白眼狼才怪呢！

话说回来，人品归人品，吕夷简的精明能干是谁也无法否认的。

晏殊这些年的确很跑火，屡获圣眷，飞黄腾达。但毋庸讳言的是，他的政治根基、掌控能力、政治手腕均不能和吕夷简相提并论。

事实上，晏殊一直把吕夷简视为师长，当年宋仁宗责怪晏殊写李宸妃墓铭不实时，吕夷简曾经极力为晏殊辩解，晏殊对此心存感激。

可以想见，让吕夷简同时执掌中书和枢密院，晏殊不至于心怀不忿。

不过，晏殊很快遭遇了一个难题，他最为看重的女婿富弼和吕夷简发生了激烈冲突。

庆历二年（1042）七月，担任右正言、知制诰的富弼与贝州（今河北清河县）知州张茂实再次奉旨出使大辽。

当时，吕夷简传达了宋仁宗的旨意，由富弼起草答契丹国书及誓书，总共国书两份、誓书三份。明确：如果和亲则不送金帛；如果契丹能让西夏国重新归顺纳款，则每年增加金帛二十万，否则只增加十万。

富弼上奏请求在誓书内增加三项内容：一、两国边界的塘淀不得再扩展；二、双方不得无故添驻兵马；三、不得收留各种逃亡的人。

为避免出现意外，富弼请求誊录副本带着出行。

宫中派出的使者连夜携带国书、誓书及副本，在武强（今河北武强县）地界追上富弼一行，完成交接。

富弼走到乐寿（今河北献县）时，觉得所增加的三项内容，都是与契丹事先约定的，万一誓书上的内容不同，他们必定生疑，自己将陷入危险境地。

于是，他私下打开副本看，果然发现誓书与原先的约定不一致。

面对这么重大的变故，他当即上疏奏报。又派下属宋诚、蔡挺到中书去报告执政大臣。

宋仁宗急于了解具体情况，立即召见蔡挺，解释说那三项内容只能口述。

富弼觉得，这是宰执想改变自己与契丹的约定，当即将出使大辽携带的礼物等交给张茂实，快马加鞭疾驰到京师。

费尽周折后，富弼连夜见到了宋仁宗，说："执政大臣这样做，是想置我于死地。我死不足惜，但国家大事怎么办！"

宋仁宗紧急召见吕夷简等宰执询问，吕夷简从容地说："这只是失误而已，会改正。"

富弼怎么肯相信？分毫不让，责怪吕夷简。

晏殊在一旁解脱说："吕相公绝不会这样做，真的只是失误。"

富弼见晏殊不帮自己，反而为吕夷简开脱，火冒三丈，说："晏殊，你这个奸佞，与吕夷简结为朋党欺骗陛下！"

宋仁宗见事情越闹越复杂，赶紧下诏，让翰林学士王拱辰改写誓书。[100]

富弼怀疑吕夷简想加害自己绝非捕风捉影，他知道自己在谏官和知制诰岗位上多次得罪过吕夷简，而吕夷简是一个睚眦必报的人。

了解吕夷简，并且为富弼着急的人，还有欧阳修。他直接上疏，引用唐朝奸相卢杞推荐颜真卿出使叛军李希烈的故事，明确说吕夷简想加害富弼。[101]

现在看来，欧阳修的担心并非多余。

晏殊当然不傻，但身为富弼岳父的他只能选择"和稀泥"，否则和女婿绑到一条战船上，意味着和强大的吕夷简集团撕破脸皮。

宦海沉浮三十多年的阅历、经验告诉他，此时吕夷简深得圣眷，且手腕高明、根深蒂固、结党连群，真的发生你死我活的派系争斗，自己和富弼会惨败而归。何况，自己和吕夷简一直相处得不错，当年吕夷简在关键时刻帮过自己。他只能选择站到吕夷简一边，帮着开脱。毕竟女婿是自己人，稍加解释即可冰释前嫌。权衡利弊，即使女婿破口大骂，也只能如此啊！

此举符合中年晏殊虑事周密和圆融的风格。

而恰好相反，富弼从来遵从自己的内心，好善嫉恶不加掩饰，是一个愿意为真理献身的人。[102]何况，此时他只有三十多岁，血气方刚，不善于把握"得饶人处且饶人"的处世诀窍。

事实上，翁婿为人处世的观念差异很大。富弼出使契丹时，因大宋对契丹是否使用"献纳"二字，几乎拼尽性命拒绝，可晏殊轻而易举地建议朝廷予以妥协，同意用"纳"字[103]，让富弼大出意外，甚至愤懑。

单单从性格、生活习惯和人生观、价值观看，晏殊可能和二女婿杨察更接近。宋人笔记说，富弼来见晏殊，两人无非整天在书房叙话聊天，简单吃饭了事。而杨察过来则不一样，美酒佳肴、歌伎舞女一起上。以至于不少人为富弼打抱不平，觉得晏殊的两个女婿名位相当，可晏殊把杨察看得更重。[104]

在晓春看来，以晏殊对两位女婿的招待方式推断，说晏殊更看重杨察，显然有误。

做这个判断之前，你得先了解富弼是什么性格的人。

《宋史·富弼传》明确说富弼"性至孝，恭俭好修，与人言必尽敬，虽微官及布衣谒见，皆与之亢礼，气色穆然，不见喜愠"。

你想想，这么一个"孝"字当头、俭朴自律、一本正经、礼节肃然的大臣，怎么可能与自己的泰山大人同享声色犬马之乐?!

晏殊正是了解富弼，才这样接待富弼。

9. 登顶拜相，高处不胜寒

庆历二年（1042）九月，宋仁宗下诏吕夷简改兼枢密使，而不再"判枢密院事"。

原因很复杂，但最奇葩的一个说法是"老天不同意"。

怎么这样说呢？

据说，宣布吕夷简执掌枢密院时，开封城黄雾四起，阴霾终日不散。古人向来重视天象，很多皇帝把天灾看作上苍对自己德行有失的警告。这种鬼天气显然给了吕夷简的政敌难得的口实。

于是，参知政事王举正说，中书、枢密院并称东西"二府"，地位大致相当，"判枢密院"这个"判"字太重了，很不妥当。右正言田况也持类似观点。

不仅如此，吕夷简本人也颇为忐忑，说自己担当不起。[105]

弃用"判"字，改为兼任枢密使，但其实未改变吕夷简执掌两府的格局。

当然，适逢飘摇多事之秋、将寡兵微之时，执掌枢府，主持军事决策是一件风险极大的事情。对晏殊来说，有吕夷简在前面领头未必是一件坏事。

没过多久，大宋的又一场大败仗悄然来临。

历史上把这场战役称为"定川寨之战"。

这年九月，西夏李元昊依谋臣张元之计，发十万大兵，兵分两路攻宋。

宋泾原路经略安抚招讨使王沿命令副使葛怀敏率军阻击。

可惜，葛怀敏既没有听从王沿示弱诱敌、设伏奇袭的指示，又多次拒绝采纳泾原路都监赵珣事关生死的高质量建议。最终在定川寨一带几乎全军覆没，丧师九千四百多人，其中葛怀敏、曹英、李知和、赵珣、刘贺等十六名将领战死。

好在环庆路经略安抚使范仲淹及时率军来援，加之大宋在陕西诸路屯兵达二十万之多，元昊不敢深入，大肆剽掠而还。

前文已经挑明，葛怀敏系王德用的妹婿，也就是晏殊的"连襟"。此次战役大败，主因便是葛怀敏指挥不当。可以想见，晏殊既要承担亲人战死的悲痛，还要面对汹汹不已的舆论压力，这段日子肯定难熬。

事实上，在晏殊担任枢密使之前，葛怀敏已担任泾原路副都部署兼泾原秦凤两路经略安抚副使，他被提拔与晏殊无关。

据记载，葛怀敏被提拔的主要原因是：与时俱进、人情练达，以才能出众获得推荐。[106]

但不管如何，晏殊与葛怀敏的姻亲关系存在，瓜田李下之议难以避免。自古以来，中国就是人情社会，这么近的亲戚关系，不关照关照，谁信啊？

当然，这些烦心事不至于对晏殊的仕途和生活造成实质性的影响。

这年十月，他写了《五云观记》，一逞笔墨快意。而与出知陈州的宋祁书信来往、诗词唱和也是这段岁月司空见惯的事情。

庆历三年（1043）三月，晏殊充集贤殿大学士[107]，与章得象同为宰相。

按照宋朝的官制，以首相充昭文馆大学士、次相（或末相）充集贤殿大学士。晏殊实为排名于章得象之后的次相。而在庆历二年七月，他已经以枢密使加同平章事，即获任"枢相"，还被封为"临淄公"。

这是晏殊一生仕途的巅峰。

此时，吕夷简罢相淡出一线，主要负责监修国史。晏殊和章得象成为宋仁宗最为倚重的大臣，而他女婿富弼也被封为枢密副使，只是富弼坚辞不受。后来，富弼改任官阶正三品的资政殿学士，妻子晏氏获封宜春郡君。

大宋政治制度较为成熟，即使位极人臣担任宰相，所作所为也要经得起检验，否则很难躲过台谏的法眼。

当年五月，朝廷叫停晏殊推荐的凌景阳、枢密使夏竦推荐的魏庭坚、吕夷简推荐的夏有章召试学士院。原因是谏官王素和欧阳修提出了反对意见，欧阳修向朝廷递交了《论凌景阳三人不宜与馆职奏状》。

凌景阳是晏殊岳父李虚己的好友凌策之子，晏殊出面推荐在情理之中。

谏官们反对凌景阳的理由是什么呢？

史书上说是"结婚非类"[108]。

什么意思？

说实话，晓春读到此处，立即被雷到了。管得够宽！什么叫"非类"，人家凌景阳难道和一只母猴结婚吗？要么就是没有和一个圈子的人结婚？问题是怎样才算一个圈子的人？一个圈子的人指官宦家的闺秀还是富家小姐，抑或小家碧玉甚至贫寒女子？

为了搞清具体原因，晓春翻阅了不少资料。

欧阳修提出反对的理由，是凌景阳以欺瞒手段娶了一个富家女子。[109]

原来，凌景阳为了和开封富豪孙美女结婚，隐瞒了五岁年龄，被视为贪图钱财。结婚后，凌景阳才发现，孙美女是资深美女，足足隐瞒了十岁年龄。真是强中自有强中手啊！这就是"男瞒五女瞒十"掌故的来历。

据说，宋仁宗听到这个奇葩故事，狂笑不止。[110]

问题是，她甘心我愿意，我凌景阳喜欢找个熟女，碍着你欧阳修什么事了？！

欧阳修说：这事我管定了！谁让你是官员呢？

认倒霉吧，谁让你碰上欧阳修呢！

晏殊也没办法，你是人家的座师没错，可人家坚持原则不给面子，你也没辙啊！

对于这个结果，他必定五味杂陈。

而两个月之后的一件事令他更加烦心，让他勃然大怒者是曾经得到他提携的韩琦。

当时，虽然宋夏两国暂息兵火，但元昊不肯轻易称臣，目的就是要以此为筹码，向大宋要钱要绢要茶。

中书、枢密院厌战，准备退让，但时任西北一线军事主官的韩琦坚决不同意。

晏殊便对宋仁宗说："大家的意见达成一致，唯独韩琦有不同意见。"

宋仁宗征询韩琦的意见，韩琦把理由逐条说出来。

宋仁宗举棋不定，说："那大家再认真审议一下，怎么样更好。"

等到了宰相办公室，韩琦依然坚决反对，晏殊忍无可忍，怒形于色。[111]

韩琦素来个性张扬，况且此时是年仅三十五岁的"愣头青"，根本不在乎你晏殊的脸色和感受，即使你曾经提携他。

以晏殊宦海沉浮四十年的阅历，本来早已变成一个喜怒不形于色、圆融、练达之人。可面对坚持己见的"愣头青"，他又恢复了年轻时"刚峻狷急"的个性。

这只能说明一点，适逢多事之秋，大宋的宰相实在不好当啊。

如果你感到痛苦却无可奈何，那么请把问题交给万能的时间。

一个月之后，晏殊的心情又变得十分愉悦。

八月，他的女婿富弼再次被任命为枢密副使。

晏殊以富弼是其女婿的理由请求避嫌罢相，被宋仁宗拒绝。接着，又请求解除自己兼任的枢密使的职务，宋仁宗仍然没有同意。[112]

各位，你们几曾见过老岳父做宰相兼枢密使，而女婿做枢密副使、同为宰执的旷世奇观？可人家晏殊、富弼做到了！

凭什么？

凭翁婿两人自己的真本事。当然，更重要的是宋仁宗对晏殊、富弼宠信有加。

紧接着，另外一件喜事来临。

晏殊的好朋友宋祁以龙图阁直学士知杭州，可还没来得及动身，又被留在朝廷担任皇帝的大秘——翰林学士。

晏殊和宋庠、宋祁兄弟关系一直很好，尤其和宋祁来往密切，几天不互通书信或诗词唱和就心里不爽，寝不安席，食不甘味。按照时兴的说法，他们是标准的好朋友！

这次，宋祁能当上翰林学士，晏殊毫无疑问帮了大忙。

为此，宋祁写了一封信，明确表示，感谢晏殊的帮助。原文有"尚赖仁人持衡，至公御侮。纳之德宇，非有他肠。幸终大庇之私，使无中道之弃"等文字。[113]

话说回来，作为有翰林学士任职经历的人，晏殊深知皇帝大秘有多么大的能量，他巴不得皇帝身边多有几个铁哥们。

种种迹象表明，身居相位的晏殊深得圣眷，红得发紫。

譬如，宋仁宗给晏氏家庙钦赐亲笔题写的"衮绣堂"。

譬如，宋仁宗的儿子荆王赵曦夭亡后，宋仁宗忧心忡忡，让晏殊找风水师、星象师、面相师咨询皇储方面的事情。毕竟，情况太糟糕了，宋仁宗此前三个儿子先后夭亡，现在荆王又死了。宋仁宗几乎要崩溃了！

譬如，晏殊生日时，宋仁宗赐以生日礼物，并且钦派晏殊的外甥杨文仲前往。生日赐以礼物，已是皇恩浩荡，派遣晏殊的外甥前往，尽显君臣之情外，还有深厚的私谊。

即使仁宗的恩宠如日中天，晏殊依然保持圆融、周慎的作风。为此，名臣石介作《庆历圣德颂》称赞晏殊"重慎微密"。

同时，在生活上，晏殊力求节俭。他在《答赞善兄家书》中写道："殊家间仆吏等，直至今两日内破一顿猪肉，定其两数，或回换买他鱼肉，亦只约猪肉钱数，以此可久。"堂堂位极人臣的宰相，面对浩荡皇恩，吃肉吃鱼还这么克制，又是规定频次，又是约束分量，实在不容易。够节俭！够低调！够清醒！

问题是，谨小慎微、克勤克俭、藏锋敛气便能免祸于朝堂吗？

答案是否定的。

置身党争激烈的北宋朝廷，晏殊不时感受到寒风凛冽。

复杂啊，不是一般的复杂！庆历新政如同一阵飓风，而身为宰相的晏殊毫无疑问站在风口，稍有不慎，就会惹祸上身。

只是，谁也想不到，他仕途的第三次被贬谪，竟然因其门生欧阳修

五 人之将老，暮年心事许沙鸥

世事沧桑心事定，胸中海岳梦中飞。祸起萧墙，无妄之灾，可这又算什么呢？不必在乎是和非，人生得意须尽欢。不必害怕迁徙多地路途远，不必害怕旧人凋零知音少，且将心事许沙鸥。

1. 外放颍州，得意门生惹的祸

庆历四年（1044）正月初一，晏殊邀请同僚好友若干，在家中后花园相会，填词作诗。

大过年的，处处是喜庆的氛围，兴之所至，觥筹交错，飞觞醉月。

酒酣耳热之际，晏殊铺纸蘸墨，挥笔写了一首《木兰花》：

> 东风昨夜回梁苑，日脚依稀添一线。
> 旋开杨柳绿蛾眉，暗折海棠红粉面。
> 无情一去云中雁，有意归来梁上燕。
> 有情无意且休论，莫向酒杯容易散。

这首词上片四句以形象化的笔触描绘东风初来的美好景象，下片四句写宴饮，不直接写如何劝酒，但融入了雁去燕归的景物，衬出尽情欢饮的主题。

见晏殊一气呵成写就华章，大家纷纷离席磨墨，构思写作。

在宰相家里又吃又喝的，嗨得不行，那动笔填词理所当然要给晏殊面子。于是，大家都以"东风昨夜"起句。

很快，以"东风昨夜"四字起句的几首词呈现在大家眼前，其中一首为[114]：

东风昨夜传归耗，便觉银屏寒料峭。
年华容易即凋零，春色只宜长恨少。
池塘隐隐惊雷晓，柳眼初开梅萼小。
尊前贪爱物华新，不道物新人渐老。

据学者考证，这首《木兰花·东风昨夜传归耗》与欧阳修《玉楼春·风迟日媚烟光好》仅有开头两句不同。《玉楼春》前面两句为"风迟日媚烟光好，绿树依依芳意早"，后面六句与《木兰花》完全一样。也就是说，欧阳修肯定参加了此次宴饮。词句略有不同，要么是欧阳修后来有所修改，要么是他拿自己以前的作品略加修改来应和。

从这些情况看，晏殊和欧阳修的关系尚不算糟糕。

庆历三年（1043）三月，晏殊拔擢欧阳修为太常丞并知谏院。当年十二月，欧阳修以右正言、知制诰，依旧修起居注，知谏院事。三个月之后，兼判登闻检院。

怎么样，够火的吧！类似于一身兼任纪检监察、办公厅多个职务，还负责最高检察院的工作。

可仅仅几个月之后，晏殊、欧阳修之间嫌隙丛生，乃至一度势如水火。

事情因什么而起呢？

欧阳修的性格相当耿直而执拗。他做谏官以来，马不停蹄，大刀阔斧，干掉了不少官员。

譬如，弹劾杜曾与其嫂子的婢女通奸生子，以至于杜曾被贬知曹州（今山东菏泽市）。不久后，杜曾自缢而亡。[115]

譬如，弹奏参知政事王举正才不配位。

譬如，上疏阻挠凌景阳、夏有章、魏庭坚参加馆试。

这些还只是小儿科。

欧阳修持续把矛头直指吕夷简，说他"招权收恩"[116]，以至于吕夷简屡次提出辞职。

而这还不算最致命的。几个月后，欧阳修居然大大咧咧地写了一篇《朋党论》，坐实风口浪尖之上的结党之议，一时朝堂大哗！

此时的晏殊圆融、闲静、平和，很难理解欧阳修激进的行为。何况，很多时候，欧阳修连晏殊的面子也不管不顾，言辞激烈。

此时，晏殊再不和欧阳修切割，岂不是变相承认自己和欧阳修结党？毕竟，当初是晏殊拔擢欧阳修的啊。

于是，晏殊将欧阳修外放为河北都转运使。

欧阳修的同僚纷纷上奏，要求将欧阳修留在朝廷，晏殊没有同意。

为此，孙甫、蔡襄等谏官矛头一转，直接指向晏殊。你做座师的不仁，休怪我们做学生的不义。你想学诸葛亮"挥泪斩马谡"，我们只好把你这个诸葛亮也灭了。谁贬谪参与"庆历新政"的官员，谁就是反对派、保守派，我们决不留情。

他们弹劾晏殊的切入点是老调重弹的"李宸妃墓铭"事件和微不足道的"役兵治产"事件。[117]

按理说，晏殊没有什么大错误，几个谏官无法掀翻他。可各位要注意，此时谏官集团势力如日中天，他们联手起来，杀伤力不可想象。

为什么谏官有那么大的能量？

原因很简单，他们是皇帝的嫡系。

汉唐时期，谏官的职责是纠绳天子。而到了宋代，谏官脱离了门下省，独立出来，成为皇帝的嫡系，负责督查纠正宰相等文武百官。

我们知道，御史台本来就是监察文武百官的。现在，谏官的目标也是文武百官，尤其宰执。这样，不乱成一锅粥才怪！

蔡襄上疏说，我看晏殊同志做了枢密使又做宰相，可前后几年，没为国家出什么奇谋异略。倒是在蔡河岸边，假借名目，私占官地，盖房子出租。尤其恶劣的是，除正常役使兵匠外，还从外州调取兵士劳作，日夜操劳，搞得怨声载道……现在内外人心忧危不定，晏殊作为辅相，既不能有什么高明手段，又私占官地，役使军士操劳，只为每天收取租房的几十吊钱，这样的人怎么能在朝堂上立足？请皇上为祖宗社稷和天下生灵着想，尽快做出英明决断，罢免早已失职而损公肥私、胆大妄为的晏殊，另外选拔贤才，以救时弊。[118]

事情本来很小，但经过蔡襄这么一折腾，看起来还真不是小事。蔡襄甚至在奏折中举例说，唐高宗朝中书令褚遂良及宋太宗朝宰相宋琪因类似的事情被贬官。

各位，看来自古以来房事就是大事啊！盖房子出租也得小心哦。

众所周知，宋朝是我国古代政治、经济、文化发展的鼎盛时期。陈寅恪先生说："华夏民族之文化，历数千载之演进，造极于赵宋之世。后渐衰微，终必复振。"

盛世的特征是政治制度成熟、经济繁荣、文化兴旺、思想多元……还有高房价。

北宋的房价有多高？且看首都开封。

吴钩先生在《原来你是这样的宋朝》中举例说很多文人、高官迫于房价太高，只能租房居住，包括欧阳修，苏门四学士秦观、张耒、黄庭坚、晁补之等人。而兼高官、大文豪于一身的苏辙竟然也是租房族。

当过御史中丞（相当于现在的中央纪委书记）的苏辙，也是在京师买不起房子，一直住在出租屋。为此，他多次在诗中自嘲："我生发半白，四海无尺椽"，"我老未有宅，诸子以为言"。他的朋友李廌乔迁新宅，苏辙写诗相贺，同时表达了他的"羡慕嫉妒恨"："我年七十无住宅，斤斧登登乱朝夕。儿孙期我八十年，宅成可作十年客。人寿八十知已难，从今未死且磐桓。不如君家得众力，唶嗟便了三十间。"直到晚年，苏辙才在二线城市许州盖了三间新房，喜难自禁，又写了一首诗："平生未有三间屋，今岁初成百步廊。欲趁闲年就新宅，不辞暑月卧斜阳。"

作为堂堂御史中丞，苏辙尚且租房，可见租房族人数规模庞大，而出租房子显然利润丰厚。

你身为宰相，私占官地，还役使外州兵士劳作，只为盖房子出租。这说起来的确不好听。而更为致命的是，谏官孙甫等人还翻起了当年李宸妃碑铭旧事，挑动宋仁宗早已忘却的旧恨。

问题严重了，当时欧阳修、蔡襄、孙甫、余靖素以危言谠论称名一时，他们俨然就是清流的代表、民意的代表，你宋仁宗能不妥协吗？

很快，晏殊被谏官们的组合拳打倒在地，罢去相位，外放颍州（今安徽阜阳市颍州区）。

虽然也有不少人为晏殊喊冤叫屈，可这又有什么用呢？一丝安慰而已。

此时，晏殊五味杂陈，仰天长叹。

欧阳修、孙甫、蔡襄都是他天圣八年（1030）知礼部贡举时的门生弟子，现在他却被得意门生掀翻在地！

这该是多么痛彻肺腑！

也许在无数夜深人静的晚上，他会不断地追问：为什么师生之间会反目成仇？到底谁是谁非？！自己真的错了吗？

晓春以为，撇开政见是非不论，晏殊与欧阳修之争是性格之争，也是阅历之争。晏殊看不惯欧阳修种种锋芒毕露、刺刀见红的做法，而欧阳修等人也看不惯晏殊四平八稳、权衡利弊、是非不分的处世哲学。

当然，宋人笔记中有另外一种说法，认为晏殊罢相主要因"八大王"赵元俨的建议。

有一次，八王爷赵元俨病得不轻，宋仁宗亲自前往病榻看望和问候。

八王爷问："为叔好久不见皇上了，也不知道现在谁做宰相？"

宋仁宗回答说："晏殊。"

八王爷一惊："此人名字触犯图谶预言，皇上怎么还用他为宰相呢？"

宋仁宗回去后，当即到秘阁查找那本图谶预言书，果然看到了事关大宋兴亡的说法，便准备狠狠地贬黜晏殊。

奉命草拟制词的是翰林学士宋祁，正是晏殊的好朋友，便再三为晏殊说情和争取，最后得以降职做颖州知州。

宋祁在制词中说"广营产以殖货，多役兵而规利"实为避重就轻。晏殊没有被重加谴责，得益于宋祁帮忙。[119]

这种说法曾被《续资治通鉴长编》的作者李焘认定为误，理由是赵元俨这年正月十二去世，而晏殊罢相的时间是九月十二，宋仁宗不大可能过了大半年才罢免晏殊的相位。

但李焘也只是推测而已。细加分析，并不能完全排除这种可能。

皇叔赵元俨所说的"名在图谶"估计指童谣"江南若破，百雁来过"，而晏殊之"晏"恰恰与"雁"谐音。他们哪里知道，二百三十年后，蒙元丞相伯颜率军南下，攻破南宋。"百雁"实际是指"伯颜"。

试想，宋仁宗回宫查看图谶预言书后，无法确认晏殊之"晏"便是

"百雁"之"雁",迁延时日很正常。恰巧,欧阳修外放事件引发谏官之议,宋仁宗结合这两件事情,干脆罢免晏殊相位。

如果真是这样,晏殊因为一件芝麻小事就被罢相反而好理解了。

注意,晓春在这里只是做假设。

晏殊被贬不久,发生了轰动一时的"进奏院事件",此事也和晏殊有些牵连,因为他的外甥李定算是此事主角之一。

当时,进奏院的主要职能,是向地方传达朝廷的政令。日积月累,公文、奏状浩如烟海、堆积成山。

庆历四年(1044)九月,监进奏院刘巽和集贤校理苏舜钦依照旧例,在秋天办赛神会时,将进奏院的废纸卖掉,另外各自凑了一些银两,呼朋唤友下馆子。

酒桌上,大家猜拳行令,吟诗作对,甚至在酒酣耳热之际,召来两名"军伎"助兴。

有美酒,有美女,集贤校理王益柔同学的荷尔蒙骤然升高,他的大脑飞速旋转,想起杜甫的诗句"儒术于我何有哉?孔丘盗跖俱尘埃",又想起杜牧的诗句"跳丸相趁走不住,尧舜禹汤文武周孔皆为灰"……亢奋之际,王同学提笔蘸墨,龙飞凤舞,写了一首《傲歌》,其中有"醉卧北极遣帝扶,周公孔子驱为奴"等狂悖诗句。

王同学,你以为活在唐朝吗?喝酒泡妞不算,还拿周公、孔子开涮!忘记嵇康怎么死的了——"非汤武而薄周孔"!

此事经李定告发后,被御史台严厉查处。天子震怒,参与聚餐的十多名官员全部被惩处,尤其刘巽、苏舜钦被除名勒停。

这个事情闹得太大了!

你李定何必如此呢?

告密者李定是晏殊的外甥,当时担任太子中书舍人。

原来李定事先听说有饭局,提出凑钱参加,但苏舜钦向来看不起非科班、靠父兄功绩步入仕途的李定,便婉言拒绝。

受了奚落的李定越想越气。

这也太伤自尊了!不让老子去,你们也别想好过,老子要把这件事抖搂出来。

此时，御史中丞王拱辰正愁找不到机会收拾"变法派"，惩处时自然不遗余力，以至于沾上边的就被追责处理，文学俊秀，为之一空。[120]

后来甚至连苏舜钦的岳父、宰相杜衍也脱不了干系，被迫下台。

宋诗大咖梅尧臣为此写诗，感叹说："一客不得食，覆鼎伤众宾。"[121]

够形象吧？一个人没资格参与会餐，他便掀翻了沸腾的大锅，伤及无辜。

此事发生时，晏殊已赴任颍州，但他和斗争的双方均有无法割舍的关系。

苏舜钦、刘巽等人的后面，是力主"庆历新政"的范仲淹、富弼等人。而李定客观上大大帮助了保守派，譬如首相章得象、御史中丞王拱辰、右正言兼知制诰张方平等人。

面对此情此景，贬谪颍州的晏殊除了感叹"无可奈何花落去"，又能如何？！

何止别人的事无能为力，自己起起落落的仕途何尝不让他心灰意冷。

他清楚，自己更适合行走在天子身边，而不是主政州府。面对繁琐的州府政事，他不愿意亲力亲为，尽量委于属下，自己意在读书吟词。

有史料说，那段时间，晏殊手不释卷，多数时间在读书，而把行政事务基本交给了颍州推官邵亢。[122]

这样，时年三十四岁的邵亢得到充分锻炼，成为北宋能臣，晚年官至枢密副使。

2. 看淡世事，人生一浮萍

外放颍州的第二年，即庆历五年（1045），晏殊写了一首《临江仙·资善堂中三十载》，从中可以看出他的怀旧情绪和苍凉感慨：

资善堂中三十载，旧人多是凋零。与君相见最伤情。一尊如旧，聊且话平生。　　此别要知须强饮，雪残风细长亭。待君归觐九重城。帝宸思旧，朝夕奉皇明。

这首词上片感叹旧人之"凋零",难得相逢。毕竟东宫旧臣中,晏殊年龄较小,年与时驰,岁月飞逝,很多人已然作古,即使健在者也难得相逢,气氛很是伤感。下片对老朋友发出美好祝愿,情真意切。整体看,这首词沉郁苍凉,风格质朴。

下片既是对友人的良好祝愿,也流露出自己的期许,他何曾不盼望早日"朝夕奉皇明"呢?这时,晏殊并不知道,此番外放,不是三五年就可以回到开封,而是几乎要赔上他整个晚年。

尚可欣慰的是,晏殊人缘相当不错,无论人在哪里,皆有好友上门看望。

晏殊在颍州期间,很有几个有头有脸的朋友前来看望。

譬如梅尧臣,他比晏殊小十一岁,但因为诗歌写得好,名满天下,被誉为宋诗的"开山祖师"。他担任许昌(今河南许昌市)签书判官时,曾专程前往拜访晏殊,而且住了十来天,形影不离,你吟诗我填词,很是快活。

譬如二十八岁的韩维,作为文坛的后起之秀,人家毫不犹豫、大踏步地向资深诗人晏殊靠拢,频频诗词唱和,给略感落寞的晏殊带来了青春活力和安慰。晏殊当时肯定想不到,这个年轻人若干年后成为翰林学士、知开封府,哲宗年间,官居门下侍郎,也就是副宰相。

当然,再好的朋友也不可能朝夕相伴。更多时候,晏殊是作为一名文思泉涌的诗人存在,写下了一组高水平的《渔家傲》。这组词问世后风靡一时,欧阳修、范仲淹纷纷模拟追和,时至今日仍是宋词研究者的关注热点。

我们不妨稍微花点时间,读其中一首:

荷叶初开犹半卷,荷花欲拆犹微绽。此叶此花真可爱,秋水畔,青凉伞映红妆面。　　美酒一杯留客宴,拈花摘叶情无限。争奈世人多聚散,频祝愿,如花似叶长相见。

这首词的重点不是真实的荷花、荷叶,而是歌伎的化妆。湖面上,花叶相衬,美景如画——这是歌伎的装扮给人的联想。宴席上,歌伎劝人饮酒,风情万种。作者突发聚少离多之叹,一朝分别,不知何时再见。结尾,晏殊祝愿有情人像荷花荷叶一样日夜厮守。

虽然也有些伤感,但这首词和前面那首《临江仙》给人的感觉是不是大不一样呢?至少意象鲜艳生动,抒情自然,节奏明快。尤其"频祝愿,如花似叶长相见"扫开了伤感的气息,给人以温暖的感觉。

读罢这组《渔家傲》,晓春不得不相信,晏殊早已看穿人生之短暂,人世间的矛盾无所不在、无时不在,不如抛开一切,及时行乐。

颍州西湖是中国四大西湖之一,另外三家分别是杭州西湖、惠州西湖和扬州瘦西湖。

晏殊常常泛舟颍州西湖,吟诗作词。地方志记载他"饮酒赋诗自若",还在西湖旁建清涟阁,在阁前亲手栽下两棵柳树。

而在宋人笔记中,他不仅"自若",而且"潇洒"。说他曾经以惠山的清泉烹茶,并置以美酒,然后挥毫赋诗:

稽山新茗绿如烟,静挈都蓝煮惠泉。
未向人间杀风景,更持醪醑醉花前。[123]

如此看来,晏殊的精神状态相当不错。虽然他早登仕途,少年得志,但也有随遇而安、自宽自解的旷达胸襟。

当然,作为州府主官,晏殊政事之余不单单有诗词文章和酒,还能遭遇大千世界的奇闻异事。

宋人笔记中曾有晏殊在颍州捉拿"妖人"的详细记载。[124]

一天,有走江湖的民间艺人献演"踏索"杂技。没过多久,艺人突然将粗大的绳子掷向空中。奇怪的事情发生了,大绳子没有跌落到地上,反倒直立起来。更加令人惊讶的是,艺人竟然沿着绳子攀爬而上,快如疾风暴雨,转瞬之间飞空而去,不见踪影。

晏殊当即被惊得险些掉了下巴,太不可思议了!

就在晏殊又惊又吓、百思不得其解时,一名守衙军校告诉晏殊:"不久以前,我曾到边地戍守,见过这样的事情,您只要令人关闭城楼大门,一定能抓获妖人,因为这等妖术不可能这么快逃出州府。"

晏殊听从了建议,告诫兵士说:"只要不是衙门里的老东西,就给我狠狠地砍。"

兵士们搜寻了一圈,没有发现异常。

最后,马院旁一个兵士问:"往常只有五枚系马桩,可现在有六枚,这是怎么回事呢?"

于是,立即用斧子砍过去。斧子刚下去,就听到一个人大呼小叫,终于抓住了那个江湖艺人。

对于这类玄秘离奇事件,晏殊一向比较排斥。因为亲眼所见,他无法否认一些怪异事件的存在,但态度与孔子类似——"子不语怪力乱神"、"敬鬼神而远之"。不管如何,儒家思想对他有根深蒂固的影响,即使坐冷板凳被贬谪异乡。

体现他骨子里儒家思想的,还有他对安贫乐道者的赞誉。

李阳孙是崇仁县人,算是晏殊的抚州老乡,他庆历年间在封州(今广东封开县)担任主簿。三年任满之后,他携妻带子徒步回到崇仁老家,不辞千里之苦。

封州的确是小州,主簿也不是什么大官,相当于现在市政府的秘书长,但清苦至此,一家老小甚至不得不步行千里回乡,还是超出人们的想象。

晓春由此想起范仲淹"卖马迁官"的故事。

大中祥符八年(1015),范仲淹考中进士担任广德军(今安徽广德县)司理参军。这个职位是掌管囚犯、审讯刑狱公事的下层官员,俸禄微薄,加之还要奉养母亲,所以他几乎没有什么积蓄,算是标准的"月光族"。

结果,等到他调任他职时,竟然连路费都不够,只能变卖自己唯一的一匹马,作为行资。[125]

为此,北宋名臣、在宋哲宗朝官至御史中丞的孙觉曾在贬官广德军时写了《广德司理》诗,盛赞范仲淹说:"官小俸禄薄,家居率穷空。卖马以自给,徒步气弥充。"[126]

晓春心想,李阳孙此举或许是效仿范仲淹吧,榜样的力量无穷大啊!

晏殊也被李阳孙深深感动，有一次他们相聚了，在离别之前，向李阳孙赠诗一首：不忍与君别，怜君仁义人。三年官满后，依旧一家贫。[127]

虽然远离中枢、仕途不顺，但这种有诗词有茶酒有知己的生活其实相当惬意。

可就在这个时候，一纸调令下来，让他挪地方。

北宋的地方官普遍实行一年一考、三年一任的任期制度。

庆历八年（1048）春，在颍州工作将近四年的晏殊徙知陈州（今河南淮阳县）。

与颍州相比，陈州距离京城开封更近，但这离晏殊的预期甚远。

可话说回来，面对钦命，身为人臣，除了走马上任，又能如何？

好在这年九月，经晏殊推荐，梅尧臣擢升为国子博士、陈州镇安军节度判官。一对惺惺相惜的文友、忘年交终于再次相逢，可以寸步不离，切磋诗文。

晓春由此想起晏殊当年担任南京留守时的同僚王琪、张亢，正是他们两人陪着晏殊度过了一段诗酒风流的岁月。

一代词宗晏殊怎么容许身边没有舞文弄墨的知己？

果然，梅尧臣任职陈州之后，与晏殊频频唱和，两人尽得诗词之乐。

梅尧臣原本就是久负盛名的现实主义诗人，与苏舜钦齐名，时号"苏梅"，又与欧阳修并称"欧梅"。

于是，梅尧臣的诗、晏殊的词成为陈州最为响亮的文化名片，他们之间的相互砥砺成为美谈，同时使得他们的诗词迅速传播。

宋人笔记中记载了一个神秘故事[128]，可见晏殊词作盛极一时。

那时，陈州有一个名叫"孔大娘"的女妖，每逢昏暗的夜晚，就在鼓腔中和人交谈。她跟人家谈什么我们不知道，只知道她手眼通天，竟然能够预知未来。有一次，晏殊写了一首小令，还没有完全定稿，可孔大娘就能咿咿呀呀唱了。牛吧，不服不行！

这个时期，除了梅尧臣，和晏殊联系较为密切的还有范仲淹。

庆历八年，时任邓州（今河南邓州市）知州的范仲淹将百花洲的图与诗献给晏殊。

第二年，范仲淹徙任杭州知州，途经陈州，特意登门拜访晏殊，诚心诚意地执门生礼。

这对于被贬五年之久的晏殊来说，是一件颇为欣慰的事情。毕竟，此时的范仲淹与他名位相当，而且比他年龄大两岁。

受人滴水之恩而报以涌泉，此乃古之君子所为，范仲淹做到了。

对晏殊而言，奖掖后进是贯穿他一生的习惯性行为，从来没有想从中获得回报。即使在不受宠信的晚年，他也不曾对拔擢新秀有一丝松懈。

譬如，担任颍州知州时，重用邵亢，又推荐邵必担任集贤校理；

譬如，担任陈州知州时，推荐梅尧臣；

譬如，担任许州知州时，留用黄庭坚的老爸、王安石的同年进士黄庶；

譬如，知永兴军时，招纳韩维、黄庶入幕，先后推荐张先、张洞、韩绛为通判；

譬如，任职西京留守时，对郑文宝、傅尧俞充分肯定，帮着传扬好名声。[129]

年近花甲的晏殊，对别人的事情很热心，但自己却参透世事，无欲无求。

庆历八年，宋仁宗突然想起了这位昔日的老师，便问宰相："晏殊这么多年出守州府，从来没听他提什么要求，也不知道他有什么需要？"

宰相把情况告诉晏殊，但晏殊也只是上表向皇上问安，闭口不提自己的要求。[130]

晏殊家族是一个庞大的家族，他本人育有九子六女，况且还有兄弟、堂兄弟、侄子、堂侄、妻舅、外甥若干，怎么可能对朝廷无所祈求？

原因是，此时的晏殊惯看秋月春风，心如古井，花开花落两由之。

当然，宠辱不惊和淡看世事未必等同工作、生活的消极、颓废。

晏殊担任陈州知州时，政绩斐然，后人因此为他立庙纪念。[131]

皇祐元年（1049）秋至皇祐二年（1050）冬担任许州知州时，遇到什么事情当即处理，衙门里从来没有久拖不决的案子，赢得一片赞声。[132]

皇祐二年冬，晏殊以观文殿大学士知永兴军。

这是颇为引人注目的封赏，意味着朝廷基本恢复了晏殊以前的待遇。观文殿大学士指"宰相离任外调，带此职名，以示恩宠；并有备皇帝顾问的名义"[133]，晏殊离开宰相职位六年，方得这个虚衔，可见多么不容易。

真有这么难吗？答案是肯定的。按照北宋的惯例，宰执被言官弹劾后，恢复以前的"职名"相当困难，譬如杜衍被落职后终身再未恢复。[134]

事情要辩证地看，晏殊虽然加"观文殿大学士"衔，但代价不轻——前往远离京畿的边地永兴军。

永兴军是抗击西夏的前方，治所在京兆府（今陕西西安市），与京师开封相距遥远。可想而知，这不是晏殊所希望的。景祐四年（1037）前后，有官伎唱"千里伤行客"，被他严厉呵斥。可现在，自己终于被远放到距离开封千里之外的偏远地域。真是一言成谶啊，世间的谶语总是如此灵验而不可捉摸。

此番外放，在颍州、陈州、许州，自己兢兢业业，恪尽职守，可怎么还是远放边关啊？！

抵达永兴军任上，晏殊只是管一些大事，多数事情授权给属官处理。

此时，他年过花甲，没有体力和心思管那些鸡毛蒜皮的事情了。能够让别人干的，尽量由别人干吧，九州大地离开谁都差不多。放下吧，什么都是浮云！

这段日子，晏殊很少升堂办公，大概十几天才到厅堂和同僚、胥吏见一次面。谁有什么事急着要办，也是由身边的军士转告，再由军士把晏殊的指示传达过来。[135]

无为而治或抓大放小必须有足够的控制能力才不至于乱了阵脚，影响工作。

很多人为晏殊的做法担心：晏大叔，你乐得轻松自在，任由庸官、贪官掌权，耽误了工作，朝廷不会把你这个观文殿大学士怎么样，我们就得背黑锅了！

终于，有一个姓闫的老兄忍不住了，死活要见晏殊。

闫老兄的职务是司理参军，就是范仲淹当年刚出道时干过的岗位，掌管刑狱。

见到晏殊，闫老兄诚恳地说："晏大人，朝廷倚仗阁下德高望重，镇守一方，我等同僚也希望每天瞻望老帅哥您的风姿，聆听您的教诲。现在，我们一干人衣冠楚楚在这里恭敬听命，却只是听从您的贴身军士指挥，无奈他哪里有这么高的威望呢？"

晏殊同志叹息道："你真是我的好哥们，要不然怎么肯教我啊！"

第二天早晨，晏殊又对旁边人说："闫同志刚直而有胆有识，来日前途无量。"

于是，将闫同志向朝廷推荐。[136]

由此可见，晏大叔虽然做不到事必躬亲，但心胸豁达，能够闻过即改。

大多数官员面对下属质问，要么强辞争辩，要么勃然大怒，像晏殊这样低调而洗耳恭听相当难得。况乎，晏殊还因此认为闫参军是个人才，而向朝廷推荐。

俗话说，宰相肚里能撑船。晓春信了！

晏殊大叔不仅仅度量大如海，还实打实改变作风，不再当"甩手掌柜"了。

或许你要问，这样说有证据吗？

当然有，且看晏大爷亲自办案。

有一次，一对老年夫妻来到衙门告状，说女婿用"厌蛊"谋害他女儿。

原来，一个富家子弟和妓女搞到一起去了，准备正儿八经地结婚。男方父母死活不同意，三下五除二帮儿子娶了一个老婆。

于是，这个浪荡公子便向妖人学习"厌蛊"，想用巫术将老婆置于死地。

没过多久，他的老婆果然得病，很快就奄奄一息了。

女方的父母听说后便来衙门告状。

晏殊是一个相信科学的知识分子，对这类鬼怪的事情持怀疑态度，不相信有什么"厌蛊"，问："世上还有这样的事吗？"

通判韩绛建议追查到底。

捉拿嫌疑犯，深入审问后，终于挖出了埋在地下的木偶人，上面写有女方的名字、生辰八字和诅咒词。

晏殊被惊得目瞪口呆，下令让罪犯伏法。[137]

整体看来，晏殊晚年仕途遭到贬谪，但客观上处境并不糟糕。

被贬的这十年，朝廷对他仍然封赏不断。

譬如，皇祐元年（1049），他被迁官加职位"刑部尚书、观文殿学士"[138]。接着，第二年冬天，"祀明堂，迁户部，以观文殿大学士知永兴军"[139]；皇祐五年（1053），"徙知河南府，兼西京留守，累进阶至开府仪同三司，勋上柱国，爵临淄公，食邑万二千户，实封三千七百户"[140]。

凡此种种封赏，说明宋仁宗虽然没有把晏殊召回朝堂，放到身边任用，但基本恢复了他担任宰相时的各种待遇。

对晏殊和晏殊家族来说，这也算是一丝安慰吧！

3. 夕阳西下，江天寂寥旧人稀

即使在晚年被贬谪的时光，晏殊的家庭也生机勃勃。

皇祐元年，晏殊第四子晏知止进士及第。

皇祐五年，晏殊的从孙晏升卿进士及第。

后继有人！这肯定是晏殊晚年感到最为欣慰的事情之一。尽管他自己早已看淡世事，无欲无求，但对于后辈的成功，他仍是由衷地感到欣慰。

此外，和门生欧阳修的重归于好也显示他打开心扉，不再纠结于过往恩怨。

晏殊担任颍州知州时，欧阳修曾经写信《与晏元献公同叔书》，请他推荐荥阳主簿魏广。这件事的结果怎么样没有见到记载。

不过，晓春估计，这封信十有八九被晏殊扔进了废纸篓。

凭什么这样判断？

因为，即使后来迁任许州知州，晏殊也耿耿于怀，处理欧阳修的来信时，颇为不屑一顾。

那时，晏殊当着客人的面，口述几十句话，让文书代为回复。

有人说："晏大叔，人家欧阳是大名鼎鼎的文人，您这样是不是太不尊重了？"

晏殊同志头一扬:"他就是我主持大考时的一个学生,这样足够了。"[141]

晓春据此推测,当时,晏殊尚且没有消除对欧阳修的成见,更不要说任职颍州的时候。

转机似乎出现在皇祐四年(1052)。

这年三月,欧阳修的母亲郑氏去世了,晏殊派遣使者前往吊唁。

后来,欧阳修特意致信表示感谢。你来我往,晏殊、欧阳修之间的矛盾得到了缓解。

看起来,晏大叔事事如意。可是,这貌似如意的生活真的让晏殊忘却了重回两府的愿望吗?

恐怕没有。

晏殊在皇祐三年(1051)写了一首词,或许我们能够从中窥探出答案。

这首词题为《山亭柳·赠歌者》,历来为词论家、学者所关注。

凭什么收获这么高的回头率?

一是因为这首词的写作风格与晏殊以前的词作迥异;

二是晏殊一反常态,把目光投向底层劳动者,为一个遭遇坎坷的陕西歌女代言;

三是晏殊写作此词明显有"借他人酒杯,浇胸中块垒"之意,以抒发自己仕途不畅、壮志难酬以及圣眷不再的感伤之情。

家住西秦,赌博艺随身。花柳上、斗尖新。偶学念奴声调,有时高遏行云。蜀锦缠头无数,不负辛勤。　　数年来往咸京道,残杯冷炙谩消魂。衷肠事、托何人。若有知音见采,不辞遍唱阳春。一曲当筵落泪,重掩罗巾。

我家住在西秦,最初仅靠一些随身技艺维持生计。在吟词唱曲上精益求精,推陈出新。因机缘巧合,我学到了念奴的唱腔,声调高亢,有时甚至能遏止行云。风光的时候,获得钱财不计其数,算是没有辜负我的一番辛劳。可这些年来,我频繁往返于咸京道上,所赚得的只是一些残羹剩饭。可怜我满腹心事又该向何人去诉说呢？若有知音赏识，我不会拒绝为他唱遍那些高雅、动听的歌曲。可也许，唱罢一曲后，我在酒宴上会忍不住当众落下泪来，再次拿起巾帕掩面而泣。

年轻美貌时"蜀锦缠头无数"，年老色衰时"残杯冷炙谩消魂"，这种对比是强烈的。

这首词一反晏殊词作"圆融平静"、"含蓄婉约"的风格，写得激越刚健、深沉悲凉。采用描述、对比等手法，直抒胸臆，将歌女前后经历、遭遇形成强烈对比，具有非常强的艺术感染力。词人在完成对歌女经历记叙及形象塑造的同时，也将自己感同身受的心情及流落异乡的悲戚融入其中。这不单单表现作者对底层平民的深切同情和关心，也是本人对当前处境不满的宣示。

写作这首词时，晏殊应该在永兴军任上，年过花甲。当时，晏殊罢相外放已经七八年了，而回京似乎仍遥遥无期。想起自己遭贬受逐跨时八年，依然看不到尽头，不由得悲从中来，这是要客死他乡的节奏啊？

著名古典诗词研究家郑骞先生在《词选》中认为晏殊这首词是"借他人酒杯，浇胸中块垒"，毕竟"时同叔年逾六十，去国已久，难免抑郁"。

事实证明，晏殊的还朝梦的确遥遥无期，皇祐五年（1053）秋，他以六十三岁的高龄徙知河南府（今河南洛阳市），兼西京留守。

尽管这一次宋仁宗还夹带了其他令人眼红的封赏——"累进阶至开府仪同三司，勋上柱国，爵临淄公，食邑万二千户，实封三千七百户"，但这对于风烛残年的晏殊来说，能有多大的实际价值呢？无非能得到些许心理上的宽慰。

两年前，晏殊的第三任夫人王氏去世了。

而一年前，与他关系最为密切的门生、至交范仲淹病逝于徐州。

八年前，他在颍州时就感叹"旧人多是凋零"，如今自己仍在他乡煎熬，至爱亲朋一个个离他而去，奔赴黄泉。这该让他的内心感到多么疼痛而寂寥！

晏殊以"举神童"踏入仕途，虽有起落，但整体尚属顺风顺水。他的个性以沉谨、周慎、圆融为主，偶见刚峻、狷急。

面对一次又一次的迁徙州府，尤其以六十三岁高龄移任西京留守，他的内心难以平静。我晏殊这么一大把年纪了，小赵官家你怎么还忍心让我四处奔波？难道你忘记了我当年教你读书、陪你玩耍的点点滴滴吗？

说起来，六十三岁还在地方任职的确不容易。可也要看跟谁比，如果晏大叔跨越时空，认识后辈的后辈、抚州老乡张渊微，也许会彻底淡定下来。

一百九十四年后，南宋新城县（今江西抚州市黎川县）张渊微以六十三岁高龄被钦点为状元，依然兴奋异常，感慨之余，赋诗《胪传写兴》[142]：读尽诗书数百担，绿袍今始换蓝衫，嫦娥问我年多少，二十年前四十三。

看看人家，尽管诗书满腹，也熬到耳顺之年才"换蓝衫"，而晏殊三十五岁已官居枢密副使。你晏殊六十三岁急着回到京城安享天年，可人家刚刚开启新征程。

这段时间，晏殊还写过一首七绝《题巩县西门周襄王庙》：

人来人去市朝变，山后山前烟雾凝。
萦带二川河洛水，寂寥千古帝王陵。[143]

我们不难从中窥出晏大叔感叹世事沧桑的悲凉心态。

一个人怕就怕心态不平衡。

晓春前面说晏大叔已然看淡世事、无欲无求，可随着年龄越来越大，而回朝无望，也许晏大叔的心态渐渐失去了平衡，《山亭柳·赠歌者》和《题巩县西门周襄王庙》正是这种心态的折射。

有史料显示，晏殊在洛阳时，"狷急"性格再现。

晏殊在西安时，曾经提拔张洞做办公室主任，后来改任巩县知县。等晏殊调任河南府知府后，又把张洞调到身边工作。当时，晏殊变得很急躁，不能容忍过错，动不动就用刑，身边同僚都不敢劝阻。张洞和晏殊的关系极好，常常一起赋诗饮酒，所以经常出面劝阻晏殊，态度坚决。晏殊也很买账，会听从张洞的意见，而张洞也没有辜负晏殊的知遇之恩。[144]

其实,"狷急"是晏殊性格的特征之一,年轻时尤为严重。

譬如"持笏伤人"事件,譬如"谏阻张耆任职"事件,甚至发生过"打死入室盗贼"事件。

据记载,有一次,一个盗贼到晏殊家里偷盗,结果被家丁抓住,于是一顿狠揍,拳脚棍棒一起上,把那个倒霉的梁上君子打得皮开肉绽,押送到开封府府门就挂了。[145]

作为一名成熟的政治家,晏殊的"狷急"性格消失了很多年,甚至有宋人笔记称他"五十年作官苦学,尤自步步事事共人商量"[146]。

可现在,急躁、对事情不能容忍的性格缺点又出现在六十多岁的晏殊老人身上。

也许,这种带有浓重的地域文化的性格缺陷很难彻底克制。

在灿若群星的抚州历史文化名人中,最为耀眼的是王安石、曾巩、晏殊、陆九渊和汤显祖。这几位文化大腕哪一个不是"狷急"、"刚简"、"固执",只是程度不一而已。在晓春看来,这和抚州的山水景观、民俗风情、历史文化密切相关,无须做什么切割。

那么,此时晏殊内心深处到底怎么想?

具体情况我们已无法了解,只知道这段时光,他于政事之余依然写诗作词不辍,依然举贤荐能不止,依然喜欢宾客盈门的感觉。

可惜的是,旧人多是凋零,知音越来越少。除了韩维、张洞和宋庠,来往频繁的故交旧友已经没有几个了。

在《晏氏宗谱》中,收录有署名韩琦所写的《衮绣堂记》[147],记载了宋仁宗为晏殊御赏书"衮绣堂"三个大字的背景和经过。文中写道:臣殊硕德老成,知足以烛奸,虑足以谋远,□足以商情,勇足以断事。上敷圣心,下洽民情。于是,西土之民,老安少怀心悦诚服。时年春,如京师朝天子,嘉其勤慎,降其爵赏,御赏书"衮绣堂"三大字,以华之哉,敕韩琦为记。

由此看来,晏殊担任西京留守时,颇得仁宗认可。

可惜,晏殊在洛阳主政河南府的时间很短,不足一年。

因为,他病了,迟迟不能痊愈。

尊敬的晏大叔,难道您非得这样才能回到东京开封吗?

六　驾鹤西去，备极哀荣

至和元年（1054）六月，晏殊顶着炎炎夏日回到京师开封治病。

病情捉摸不定，似乎回到开封后就得到了缓解。宋仁宗特意把他留在迩英阁侍讲，每五天上朝一次。[148]

这么多年的还朝梦啊，莫非一场大病就换来了？

不仅如此，宋仁宗还给予了晏殊极高的礼遇。

据学者考证，宋朝是官本位形成的关键阶段。怎么坐，怎么站，出入是否戴凉伞，在哪里下轿下马，朝会或宴会时在哪个位置，等等，根据官阶、官位的不同，规定得很详细。

顺便说一句，宋代以前，宰相上朝时，一般赐座、赐茶。可这个规矩据说被宋太祖打破了。

赵匡胤刚当上皇帝时，宰相范质等人上朝时仍然坐着。

一天，赵匡胤说："老范啊，我的眼睛看不清楚，你把文书拿过来，我仔细看看。"

范质赶紧起身，将文书呈送过去。

可等他反身回来，发现原来那张椅子已经被撤掉了。

自此，宰相在上朝时也只能站着，成为定制。[149]

当然，宰相在参加大朝会、筵会时可以享受赐座、赐茶、出入戴凉伞等待遇。

晏殊此时享受的正是宰相的待遇——"八月二十二日，诏观文殿大学士晏殊遇赐茶并筵会令座杌子，出入戴凉伞，与中书、枢密院臣僚同处下马，遇大朝会、筵宴缀中书门下班。"[150]

什么意思？筵会时有凳子坐，出入可戴凉伞，和宰执同一个地方下马，朝廷大型活动时，排位紧接着宰相。

不仅如此，晏殊的亲人朋友也传来了很多好消息。

这年三月，他的内兄王德用升任枢密使，抵达了一员北宋武将的人生巅峰。

九月，他的女婿杨察官加翰林学士承旨，成为宋仁宗的"秘书长"。

九月，与他重修旧好的门生欧阳修迁翰林学士，兼史馆修撰。

毫无疑问，这是晏殊最近十年来最为开心的时光，尽管来得有点晚。

远离权力中心十年，楼台依旧，物是人非，该有多少故友相逢而泣的场景，又该见到多少青年才俊陌生而意气风发的面孔！

这年十二月，晏殊以观文殿大学士的身份提举万寿观。

可惜，此时晏殊已疾病缠身。

夕阳无限好，只是近黄昏。

有一天，晏殊做了一个神秘的梦。

他梦见自己骑着一匹白色的骏马行走在长长的桥上。

突然，桥断了。

白马疯狂奔跑，把他摔在桥上，白马独自登天而去。[151]

梦醒之后，他隐隐感到不祥。

果然，病情迅速加剧。

宋仁宗得知后，钦派太医日夜诊治，并准备亲自前来看望。

晏殊的外甥杨文仲说，皇帝登门看望病情严重的大臣，必定携带纸钱等祭奠礼品，免得万乘之尊再次莅临。

在杨文仲看来，晏殊的身体还没有糟糕到行将就木的地步，奠礼入门太不吉利。

于是，晏殊上奏说："我身体已经没事了，不必烦劳皇上牵挂。"

宋仁宗以为真的如此，便没有前来看望。

可仅仅几天之后，晏殊在开封家中病逝。时在至和二年（1055）正月二十八日亥时。

他降生时大约是晚上十点左右，离开人世时也是晚上十点左右。

宋仁宗闻讯后，大吃一惊，以没有及时看望晏殊而深感遗憾。[152]亲临吊唁，追封他为司空兼侍中，谥号"元献"。有关部门建议辍朝一天，宋仁宗诏令辍朝两天。

谥号是一个人的盖棺定论，古人对此非常看重。

为什么谥"元献"二字呢？

时任同知礼院的苏颂在谥议《司空侍中临淄公晏殊谥元献》中解释

说:"主善行德曰元,文贤有成曰献。惟二义之美,合于故相、司空、临淄公之行为宜矣。""夫委质入朝,当政任事,有知人之明而济以不私,得不谓之'主善行德'乎?保躬而由礼,则行己而有始卒,得不谓之'文贤有成'乎?"

苏颂的评议客观而公允,获得了宋仁宗和朝廷的认可。

当年三月,晏殊葬于许州阳翟县(今河南禹州市)麦秀乡之北原,宋仁宗亲自为其墓隧碑首赐名"旧学之碑"。

可见,宋仁宗对这位年高德劭的旧臣有相当深的感情。

晏殊以"举神童"踏入仕途,宦海沉浮五十年,数次出入东西两府,几番贵为执政,加之文名远播,堪称一代词宗,他的去世足以震动朝野。

欧阳修、梅尧臣、胡宿、韩维、王珪、王安石、刘敞、宋庠、范镇、沈遘等大臣名人均前往吊唁,写了挽辞、挽联。

欧阳修为晏殊撰写了"神道碑铭",交由翰林学士、书法家王洙书写。[153] 而他的《晏元献公挽辞三首》是影响较大的挽诗,其中有"接物襟怀旷,推贤品藻精"、"富贵优游五十年,始终明哲保身全"、"解官制服门生礼,惭负君恩隔九泉"等诗句。

韩维在挽辞中评价晏殊"大策安宗社,高文著庙堂";王安石评价说"文章晋康乐,经术汉公孙……"。[154]

还有很多人,虽然现在已经找不到他们写的挽辞、挽诗,但依稀能发现他们前往吊唁的迹象。《晏氏宗谱》收录了《祭楚国元献公文》一文。种种迹象显示,这篇祭文很可能系后人所作。但文中列出参与祭奠的名单却十分靠谱,如杜衍、宋祁、文彦博、陈执中、梁适、庞藉、韩琦、王德用、张方平、王尧臣、曾公亮、唐介、包拯等人。晓春以为,这些名单并非信口雌黄,应该言之有据。事实上,这些达官显宦与晏殊过从甚密,有的还是亲戚,譬如王德用是晏殊的内兄、王尧臣是晏殊的儿女亲家。

难能可贵的是,晏殊身居高位几十年,清贫如寒士,荐能举贤无数,却很少为自己子弟开口。[155]

当然,晏殊不为子弟求恩泽,并不等于当朝天子会亏待晏家人。

晏殊病逝后，宋仁宗对晏殊子、孙、外甥多人委以官职。

譬如，他的儿子晏承裕被任命为崇文院检讨。

譬如，孙辈及外甥中没有担任官职的，有九人被任命为朝廷命官。[156]

晏殊的一生是传奇的一生、波澜壮阔的一生。

举神童，可见其非凡的才华；遵旨不为其弟晏颖的文章润色，可见其周慎；误召操白麻而力辞，可见其严谨；奉命草制丁谓复相，可见其忠君；屡获天子咨访而不炫耀，可见其低调；建言太后垂帘，可见其机智和博学；谏阻张耆任枢密使，可见其操守；应天府兴学，可见其才干；阻止太后服衮，可见其气节；频频举贤荐能，可见其心胸和眼光；建言"不以阵图授诸将"，可见其务实；《答赞善兄家书》，可见其自律通达；听取闫某规谏，可见其谦逊；不为子孙谋私利，可见其清廉；和欧阳修重修旧好，可见其襟怀大度……

整体看来，人们对晏殊的评价虽然不尽相同，但其中有几点高度一致。

一是公认的诗文大家，一代词宗。能文工诗擅词，尤其长于小令，是江西词派的开山领袖。清人冯煦在《六十一家词选例言》中称其"为北宋倚声家初祖"。

二是兴学有功，泽及后世。自五代以来，天下学校毁坏严重，晏殊带头兴学办校，引领潮流。范仲淹受此影响，后来成就了"庆历兴学"的政绩。

三是辅助两朝皇帝有功。宋真宗晚年对其多有咨访，颇为依赖。宋仁宗尚为太子时，晏殊即陪伴左右。亲政后，晏殊历任御史中丞、三司使、枢密使、宰相等重要岗位，发挥了重要作用。

四是有常人不及的识人之明。知人善任，豪俊好客，为仁宗朝的人才建设做出了非凡贡献。北宋名臣范镇在挽辞中说他"平生欲报国，所得是知人"是极为确切的评价。

五是品行高洁，宠辱不惊。真诚、朴实、沉谨、圆融、淡泊、刚简，自奉若寒士。

六是文化贡献巨大。一生好学，诲人不倦。喜欢编书、校书，编著了很多传诸后世的典籍。擅长书法，尤其对"飞白"有很深的研究。

当然，也有人认为晏殊少年得志，历经岁月打磨，棱角全无，患得患失，明哲保身，中庸圆通，老于世故。

这些说法未必完全没有道理。但设身处地为晏殊考虑，几经沉浮，厕身天恩难测、党争激烈的环境，谁能置身家的生存于不顾呢？哪一次迫不得已的妥协后面不是血和泪？你们几曾感受到晏殊心中"儒"、"道"、"释"各种文化的冲突？他不得不在进取、担当和淡看世事、及时行乐中一次次徘徊。

对于后人而言，晏殊最大的贡献是其丰厚的著述，尤其诗词文赋。

《宋史·晏殊传》称"文集二百四十卷，及删次梁、陈以后名臣述作，为《集选》一百卷"。曾巩《隆平集》称"有文集二百四十卷，又有《临川集》、《二州集》、《二府集》"。南宋王称《东都事略》称"其笃学老而不倦，有文集二百四十卷，又集古今文章为《集选》二百卷"。

但目前传世的诗、词、文章，仅有收录在《全宋文》中的五十五篇文章，收录在《全宋诗》中的一百六十首诗、五十九句残句、存目三首，收录在《珠玉词》中的一百三十六首词。

近年来，晓春偶见署名"北宋晏殊"的各种版本《解厄鉴》销售。书中附录据称为晏殊所作的原文，约九百字，分为"藏锋卷"、"隐智卷"、"戒欲卷"、"省身卷"、"求实卷"、"慎言卷"、"节情卷"和"向善卷"。可惜，编者没有明确说明《解厄鉴》的来历、出处，难以证明此文确系晏殊所作。

注释：

[1] 本节两则小故事部分情节据匡定邦《小晏殊巧对代妇鸣》、《崇因寺初露锋芒》。
[2] 原文见《宋史·李虚己传》：时虚己被赐，因献诗自陈父子遭遇，荣及祖母。帝悦，为批其纸尾曰："虚己学古入官，荣亲事生，奉书为郡，欲布新规，朕得良二千石矣。"遂赐五品服，又赐其祖母钱五十万，命翰林学士张洎会两制、三馆儒臣遍阅所批诏。其后以南郊恩封群臣母妻，虚己又请罢其妻封以授祖母，诏悉

封之，世以为荣。

[3] 原文见李焘《续资治通鉴长编》卷三十九：先是，遣使采访川、峡诸州府贰之能否，多不治者。独知夔州袁逢吉，知遂州李虚己、通判查道，知忠州邵晔，知云安军薛颜等七人以称职闻。

[4] 原文见陆游《老学庵笔记》卷五：李虚己侍郎，字公受，少从江南先达学作诗，后与曾致尧倡酬。曾每曰："公受之诗虽工，恨哑耳。"虚己初未悟，久乃造入。以其法授晏元献。

[5] 原文见祝穆《古今事文类聚》："晏元献公殊父本抚州弓手，晏幼能文，李虚己知徐州，一见奇之，荐于杨大年以闻，年十二。""徐州"系"洪州"之笔误。

[6] 原文见《宋史·李虚己传》：初，致尧谓曰："子之词诗虽工，而音韵犹哑。"虚己未悟。后得沈休文所谓"前有浮声，则后须切响"，遂精于格律。

[7] 原文见《宋史·李虚己传》："寅事亲孝，治家有法，闺门之内肃如也。虚己、虚舟又以孝友清慎世其家。"

[8] 原文见傅璇琮《宋登科记考》卷三：（真宗景德二年）五月十五日壬戌 召试抚州童子晏殊、澶州童子姜盖。"召抚州进士晏殊试诗、赋各一首，大名府进士姜盖试诗六篇。赐殊进士出身，盖同学究出身"。

[9] 原文见李焘《续资治通鉴长编》卷六十：殊属辞敏赡，上深叹赏。宰相寇准以殊江左人欲抑之而进盖。上曰："朝廷取士惟才是求，四海一家，岂限遐迩？如前代张九龄辈，何尝以僻陋而弃置耶？"乃赐殊进士出身，盖同学究出身。

[10] 原文见《宋史·晏殊传》：后二日，复试诗、赋、论，殊奏："臣尝私习此赋，请试他题。"帝爱其不欺，既成，数称善。

[11] 原文见徐松《宋会要辑稿·选举》：擢（晏殊）为秘书省正字，赐袍笏，令读书于秘阁，就直馆陈彭年习诸科。

[12] 原文见佚名《道山清话》：大参陈彭年以博学强记受知于定陵，凡有问，无不知。其在北门，因便殿赐坐，对甚从容，上因问："墨智、墨允是何人？"彭年曰："伯夷、叔齐也。"上问："见何书？"曰："《春秋少阳》。"即令秘阁取此书。既至，彭年令于第几板寻检，果得之。上极喜，自是注意，未几执政。

[13] 原文见李焘《续资治通鉴长编》卷六十一：先是，诏南郊坛行事官，勿用老疾幼弱者。秘书省正字晏殊上章愿观大礼，上怜其意，许之，因诏京官年未及十五，愿赴南郊陪位者听。

[14] 据龚延明《宋代官制辞典》：宋前期奉礼郎多以公卿子弟门荫得之，俸禄倍于秘书省校书郎、正字。

[15] 原文见《宋史·杨亿传》：亿天性颖悟，自幼及终，不离翰墨。文格雄健，才思敏捷，略不凝滞，对客谈笑，挥翰不辍。精密有规裁，善细字起草，一幅数千言，不加点窜。当时学者，翕然宗之。

[16] 原文见《宋史·曾致尧传》：（曾）致尧性刚率，好言事，前后屡上章奏，辞多激讦。

[17] 据清同治《南丰县志》卷十五记载：曾密公致尧释褐授符离簿，迁光禄寺丞，监越州酒税，告归宁。母周氏置酒园中，族戚咸集。或诮密公衣冠敝垢，仆马羸瘦者。母曰："贫而见我，是我荣也。若黩货而归，贻吾忧矣。"

[18] 原文见清同治《南丰县志》卷二十三：初，致尧尝宴见，太宗从容语及内帑充牣，甚自喜。时方忧旱，致尧即奏对曰："未及江南一夜秋雨之为富也。"帝为之动容。

[19] 原文见魏泰《东轩笔录》卷二：曾谏议致尧，性刚介，少许可。一日，在李侍郎虚己坐上，见晏元献公。晏，李之婿也，初为奉礼郎。曾熟视之，曰：晏奉礼他日贵甚，但老夫耄矣，不及见子为相也。

[20] 原文见曾巩《隆平集》卷五：真宗尝谓辅臣曰："……其弟颖亦能属文，朕遣取所业，且戒殊勿为改窜。弟请润色，不之省亦不言其故，周慎如此，信知其禀赋也。"

[21] 原文见李焘《续资治通鉴长编》卷八十五：上曰：殊少年孤立，力学自奋，人鲜及之。加以沉谨，造次不逾矩，甚为缙绅所器。或闻有大族欲妻以女，殊坚拒之。

[22] 原文见沈括《梦溪笔谈》卷九"人事一"。

[23] 原文见欧阳修《晏公神道碑铭》：丁父忧，去官。已而真宗思之，即其家起复，命淮南发运使具舟送之京师。

[24] 原文见龚延明《宋代官制辞典》：判集贤院"在馆供职，示旌重儒雅之士。或它官外任带职"、"位在直集贤院之上，由集贤院学士或史馆修撰等充"。

[25] 原文见王明清《挥麈后录》卷五引朱兴仲《续归田录》：伯俙字景蕃，与晏元献俱五六岁以神童侍仁宗于东宫。元献自初梗介，蔡最柔媚，每太子过门阈高者，蔡伏地令太子履其背而登。既践阼，元献被知遇，至宰相。蔡竟不大用。

[26] 此段内容原文见李焘《续资治通鉴长编》卷九十五。

[27] 原文见《宋史·寇准传》："初，丁谓出准门至参政，事准甚谨。尝会食中书，羹污准须，谓起，徐拂之。准笑曰：'参政，国之大臣，乃为官长拂须邪？'谓甚愧之，由是倾构日深。"这也是"溜须"之来历。

[28] 原文见苏辙《龙川别志》卷上："亿私语其妻弟张演曰：'数日之后，事当一新。'稍泄，丁谓夜乘妇人车与曹利用谋之。"

[29] 原文见《宋史·晏殊传》：仁宗即位，章献明肃太后奉遗诏权听政。宰相丁谓、枢密使曹利用，各欲独见奏事，无敢决其议者。殊建言："群臣奏事太后者，垂帘听之，皆毋得见。"议遂定。

[30] 当然，也有史料称引用东汉故事的是王曾。

[31] 原文见宋祁《宋景文笔记》卷上：天圣初元以来，缙绅间为诗者益少，惟故丞相晏殊、钱公惟演、翰林刘公筠数人而已。

[32] 引自龚延明《宋代官制辞典》。

[33] 原文见夏竦《文庄集》之《枢密副使礼部侍郎晏殊可刑部侍郎余如故制》。

[34] 原文见徐自明《宋宰辅编年录》卷四：张耆镇河阳，太后召耆为枢密使。晏殊言："枢密与中书两府同任天下大事，就令乏贤，亦不宜使中才处之。耆无他勋劳，徒以恩倖，遂极宠荣，天下已有私徇非才之议，奈何复用为枢密使也？"太后不悦。

[35] 原文见曾慥《类说》卷二：（宋真宗）判南衙时，章献太后以微时得幸，张耆有力，天圣中太后以耆为枢密使。（晏）殊曰："朝廷虽乏贤，亦宜中材处之。如耆者，但富贵之，可也。"忤太后旨。

[36] 原文见徐自明《宋宰辅编年录》卷四：（天圣五年）正月己未，晏殊罢枢密副使（自刑部侍郎罢知宣州）。

[37] 原文见李焘《续资治通鉴长编》卷一百五。

[38] 原文见李焘《续资治通鉴长编》卷一百五：馆阁校勘无出外者，琪为晏殊所辟，特许之。

[39] 此段内容原文见欧阳修《归田录》卷上。

[40] 此段内容原文见叶梦得《石林诗话》卷上。

[41] 引自四部丛刊本范仲淹《范文正公集》卷六之《南京府学生朱从道名述》。

[42] 此段内容原文见吴处厚《青箱杂记》卷五。

[43] 原文见李焘《续资治通鉴长编》卷一百六。

[44] 引自洪迈《容斋随笔》卷十六"馆职名存"。

[45] 原文见李焘《续资治通鉴长编》卷一百六："初，仲淹遭母丧，上书执政……凡万余言。王曾见而伟之，亦知仲淹乃晏殊客也。于是，殊荐人充馆职，曾谓殊曰：'公实知仲淹，舍而荐此人乎？已为公置不行，宜更荐仲淹也。'殊从之。"

[46] 引自龚延明《宋代官制辞典》。

[47] 此段内容原文见司马光《涑水记闻》卷十。
[48] 原文见徐松《宋会要辑稿·选举》：（天圣）八年正月十二日，以资政殿学士晏殊权知贡举，御史中丞王随、知制诰徐奭、张观权同知贡举。
[49] 此段内容原文见苏象先《丞相魏公谭训》卷四。
[50] 原文见欧阳修《欧阳文忠公集》卷二十三之《忠武军节度使同中书门下平章事武恭王公神道碑铭》：惟鲁武康公事太宗皇帝，秉节治戎，出征入卫，乃受遗诏辅真宗，有劳有勤，报恤追崇。
[51] 原文见《宋史·王超传》：临军寡谋，拙于战斗。
[52] 原文见王安石《临川文集》卷八十八之《虞部郎中赠卫尉卿李公神道碑》：晏元献公为公请，乃除太子洗马致仕。
[53] 此段内容原文见邵伯温《邵氏闻见录》卷八。
[54] 引自龚延明《宋代官制辞典》。
[55] 原文见李焘《续资治通鉴长编》卷一百十一：始，太后欲纯被帝者之服，参知政事晏殊以周官王后之服为对，失太后旨，辅臣皆依违不决。
[56] 原文见苏辙《龙川别志》卷上：章懿之崩，李淑护葬，晏殊撰志文，只言生女一人，早卒，无子。仁宗憾之。及亲政，内出志文，以示宰相曰："先后诞育朕躬，殊为侍从，安得不知？乃言生一公主，又不育，此何意也？"
[57] 原文见《宋史·仁宗本纪》：（明道二年四月）己未，吕夷简、张耆、夏竦、陈尧佐、范雍、赵稹、晏殊皆罢。
[58] 原文见《宋史·李宸妃传》：仁宗即位，妃嘿处先朝嫔御中，未尝自异。
[59] 原文见苏辙《龙川别志》卷上：上默然良久，命出殊守金陵。明日，以为远，改守南郡。
[60] 原文见胡仔《苕溪渔隐丛话》卷二十六引《西清诗话》。
[61] 引自《宋史·杨察传》。
[62] 此段内容见佚名《国朝二百家名贤文萃》卷一百二之晏殊《与富监丞书》。
[63] 此段内容见蔡绦《西清诗话》卷上。
[64] 原文见吴曾《能改斋漫录》卷十六。
[65] 引自李焘《续资治通鉴长编》卷一百七。
[66] 此段内容原文见叶梦得《石林避暑录话》卷上。
[67] 原文见曾巩《元丰类稿》卷十三《〈类要〉序》。
[68] 此段内容原文见苏象先《魏公谭训》卷四。
[69] 原文见徐自明《宋宰辅编年录校补》："自殊复召用，而赵元昊反，师出陕西，

天下弊于兵，殊数建利害，请罢监军，无以阵图授诸将，使得应敌为攻守，及制财用为出入之要，皆有法，仁宗悉施行之。又请出宫中无用之物，以佐边费。"又见《宋史·晏殊传》："募弓箭手教之，以备战斗。又请出宫中长物助边费，凡他司之领财利者，悉罢还度支。"

[70] 原文引自刘延世编《孙公谈圃》卷上：（王德用）即出知随州，谢表云："状类艺祖，父母所生；宅枕乾冈，先朝所赐。"时人莫不多其言。

[71] 原文见《宋史·王德用传》：有言德用市马于府州者，上其券，乃市于商人者。言者犹不已，降右千牛卫上将军、知随州，州置判官，家人皆惶恐。

[72] 此段内容原文见李焘《续资治通鉴长编》卷一百二十三。

[73] 原文见汪应辰《文定集》卷八之《新除参知政事兼同知枢密院事王炎乞于所除新命特免一职事不允》：昔康定之纪元，从晏殊之建请。

[74] 原文见李焘《续资治通鉴长编》卷一百二十六：（康定元年三月）癸亥，莱州团练使葛怀敏为泾原路副都部署，兼泾原、秦凤两路经略安抚副使。怀敏前坐王德用责知滁州，于是复用。既入对，以曹玮尝被介胄赐之，令制置鄜延、环庆两路存废寨栅。

[75] 此段内容原文见李焘《续资治通鉴长编》卷一百二十六。

[76] 原文见李焘《续资治通鉴长编》卷一百二十三：（六月）壬午，诏削赵元昊官爵，除属籍，揭榜于边。募人擒元昊，若斩首献，即以为定难节度使。

[77] 原文见徐自明《宋宰辅编年录校补》卷四：帝数问边计，（王鬷）不能对。及刘平、石元孙等败，议刺乡兵，就不决。帝不悦。宰臣张士逊言："军旅之事，枢密院当任其咎。"于是，鬷及执中、观三人同日罢。

[78] 引自范仲淹《范文正公集》卷九之《上枢密尚书书》。

[79] 原文见徐自明《宋宰辅编年录校补》卷四之"康定元年"。

[80] 引自陈庆龄《临川县志》卷三十七。

[81] 原文见李焘《续资治通鉴长编》卷五十八：是日，次南城，以驿舍为行宫，将止焉。寇准固请幸北城，曰："陛下不过河，则人心危惧，敌气未慑，非所以取威决胜也。四方征镇，赴援者日至，又何疑而不往？"高琼亦固以请，且曰："陛下若不幸北城，百姓如丧考妣。"签署枢密院事冯拯在旁呵之，琼怒曰："君以文章致位两府，今敌骑充斥如此，犹责琼无礼，君何不赋一诗咏退敌骑耶？"

[82] 原文见陈邦瞻《宋史纪事本末》卷三十《夏元昊拒命》：帝取攻策，执政以为难，杜衍亦曰："微倖成功，非万全计。"帝不听，诏鄜延、泾原会兵，期以正月进讨。

[83] 原文见陈邦瞻《宋史纪事本末》卷三十《夏元昊拒命》：帝震悼，为之旰食。

[84] 原文见陈邦瞻《宋史纪事本末》卷三十《夏元昊拒命》：三月，元昊答范仲淹书，语极悖慢，仲淹对来使焚之。吕夷简语宋庠曰："人臣无外交，希文乃擅与元昊书，得其书又焚不奏，他人敢尔邪！"时朝廷命仲淹陈对，仲淹奏曰："臣始闻昊有悔过之意，故以书诱谕之。会任福败，昊势益张，故复书悖慢。臣以为使朝廷见之而不能讨，则辱在朝廷，乃对官属焚之，使若朝廷初不知者，则辱专在臣矣，故不敢上闻。"奏下两府共议，宋庠遽曰："仲淹可斩。"杜衍曰："仲淹志在招叛，盖忠于朝廷也，何可深罪？"争之甚力。宋庠谓夷简必有言助己，而夷简默无一语。上顾问夷简何如，夷简曰："杜衍之言是也，止可薄责而已。"乃降仲淹知耀州。

[85] 原文见陈师道《后山谈丛》卷三：范文正公帅鄜、延，答元昊书不请。宋元宪请云："度必擅以土地、金帛许之。"晏元献、郑文肃请验其书："仲淹素直，必不隐。"书既上，乃免。

[86] 原文见《宋史》卷三百二十四：张亢起儒生，晓韬略，琉璃堡、兔毛川之捷，良快人意。区区书生，功名如此，何其壮哉！

[87] 此段内容原文见魏泰《东轩笔录》卷十一。

[88] 原文见魏泰《东轩笔录》"佚文"：欧阳文忠素与晏公无它，但自即席赋雪诗后，稍稍相失。晏一日指韩愈画像语坐客曰："此貌大类欧阳修，安知修非愈之后也？吾重修文章，不重它为人。"欧阳亦每谓人曰："晏公小词最佳，诗次之，文又次于诗，其为人又次于文也。"岂文人相轻而然耶？

[89] 引自《宋史·欧阳修传》。

[90] 原文见王铚《默记》卷下：庆历二年，御试进士，时晏元献为枢密使。杨察，晏婿也，时自知制诰，避亲，勾当三班院。察之弟寘时就试毕，负魁天下望。未放榜间，将先宣示两府，上十人卷子。寘因以赋求察问晏公己之高下焉。晏公明日入对，见寘之赋已考定第四人，出以语察。察密以报寘。而寘试罢与酒徒饮酒肆，闻之，以手击案叹曰："不知那个卫子夺吾状元矣！"不久唱名，再三考定第一人卷子进御。赋中有"孺子其朋"之言，不怿曰："此语忌，不可魁天下。"即王荆公卷子。第二人卷子即王珪，以故事，有官人不为状元；令取第三人，即殿中丞韩绛；遂取第四人卷子进呈，上欣然曰："若杨寘可矣。"复以第一人为第四人。寘方以鄙语骂时，不知自为第一人也。然荆公平生未尝略语曾考中状元，其气量高大，视科第为何等事而增重耶！

[91] 引自李焘《续资治通鉴长编》卷一百三十七。

[92] 引自徐自明《宋宰辅编年录》卷四。

[93] 引自徐松《宋会要辑稿·仪制》。

[94] 引自张岱《夜航船》卷三之"昭勋阁二十四人"。

[95] 原文见《宋史·吕夷简传》：夷简当国柄最久，虽数为言者所诋，帝眷倚不衰。然所斥士，旋复收用，亦不终废。其于天下事，屈伸舒卷，动有操术。

[96] 原文见徐自明《宋宰辅编年录校补》卷五：自夷简执政，屡贬言者，如曹修古、段少连、孔道辅、杨偕、孙沔、范仲淹、余靖、尹洙、欧阳修等，或谪千里，或抑数年。假托人主威权，以逐忠贤，欲人附己。

[97] 原文见徐自明《宋宰辅编年录校补》卷四：张知白既卒，上谋所以代之者，宰臣王曾荐吕夷简，枢密使曹利用荐张士逊。太后以士逊位居夷简上，欲用之。曾言："辅相当择才，不当问其位。"太后许用夷简。夷简因奏事言："士逊事上于寿春府最旧，且有纯懿之德，请先用之。"太后嘉其有让。

[98] 原文见徐自明《宋宰辅编年录校补》卷四：始，王曾荐夷简可相，久不用。士逊将免，曾因对言："太后不相夷简，以臣度圣意，不欲其班枢密使张耆上尔。耆一赤脚健儿，岂容妨贤至此！"太后曰："吾无此意，行用之矣。"于是卒相夷简。

[99] 引自徐自明《宋宰辅编年录校补》卷四。

[100] 原文见李焘《续资治通鉴长编》卷一百三十七：癸亥，弼与茂实再以二事往，于是吕夷简传帝旨，令弼草答契丹书并誓书。凡为国书二、誓书三。议婚则无金帛。若契丹能令夏国复纳款，则岁增金帛二十万，否则十万。弼奏于誓书内创增三事：一、两界塘淀毋得开展；二、各不得无故添屯兵马；三、不得停留逃亡诸色人。弼因请录副以行。中使夜赍誓书五函并副，追及弼于武强，授之。弼行至乐寿，自念所增三事，皆与契丹前约，万一书词异同，则敌必疑，乃密启副封观之，果如弼所料，即奏疏待报。又遣其属前陵州团练推官宋诚、蔡挺诣中书白执政。上欲知敌中事，亟召挺问，挺时有父丧，听服衫帽对便殿，乃诏弼三事但可口陈。弼知此谋必执政欲变已所与北朝初议者，乃以礼物属茂实，疾驰至京师，日欲晡，叩合门求对，合门吏拘以旧制，当先进名，对仍翌日。弼责之，遂急奏，得入见，曰："执政固为此，欲致臣于死，臣死不足惜，奈国事何？"上急召吕夷简等问之，夷简从容曰："此误耳，当改正。"弼语益侵夷简，晏殊言夷简决不肯为此，真恐误耳。弼怒曰："殊奸邪，党夷简以欺陛下！"遂诏王拱辰易书。

[101] 原文见邵伯温《邵氏闻见录》：公（富弼）之立朝，初以危言直道事仁宗为谏

官,至知制诰。宰相(吕夷简)不悦,故荐公以使不测之虏。欧阳公上书,引卢杞荐颜真卿使李希烈事,言宰相欲害公也,不报。

[102] 原文见《宋史·富弼传》:其好善嫉恶,出于天资。

[103] 原文见李焘《续资治通鉴长编》卷一百三十七:是月乙巳,弼等还至雄州,诏即以弼为接伴使,有朝廷合先知者急置以闻。弼奏曰:"彼求'献'、'纳'二字,臣既以死拒之,敌气折矣,可勿复许。"然朝廷竟从晏殊议,许称许"纳"字,弼不预也。

[104] 原文见高晦叟《珍席放谈》卷下:富文忠、杨隐甫皆晏元献公婿也。公在二府日,二人已升贵仕。富每诣谒,则书室中会话竟日,家膳而去。杨或来见,坐堂上置酒,从容出姬侍,奏弦管、按歌舞以相娱乐。人以是知公待二婿之重轻也。二婿之功名年位亦自不相伦矣。

[105] 原文见李焘《续资治通鉴长编》卷一百三十七:初,命宰臣吕夷简判枢密院事,既宣制,黄雾四塞,风霾终日,朝论甚喧。参知政事王举正言二府体均,判名太重,不可不避也。右正言田况复以为言,夷简亦不敢当。

[106] 原文见《宋史·葛怀敏传》:怀敏通时事,善候人情,故多以才荐之。及用为将,而轻率昧于应变,遂至覆军。

[107] 原文见欧阳修《欧阳文忠公集》卷二十二之《晏公神道碑铭》:庆历三年三月,遂以刑部尚书居相位,充集贤殿大学士,兼枢密使。

[108] 原文见李焘《续资治通鉴长编》卷一百四十一:谏官王素、欧阳修言景阳给婚非类,有章尝坐赃,而庭坚亦有逾滥之罪。故皆罢之。

[109] 原文见王铚《默记》卷下:(欧阳文忠)又论参知政事王举正不才,及宰臣晏殊、贾昌朝举馆职凌景阳娶富家女,夏有章有赃,魏庭坚逾滥,三人皆废终身。

[110] 原文见江休复《江邻几杂志》:凌景阳都官与京师豪族孙氏成姻,嫌年齿,自匿五岁。既交礼,乃知其妻匿十岁。王素作谏官,景阳方试馆职,坐娶富民女论罢。上知景阳匿年以欺女氏,素因奏孙氏所匿,上大笑之。

[111] 原文见《续资治通鉴长编》卷一百四十二:元昊既未肯臣,如定等来,又多所要请,两府厌兵,欲姑从之,独韩琦以为不可,屡奏对于上前,晏殊曰:"众议已同,惟韩琦独异。"上顾问琦,琦历陈其不便。上曰:"更审议之。"及至中书,琦持不可益坚,殊变色而起。

[112] 原文见叶梦得《避暑录话》:晏公为相,富公同除枢密副使,晏公方力陈求去,不肯并立。仁宗不可,遂同处二府。前盖未有比也。

[113] 引自宋祁《宋景文集》卷五十四《上晏太尉启》。

[114] 见唐红卫等《二晏年谱长编》引《古今词话》。

[115] 原文见王铚《默记》卷下：如论杜曾家事，通嫂婢有子，曾出知曹州，即自缢死。

[116] 原文见徐自明《宋宰辅编年录校补》卷五：初，谏官欧阳修等数言夷简招权收恩，夷简累求罢，上优诏未许。

[117] 原文见《宋史·晏殊传》：殊出欧阳修为河北都转运，谏官奏留，不许。孙甫、蔡襄上言：“宸妃生圣躬为天下主，而殊尝被诏志宸妃墓，没而不言。”又奏论殊役官兵治僦舍以规利。坐是，降工部尚书、知颍州。

[118] 原文见蔡襄《蔡忠惠集》卷十五之《乞罢晏殊宰相奏》。

[119] 此段内容原文见苏辙《龙川别志》卷上。

[120] 原文见魏泰《东轩笔录》卷四：而连坐者甚众，同时俊彦，为之一空。

[121] 原文见王明清《挥麈录》卷四：李定字仲求，洪州人，晏元献公之甥。文亦奇，欲预赛神会。而苏子美以其任子距之，致兴大狱，梅圣俞谓"一客不得食，覆鼎伤众宾"者也。

[122] 原文见李贤《明一统志》卷七：晏殊知颍州，以政事闻于一时，公余手不释卷，时邵亢为推官，殊逮之以事。

[123] 此诗引自蔡绦《西清诗话》卷上。

[124] 此段内容原文见王铚《默记》卷下。

[125] 此段内容原文见范仲淹《范文正公集》附汪藻撰《祠堂记》。

[126] 引自宋人《翰苑新书·前集》卷五十七。

[127] 原文见唐红卫等《二晏年谱长编》引李贤《明一统志》。

[128] 此段内容据庞元英《文昌杂录》。

[129] 据唐红卫等《二晏年谱长编》所记。

[130] 原文见朱熹《宋名臣言行录·前集》卷六：公未尝为子弟求恩泽。在陈州，上问宰相曰："晏殊居外，未尝有所请，其亦有所欲耶？"宰相以告公，公自表问起居而已。

[131] 原文见唐红卫等《二晏年谱长编》引王士俊等《河南通志》（雍正）：晏公庙在州鼓楼南，祀宋知州晏殊。

[132] 原文见唐红卫等《二晏年谱长编》引张良知等《许州志》（嘉靖）：（晏殊）知许州，遇事即决，庭无滞讼。

[133] 引自龚延明《宋代官制辞典》。

[134] 原文见夏承焘《二晏年谱》：宋制，宰辅以言罢，除职不易。同叔罢政，后历三州始除大观文。庞籍罢政后二年始除节度使知并州。杜衍终身不除职。

[135] 原文见陆游《老学庵笔记》卷七：晏元献为藩郡，率十许日乃一出厅，僚吏旅揖而已。有欲论事，率因亲校转白，校复传可否以……遂退。

[136] 此段内容原文见唐红卫等《二晏年谱长编》引李昭圮《乐静集》卷三十《察推闾公行状》。

[137] 此段内容原文见唐红卫等《二晏年谱长编》引陶宗仪《说郛》卷四十五。

[138] 引自李焘《续资治通鉴长编》卷一百六十七。

[139] 引自《宋史·晏殊传》。

[140] 引自欧阳修《欧阳文忠公集》卷二十二之《晏公神道碑铭》。

[141] 此段内容原文见邵博《邵氏闻见后录》卷十五。

[142] 当然，也有学者考证说，《胪传写兴》未必是张渊微所写，他考中状元时应为四十多岁，而非六十三岁。

[143] 引自李璧《王荆公诗笺注》。

[144] 此段内容原文见《宋史·张洞传》。

[145] 原文见李焘《续资治通鉴长编》卷一百七十八：殊（晏殊）刚峻简率，盗入其第，执而搒之，既委顿，以送官，扶至开封府门即死。

[146] 引自魏了翁《鹤山集卷》。

[147] 韩琦《安阳集》未收录，真实性待考。

[148] 原文见欧阳修《晏公神道碑铭》。

[149] 原文见邵博《邵氏闻见后录》卷一。

[150] 引自徐松《宋会要辑稿·仪制》。

[151] 此段内容原文见吴曾《能改斋漫录》卷十八。

[152] 此段内容原文见王铚《默记》卷上。

[153] 书写碑铭者有两个说法。一说王洙，见夏承焘《二晏年谱》引欧阳修《晏碑铭跋》"今晏公碑乃王洙奉敕书，洙于字学最精云云"；一说王洙的父亲王砺，见唐红卫等《二晏年谱长编》引佚名《王氏谈录》："（王砺）公所书石隶字则献穆大长公主碑、曹襄悼碑、范文正碑、晏元献碑、伊先生隔山庵记。"考虑到欧阳修之记载距离书写碑铭时间最近，且王洙生于997年，当时已五十九岁，则其父王砺至少八十岁左右，甚至不在人世。故采用王洙书写碑铭之说。

[154] 据唐红卫等《二晏年谱长编》。

[155] 原文见杨希闵《词轨》卷三：元献立朝虽无大建白，清贫如寒士，又未尝为子

弟求恩泽。

[156] 原文见欧阳修《欧阳文忠公集》卷二十二之《晏公神道碑铭》：故其薨也，天子尤哀悼之，赐予加等，以其子承裕为崇文院检讨，孙及甥之未官者九人，皆命以官。

第三章 晏殊的朋友圈：门生故吏，遍布台阁

晏殊虽起自田里，草根出身，但毕竟少年得志，且仕途整体顺风顺水，一生的交游可圈可点。师长前辈多为名臣清流，而门生故吏遍布两府台阁。

甚至可以说，晏殊的交游不仅能反映其本人的履职状况、家庭生活、文学成就等，还折射出宋真宗、宋仁宗两朝政治、经济、文化等方面的情况。

方健先生在《北宋士人交游录》中指出："宋人在交游中，留下了许多感人至深的真挚动人故事，也不乏势利之交以怨报德、落井下石、鲜廉寡耻的实录。从这一角度而言，宋人交游，又是士人心灵的广角镜，一定程度上可折射出其人格和道德的高下优劣。宋人交游，还与朋党政争纠结交织，呈现错综复杂的态势，似也不能单从道德层面做出是非评判。"

以荐贤任能、奖掖后进为后世所称道的晏殊，精彩故事不胜枚举。晓春于此只能择取其中一部分，但愿不至于留下沧海遗珠之憾。

一 范仲淹：良师益友，情谊深厚

晏殊宦海沉浮五十载，胜友良多，但交谊最深、关系最密切的当属范仲淹。

作为垂名青史的北宋名臣，范仲淹能文能武，忠肝义胆，肩挑道义，其倡导的"先天下之忧而忧，后天下之乐而乐"思想对后世影响深远。南宋吕中评价说："先儒论宋朝人物，以范仲淹为第一。"《鹤林玉露》的作者罗大经评论说："国朝人物，当以范文正为第一，富（弼）韩（琦）皆不及。"王安石则评价说："一世之师，由初起终，名节无疵。"

范仲淹两岁丧父，家贫而勤勉，自律甚严，志存高远。

有一则明人笔记较为准确地描述了范仲淹当时的状况。[1]

在山东淄博长白山醴泉寺读书时,范仲淹每天煮两升米为粥。天寒地冻时节,粥冷后结成一大块,他将它一划为四。饥饿时,拿出一块伴以藠头充饥。尤为难能可贵的是,即使如此艰难,他在寺庙里发现藏在地窖中的黄金,也不为所动,用土掩盖了事。

家贫苦读,而能苦中作乐,可见他意志坚强。不义之财,视若不见,可见他洁身自好!古往今来,于困窘中坚持操守的人大多志存高远,能够建功立业于当时、芬芳其名于后世。

范仲淹早年仕途并不顺利,大中祥符八年(1015)考中进士后,历任广德军司理参军、集庆军节度推官、泰州西溪盐仓监、兴化县令等低阶官员。与他豪气冲天的远大政治理想相比,这十几年,恐怕称为"仕途蹭蹬"也不为过。

1. 机缘巧合,好兄弟相遇在商丘

天圣五年(1027),范仲淹为母守丧,居住在南京应天府(今河南商丘市)。

此时,晏殊为南京留守、知应天府,正在大张旗鼓地尊师重道办学。

范仲淹虽然仕途不够顺利,但名气在外。晏殊对他早有耳闻,值此用人之际,果断地向他发出了执掌应天书院教席的邀请。

谁料,范仲淹一口回绝:"晏大人,我老范一来学识有限,二来正在居丧,不便出来供职哦。"

晏殊微微一笑:"老范,我听说十年前有个哥们儿在这里读书,口口声声说,士当先天下而后个人。说得多么好啊!嗳,那哥们儿现在到哪里去了?"

范仲淹一听,脸唰地红了一大片。惊不惊喜?意不意外?我当年说的话人家记得一清二楚啊!

想到这里,范仲淹同志一抱拳,说:"晏大人,你够狠,甭再激了,老范明天就来上班。"

主持教务期间,范仲淹以校为家,勤勉督学,以身作则,严格要求，倡导时事政论，书院风气为之焕然一新，应者如云，范仲淹也因此声名鹊起。

宋人笔记里记载了范仲淹管理书院的细节。[2]

晚上，他常常偷偷地到学生宿舍探听，看到早早睡下的学生，便责问原因。

学生小A骗他说："刚才太疲倦了，稍微歇一下。"

范仲淹又问："那你睡下之前，看什么书？"

小A心存侥幸，随口说了一本书。

谁料，范仲淹认真得很，当即把那本书拿来，出题测试。

小A当即懵了，愿赌服输，认罚吧！谁让你遇上天下最认真的老范呢。

老范平时出题目让学生作赋，必定自己先写一篇，目的是了解题目的难易程度及主题用意，也使得学生有法可依。

书院有这么一个才高八斗而严谨治学的负责人，名声大震，前来求学的人络绎不绝，从四方云聚。

正是这一段经历，让范仲淹和晏殊由相识到相知，结下了不解之缘。

范仲淹素以忠直耿介闻名，但他不吝特意作文盛赞晏殊兴学之功。说晏殊通过"敦六籍以恢本，发四科以彰善"等不懈努力，终于成效斐然——"人乐名教，复齐鲁之盛；士为声诗，登周召之美。"[3]

天圣六年（1028）八月，晏殊重返朝堂，出任御史中丞，班位在翰林学士之上，再次成为朝中举足轻重的大臣。

紧接着，晏殊听从宰相王曾的建议，推荐比自己年龄大两岁的范仲淹任职馆阁。

或许有人要问了，既然晏殊和范仲淹关系这么好，怎么还要王曾发话，晏殊才推荐呢？

这个疑问，晓春在写晏殊生平故事时已做了解释。于此，再简单重复一下。

晏殊生来审慎和低调，不愿出头，但他几乎可以预知王曾会为范仲淹出面求助。此前，范仲淹曾给王曾写了一封长达上万字的书信，纵论国家大事，深得王曾的赞赏。晏殊就等王曾开口。

果然，宰相说："小晏同志，你这么了解范仲淹，怎么不推荐他，反而推荐别人？我已经把你这次推荐的人打回去了，你应该重新推荐范仲淹。"

晏殊觉得宰相开口了，自己再也没有徇私之嫌，便顺水推舟，立即照办。[4]

在写给朝廷的推荐信中，晏殊帮范仲淹说了不少好话。说他学习勤勉，文采风流，为官敬业，政声清明。以前担任兴化县令时，兴修海堰成效显著。最近因丁忧，执掌应天书院，为了劝导大家学习，苦心孤诣，兢兢业业。讲解诗文，足不出户。安贫乐道，坚持操守。建议朝廷让他参加馆职选拔考试，授以职名。[5]

何谓"职"？前面已经进过，还没弄清楚的小伙伴自动翻到第二章第三节第一小节查找。

对于诗书满腹的范仲淹而言，这种举荐非常重要，否则很难得到一展身手的机会。

此前，范仲淹盘桓官场十多年，蜗速爬行。而步入馆阁是多少士子的梦想啊！唯有如此，才可能踏上仕途的快车道。

最终，范仲淹以很好的考试成绩[6]顺利过关。

当年十二月，范仲淹跻身馆职，获任秘阁校理，负责皇家图书典籍的校勘和整理。

2. 千里马与伯乐之间的是非之争

大约一年之后，"千里马"范仲淹和"伯乐"晏殊发生了激烈摩擦。

事情源于天圣七年（1029）的"冬至立仗"事件。

这一年是皇太后刘娥垂帘听政的第六个年头，权势日盛。

于是，周遭小人包括礼官便再次投其所好，提出冬至日为刘太后拜寿。

给皇太后拜寿很正常，问题是，他们提出由宋仁宗率文武百官在大殿上为太后拜寿。

呵呵，皇帝率领文武百官在会庆殿为刘娥拜寿，这阵仗确实有点过。

老范第一个站出来不答应,上疏谏阻仁宗率百官为皇太后祝寿。

他在奏折中说:"天子有事亲之道,无为臣之礼。有南面之位,无北面之仪。若奉亲于内,行家人礼,可也。今顾与百官同列,亏君体,损主威,不可为后世法。"[7]

单单以儒家礼仪论,从道理上说,范仲淹的说法经得起推敲。你贵为天子,在内殿向皇太后行跪拜之礼,谁也不好拦着你。可在会庆殿与文武百官一道朝拜,则有损君威了。

可这仅仅从理论上说而已。

问题是,现实常常比理论复杂得多。

如同一块巨石砸向平静的湖面,范仲淹的奏折立即在朝廷引起轩然大波。

哥们儿,你醒醒吧!皇帝这么做并不是第一次啊!

两年前的正月,宋仁宗亲率文武百官在会庆殿朝拜皇太后刘娥。[8]

也就是说,不管是否妥当,此前已然如此,大家都没吭声,现在你范仲淹一个小小的秘阁校理竟然跳出来反对。

匪夷所思!

刘太后一手遮天,放眼四海,谁敢对她有所违逆?

老范,你把哥们我给坑了!

已迁任兵部侍郎、资政殿学士的晏殊得知后,惊惧交加。

惊讶的是,范仲淹竟敢直接触怒皇太后刘娥;恐惧的是,担心太后震怒,祸及自身,毕竟是他举荐范仲淹担任馆职的。

自己四年前因谏阻张耆任枢密使,得罪皇太后,种下祸根,以至于被外放州府。难道此次要"城门失火殃及池鱼"?你范仲淹只是一个小小的秘阁校理,哪里来的底气,竟敢出这么大的风头,直接和皇太后死扛!难道你不知道两年前皇帝就是这样贺寿的吗?你不知道"冬至立仗"获得了铁腕宰相吕夷简的支持吗?

盛怒之下,晏殊把范仲淹召来,劈头盖脸一顿责骂,难道就你在为国分忧?人家会说你并非忠直,而是以奇邀名,这样下去,岂不是要连累举荐你的人?范仲淹觉得很委屈,解释了几句,晏殊余怒未消,说不要再强词夺理了。[9]

范仲淹百口莫辩，只好怏怏退下。

回到家里，范仲淹越想越气。我老范忠君进谏怎么变成为了出名不择手段呢？左思右想，觉得有必要理直气壮地明辨是非，于是决定以攻为守，上疏《乞太后还政奏》，要求皇太后刘娥还政于年满十八岁的宋仁宗。既然得罪了太后，干脆一竿子插到底，或许以后宋仁宗还能记起自己的名字。

坚持真理总要付出代价。好在这件闹得沸沸扬扬的事件最终没有造成灾难性的后果，范仲淹自请补外，次年以出任河中府通判告终。

范仲淹对于晏殊的指责十分看重，为了彻底澄清事实，消除误会，他于次年三月写了一封长达三千多字的《上资政晏侍郎书》给晏殊。以大量历史事例解释自己上疏的理由，委婉驳斥晏殊的观点，并在结尾明确声明说："您如果认为我还可指教，就不必后悔当初举荐我。您如果认为我不可教化，就向朝廷建议杜绝我的仕进之路，朝廷必然免除您的举荐之过，这封信也可以作为证据，把我黜免，免得牵累您。但即使如此，我也不会因为您的指责而忘记您对我的知遇之恩……"[10]

从"冬至立仗"事件，可以看出晏殊和范仲淹不同的性格、价值观和处事方式。

晏殊并非不认同范仲淹的观点，但认为一个秘阁校理不值得出头公开反对，去得罪一手遮天的皇太后刘娥及宰相吕夷简集团。而范仲淹觉得，作为臣子，明知朝廷决策不对，不应该只顾自己的禄位，应该不忘初心，不计个人得失，挺身而出，大胆建言。

其实，范仲淹自踏入仕途，即显露出较真而不屈不挠的性格。据汪藻《范文正公祠堂记》记载，他担任广德军（今安徽广德县）司理参军时，曾因公事与太守激烈争论，毫不退让，甚至将双方争辩言语记载在书屏之上。等到他离开时，书屏上写满了字。因为薪酬菲薄，加之要奉养老母亲，他几乎没有积蓄。调离时，穷得只剩下一匹马，连路费都没有，只好把马卖掉换取路费，步行而归。

不为权势所迫，不为贫穷折节。范仲淹的刚直不阿非比寻常，也是少年得志、仕途平顺的晏殊所难以理解的。

"冬至立仗"事件三年后，晏殊也曾谏阻皇太后刘娥服衮飨太庙。在他看来，此乃大事，不可乱其法度。所以，当皇太后询问时，他以《周官》上太后着装的规矩来应对，表明自己的态度。可见，晏殊并非主张臣子逃避责任，而认为职责所在的事情以合适的方式建言比较好，不必火药味太浓。这是他和范仲淹最大的区别。虽然晏殊和范仲淹一生友好，但两人的性格差别很大。正如两人词作的风格，晏殊是"小园香径独徘徊"，范仲淹多数时候是"长烟落日孤城闭"。晏殊沉谨、肃慎、圆融；范仲淹则"宁鸣而死，不默而生"，刚强而正气浩然。

事实证明，晏殊和范仲淹的关系并没有因为这次摩擦而产生不良影响。毕竟，他们私人关系的基础很好。此前，晏殊选取乘龙快婿富皋曾受益于范仲淹的推介。

当时，晏殊对范仲淹说："老范，我家女儿十六岁了，麻烦你帮忙介绍一个才高八斗的小帅哥。"

范仲淹说："我手头有两个品学兼优的学霸，一个叫富皋，一个叫张为善，都是以后封侯拜相的料子。"

晏殊说："痛快点，到底哪一个更牛？"

范仲淹笑道："小富行事谨慎，恪守礼法；小张旷达超逸。"

晏殊点点头："好！"选取富皋为女婿。[11]

富皋后来改名为"弼"，就是富弼。而张为善也改了名字，即张方平。

后人说晏殊最善于慧眼识珠，哪里知道范仲淹的眼睛也毒得很，一眼看到骨子里。

而晏殊优先选择"修谨"的富弼，而不是"疏俊"的张方平，正与其一贯的价值取向密切相关。

晏殊、范仲淹有这种深入骨髓的私谊垫底，一点小摩擦真不算什么问题。

3. 相互勉励，走出职场的沼泽地

范仲淹在河中府担任通判不足一年，接着升迁为太常博士、陈州通判。

明道二年（1033）三月，皇太后刘娥病逝。

宋仁宗完全掌控朝政后，于四月将范仲淹召回京师，升任右司谏。主要掌管讽谕规谏，凡朝廷缺失，可直言进谏。

而宣布范仲淹回朝任职五天后，吕夷简、张耆、夏竦、陈尧佐等一干太后旧臣悉数外放，其中晏殊罢参知政事，以礼部尚书知亳州。

范仲淹和晏殊一进一出，两位好友擦肩而过。

因力谏不可废郭皇后，得罪了重返朝堂担任宰相的吕夷简，次年正月，范仲淹出知睦州（今浙江淳安县），接着移知苏州，迁明州（今浙江宁波市）转运使，复知苏州。

景祐二年（1035）十月，范仲淹提升为礼部员外郎，除天章阁待制，召还京师判国子监。十二月，进吏部员外郎，权知开封府。

次年五月，因上百官图，被宰相吕夷简反诉"越职言事，荐引朋党，离间君臣"[12]，贬知饶州（今江西鄱阳县）。

短短几年时间里，范仲淹的岗位走马灯似的换个不停，沉浮不定。

而晏殊相对稳定，明道二年三月，贬知亳州。景祐二年春，迁知陈州。

显然，他们无法把握宦海沉浮。能把握的是他们之间的友谊，不管形势是急是缓，他们之间经常互致书信或诗词唱和，在风急浪高的岁月里相互砥砺。

我们且来看一看，两位惺惺相惜的挚友有哪些交往。

景祐元年（1034）秋，范仲淹回信给晏殊，详细讲述睦州风光及"为郡之乐"，并将最近半年创作的诗歌寄给晏殊。

几个月后，范仲淹移知苏州，适逢数十年一遇的大水灾，不得不全力以赴治水救灾。救灾形势稍为缓和后，范仲淹致信晏殊，解释回函迟缓的原因，并报告了救灾情况。这段时间，他写了《依韵奉酬晏尚书见寄》、《又用前韵谢晏尚书以近著示及》等诗歌，其中有"碌碌嘲须解，循循教弗忘"等诗句，以示对晏殊的感恩之情。

次年十月，范仲淹判国子监。回到京城后，他立即致信给调任陈州知州的晏殊，表达问候之意。

景祐三年（1036）春，晏殊作诗《次韵和天章范待制上元从幸会灵观》，诗云："春莺欲满枝，荷橐从游时。旭日生华盖，灵风入羽旗。酒含雕盏笈，香度博山迟。共识天颜近，都忘昼漏移。"[13]从诗中不难感受到，因为范仲淹沐浴皇恩，晏殊的欣喜之情跃然纸上。

可惜，范仲淹在开封的好日子没过多久，又被吕夷简抓住破绽，外放饶州。

吕夷简此举引发朝堂士大夫新兴群体的强烈反对。

秘书丞、集贤校理余靖，太子中允、馆阁校勘尹洙，纷纷上书明确表达反对意见，甚至请求连坐同贬。

结果，余靖被贬为监筠州（今江西高安市）酒税，尹洙被贬为崇信军节度掌书记，监郢州（今湖北武汉市武昌区）酒税。

而时任宣德郎、馆阁校勘的欧阳修则写信给右司谏高若讷，指责他不为范仲淹辩白，高若讷便将《与高司谏书》上交朝廷，致使欧阳修被贬为夷陵（今湖北宜昌市夷陵区）县令。

光禄寺主簿苏舜钦、建德知县梅尧臣等人则以诗文予以声援，馆阁校勘蔡襄愤怒地写下了《四贤一不肖》诗，被广为传诵。

此时，晏殊仍在陈州任上，未见其对此事有什么议论。

这可以理解，以晏殊的地位和影响显然不方便发表与朝廷不一致的见解。毕竟，范仲淹的对手吕夷简一直与自己相处得不错，曾因李宸妃墓铭事件在宋仁宗跟前为自己开脱。何况，从个人得失考虑，吕夷简重新担任宰相对他是一个利好，向来沉谨、圆融的他怎么可能选边站呢？

果然，宝元元年（1038）四月，晏殊回到京师，任御史中丞，执掌南台。八个月后，转任三司使，掌管天下财政。康定元年（1040）三月，晏殊自三司使、刑部尚书除知枢密院事。当年九月，加检校太傅、枢密使。

而这些年，范仲淹先后移知润州（今江苏镇江市）、越州（今浙江绍兴市）。康定元年三月，经陕西经略安抚副使韩琦举荐，复官天章阁待制、知永兴军。四月，改任刑部员外郎、陕西都转运使。七月，迁任龙图阁直学士、陕西经略安抚副使、同管勾都部署司事。八月，迁户部郎中、代张存兼知延州（今陕西延安市）。

也就是说，几经周折，在西北领军抗击西夏的范仲淹再度成为此时执掌枢密院的晏殊的部下。

他们之间的联系因此更加频繁。

譬如,抵达延安后,范仲淹很快给晏殊写了一封信。信中既有推心置腹之语,亦有较为详细的工作汇报,信尾也没有忘记表明"卵翼门下"的门生身份。[14]

事实上,即使撇开私交不论,范仲淹加强和晏殊的联系也非常有必要。

范仲淹、晏殊两人均在三川口之战大败以后走向军事前台,承担着类似的工作压力。当然,毕竟范仲淹在战争前线,担负的工作压力更为直接,希望得到枢密院的理解和支持。

史料显示,在重大问题上,晏殊和范仲淹保持一致;在范仲淹陷入困境时,晏殊施以援手。

譬如,好水川之战打响之前,韩琦主张取攻势,而范仲淹主张取守势。晏殊和范仲淹的意见相近,认为不可轻言进攻,可惜宋仁宗没有采纳他们的意见,导致好水川之战丧师逾万。

又譬如,好水川之战结束后,因范仲淹和元昊互通书信且没有及时上报朝廷,参知政事宋庠误判宰相吕夷简的意见,提出严厉追究范仲淹的责任。

枢密副使杜衍率先反对,说范仲淹忠心耿耿,意在招纳西夏,不宜重责。

杜衍的意见一旦明确,等于枢密院完全站在了范仲淹一边。

因为枢密使晏殊和范仲淹是亦师亦友的铁哥们儿,另一位枢密副使郑戬是范仲淹的连襟。

果然,晏殊和郑戬也明确反对宋庠的意见。

晏殊说:"老范是个好同志,向来刚直磊落,不会有什么隐瞒。再说,可以查验书信啊,什么都会水落石出。"

宰相吕夷简见枢密院三位主官、副官意见高度一致,不得不依从大家的意见,建议宋仁宗从轻处罚。

范仲淹终于涉险过关,仕进之路逐渐开阔。

庆历元年(1041)四月,范仲淹被降官户部员外郎、知耀州。五月，即起用为知庆州、兼管勾环庆路都部署司事。

此后，屡有升迁。

庆历三年（1043）四月，任枢密副使。八月，改任参知政事，抵达其仕途之巅峰。

而此前，晏殊已自枢密使、检校太尉授刑部尚书、同中书门下平章事，兼枢密使、集贤殿大学士，成为名副其实的宰相。

此时，晏殊、范仲淹、韩琦、富弼同为宰执，盛极一时。

"庆历新政"也由此拉开大幕。

4. 老范，我默默地站在你身后

北宋先后发生过两次政治改革。大多数人对宋神宗时期王安石主导的"熙宁变法"较为了解，而对宋仁宗朝由范仲淹主导的"庆历新政"知之甚少。

原因很简单。

一是"庆历新政"持续的时间比较短，大约十六个月；

二是改革成果不显，以失败告终。

但"庆历新政"的影响力不小，尤其对"王安石变法"产生了直接而深远的影响。

"庆历新政"的领军人物是范仲淹和富弼、韩琦、杜衍及"庆历四谏官"欧阳修、蔡襄、王素、余靖等人则并力相援。

新政的主要内容，是范仲淹在《答手诏条陈十事》中阐述的以整顿吏治为中心的十条改革主张：明黜陟、抑侥幸、精贡举、择官长、均公田、厚农桑、修武备、覃恩信、重命令、减徭役。

但改革措施立即遭到保守势力的阻挠，其中"修武备"一项未及展开就被取消了，而其他改革措施也举步维艰。因恩荫减少、磨勘严密，一些投机钻营的人感到动了他们的"奶酪"，极力诋毁新政，再度指责范仲淹等是"朋党"。

关键时刻，礼部尚书、亳州知州夏竦给了改革派致命一击。他让身边擅长书法的女奴仿照石介笔迹，诬蔑富弼欲行"伊霍之事"，私撰废立诏书。

什么是"伊霍之事"？

"伊"指伊尹，"霍"指霍光。伊尹是商朝名臣，辅助五个君主。商汤的孙子太甲荒淫，伊尹把太甲关到成汤墓葬之地桐宫反省，他本人与诸大臣代为执政。后来看到太甲改过自新，又将政权还给他。霍光历经汉武帝、汉昭帝、汉宣帝三朝，官至大司马大将军，功高震主，其间曾主持废立昌邑王刘贺。

由此，我们可知，所谓"伊霍之事"，是指权臣能力通天，甚至可以轻易地"废无道立有道"，把皇帝拉下马。

这个事整得不是一般的大！你别说宋朝立朝以来没有对士大夫开杀戒，假如此事属实，杀几个文臣也说得过去。

范仲淹等人惶恐不安，纷纷自求外放。

庆历五年（1045）初，范仲淹、富弼、杜衍、韩琦、欧阳修陆续贬知州府。

至此，"庆历新政"彻底失败。

晏殊对"庆历新政"持什么态度，学界历来没有梳理出一个确切而有说服力的见解。

从表面看，晏殊对"庆历新政"的态度比较暧昧。但种种迹象表明，晏殊没有选边站并不等于他心中没有政治倾向。改革派的干将中，范仲淹向他执门生礼，富弼是他的女婿，而欧阳修、蔡襄是他正儿八经的门生弟子。

因为这些社会关系，有人认为晏殊系"庆历新政"幕后主使。

果真如此吗？那为什么很难看到他对这场政治改革的明确态度？

晏殊一生沉谨、持重，中年之后，更显圆融，甚至有点老于世故。

保守派以王拱辰、夏竦为先锋，但其后台却是隐藏得极深的昭文相章得象和退居后台、权势不减的吕夷简。几十年的宦海生涯，晏殊已经养成了趋利避害的思维惯性，不到迫不得已，断然不会做一个非此即彼的选择。即使你强行把他拽入一个政治集团，他也以沉默应对。譬如，主张激烈改革、时任国子监直讲的石介写了四言长诗《庆历圣德颂》，其中称颂宰相章得象、晏殊"重慎微密"，与范仲淹、富弼、杜衍、韩琦、欧阳修、蔡襄、余靖等改革派干将并列。对此，无论是章得象还是晏殊，当时报以沉默。

后来，事实证明，章得象偏向保守派。

当时，章得象身居首相之位。有人问他对富弼、韩琦等人锐意改革的看法。

他说："我每次见到这几个跳梁小丑上蹿下跳，喝止不住，就知道只能等他们碰壁而还了。因为他们上蹿下跳时，势力很大，难以遏制。"[15]

章得象将改革派领袖富弼、韩琦视为"小儿跳踯"，可见其心底对"庆历新政"非常抵触。

而目前为止，尚未发现晏殊对"庆历新政"持否定态度的史料。

晓春以为，在吕夷简、章得象、夏竦、王拱辰等保守势力明确反对"庆历新政"的情况下，位居宰相、处事圆融的晏殊沉默以对，其实就是支持。否则，以他和范仲淹、富弼、欧阳修、韩琦的私人关系，不可能没有任何规劝之语。也就是说，晏殊和改革派实为心心相连，只因形势复杂，不便公开站台而已。

有人以谏官孙甫、蔡襄因欧阳修外放河北弹劾晏殊一事认定晏殊实为保守派，这显然缺乏说服力。

当时，晏殊对欧阳修的确感到头痛，因为欧阳修系其提拔，而他又偏偏锋芒毕露，三番五次弹劾权臣，即使晏殊劝诫，也不给面子。[16]因此，晏殊担心欧阳修执拗、认死理的性格会给自己带来大麻烦，不如以退为进，先放到地方上去，避免矛盾激化。但这并不意味着他对改革派的否定，须知他和富弼、范仲淹的关系无法割舍。

也有人以晏殊的外甥李定引爆"奏邸之狱"、晏殊"坐山观虎斗"推测晏殊实为保守派。

这明显很荒唐。

须知，李定引爆"奏邸之狱"纯属偶然事件。

假如苏舜钦接纳李定参加宴会，便不至于把事情搞得不可收拾。这与保守派、改革派有什么关系呢？

而说晏殊身为宰相对此保持沉默则纯属无稽之谈。

晏殊于庆历四年（1044）九月十二日罢相，而"奏邸事件"发生在十月，对这些人的处理结果十一月宣布，晏殊此时已外放州府，怎么有权力干预？怎么提出反对意见？

5. 须发皆白两衰翁，把酒言欢

庆历四年九月，晏殊罢相，以工部尚书知颍州。

次年正月，范仲淹罢参知政事，以资政殿学士衔，出知邠州（今陕西彬县），兼陕西四路缘边安抚使。十一月，又以给事中的官衔移知邓州。

此时，晏殊五十五岁，而范仲淹五十七岁。两位故交旧友的工作地点相距不远，约莫四百公里。

庆历六年（1046），范仲淹在邓州整修百花洲，重修览秀亭，写诗《献百花洲图上陈州晏相公》寄给晏殊欣赏，诗云：

> 穰下胜游少，此洲聊入诗。百花争窈窕，一水自涟漪。
> 洁白怜翘鹭，优游羡戏龟。阑干红屈曲，亭宇碧参差。
> 倒影澄波底，横烟落照时。月明鱼竞跃，春静柳闲垂。
> 万竹排霜杖，千荷卷翠旗。菊分潭上近，梅比汉南迟。
> 岸鹊依人喜，汀鸥不我疑。彩丝穿石节，罗袜踏青期。
> 素发频来醉，沧浪减去思。步随芳草远，歌逐画船移。
> 绘写求真赏，缄藏献己知。相君那肯爱，家有凤皇池。

诗人饱含深情，极尽描摹之能事，将百花洲近似江南水乡的迷人风光如同一幅画卷般递到了晏殊眼前。

百花洲系范仲淹同年好友谢绛于宝元二年（1039）担任邓州知州时修建，可惜谢绛当年十一月去世后，百花洲也逐渐萧条。

范仲淹徙知邓州后，看到百花洲破败不堪，十分伤感，触景生情，写下了《祭谢舍人文》，为谢绛的英年早逝而痛惜，决定修复胜景，兴学惠民。

于是，他倾其所有，在社会贤达的赞助下，数月时间，将百花洲修整一新，还建起了崭新的花洲书院。览秀亭、嘉赏亭顾盼生辉，春风阁、文昌阁错落有致，曲廊婀娜，尽显风情。这年九月，他在花洲书院写下了千古名篇《岳阳楼记》。百花洲也从此成为古今文人骚客凭吊景仰的一处名胜。

两年多后，皇祐元年（1049）正月，范仲淹移知杭州，路过陈州时，特意登门拜访晏殊，留宿欢饮数日，并写下了《过陈州上晏相公》这首诗：

曩由清举玉宸知，今觉光荣冠一时。
曾入黄扉陪国论，重求绛帐就师资。
谈文讲道浑无倦，养浩存真绝不衰。
独愧铸颜恩未报，捧觞为寿献声诗。

范仲淹其实比晏殊还年长两岁，但对这位曾经的恩人极为恭敬。

"曩由清举"指当年晏殊举荐其任职秘阁，"曾入黄扉陪国论"是说曾和晏殊一同在中枢任职，"重求绛帐就师资"则是再度表明自己的门生身份，而结尾"独愧铸颜恩未报，捧觞为寿献声诗"两句是真情流露的精彩诗句。

宋人笔记说，范仲淹自从获晏殊推荐参加馆试，终身对晏殊执门生礼，即使后来名高位尊也没有改变。[17]

试想，晏殊、范仲淹自天圣五年（1027）有缘共事以来，虽性格各异、意趣有别，甚至价值观不大一致，但和而不同、情深义重。二十三年来，两人历经风风雨雨，但感情愈来愈深，有如老酒，越久越醇厚。

晓春眼前浮现的场景是，两位须发皆白的花甲老人把酒言欢，秉烛长谈。

人生得一知己足矣，斯世当以同怀视之。对床夜雨，推心置腹，这种促膝长谈的景象，着实令人感动。

这次貌似随缘的会面，很可能是他们此生最后一次相逢。

这年七八月份，晏殊徙知许州（今河南许昌市），一年后又以观文殿大学士衔知永兴军（今陕西西安市）。

而范仲淹于皇祐三年（1051）春以户部侍郎衔知青州（今山东青州市），充京东东路安抚使。

第二年正月，范仲淹带病移知颍州，行至徐州（今江苏徐州市），沉疴不起，于五月二十日病逝。

作为"庆历新政"的领军人物，范仲淹的去世震动朝野。

富弼、韩琦、欧阳修、张方平、梅尧臣等人纷纷撰文纪念。

奇怪的是，传诸后世的挽诗、挽联、挽文中，未见有来自晏殊的。试想，此年三月欧阳修的母亲郑氏夫人去世，晏殊曾遣使慰唁。而面对私人关系更好的范仲淹，他怎么可能无动于衷呢？以常理推测，晏殊的诗文大多散佚，他纪念范仲淹的诗文或挽辞由此湮没在历史长河中。但假使当时晏殊有文，怎么在卷帙浩繁的《全宋文》、《全宋笔记》不见只字片语？这是令晓春深感费解的一件事。

有没有这么一种可能——范仲淹病逝后，晏殊未曾撰写挽文、挽辞。单单从晏、范之间的交谊看，似乎不大可能。但分析当时党争依然激烈的态势，这种可能性不宜贸然排除。

范仲淹在徐州去世后，其子范纯仁请资政殿大学士、知蔡州（今河南汝南县）的富弼和正在颍州丁母忧的欧阳修分别撰写墓志铭与神道碑铭。富弼于当年十二月前写成刻石，欧阳修却拖延到至和元年（1054）才撰成初稿。

欧阳修对范仲淹了如指掌，又文才盖世，何以被一篇神道碑铭难住了？！

是不是另有原因？

答案是肯定的。

这篇神道碑铭，欧阳修写了一年多仍然交不出。

范纯仁几兄弟多次催促，欧阳修为此特意写信解释说："这篇碑铭太难写了，现在敌方阵营势力还很强大，要字斟句酌，与他们相持。"

这样说，是因为吕夷简虽不在人世，但其帮派势力还很强大。

事实上，即使欧阳修勉为其难地写成《范文正公神道碑铭》，其中一些描述和评价也做出了妥协。在碑铭中，他描述了范仲淹和吕夷简冰释前嫌的故事。

但这个说法被范纯仁所否定:"没有这回事。我老爸从来没有和吕夷简同志和好。"

为此,范纯仁要求欧阳修修改。

欧阳修气得脸色铁青:"这是我亲眼所见,改什么?你们小年轻的,知道个啥?!"

范纯仁见欧阳修不愿修改,便直接删除了二十多字,刻到碑石上。

完工后,范纯仁把碑文给欧阳修看。

欧阳修气呼呼地说:"别给我!这不是我写的。"[18]

由此可见,此文的难处不在遣词造句,而在于毁誉之分寸不好把握,稍不注意,极易招惹仇家的报复,而仇家正是指吕夷简的门生故吏。此时,吕夷简虽去世八年,但其集团势力依然很大。

譬如,高若讷任枢密使,梁适任参知政事,王举正任御史中丞。

而宰相庞籍虽然曾与范仲淹、韩琦交好,却一直将夏竦奉为对自己有知遇之恩的伯乐。

朝堂形势错综复杂,整体呈现保守势力掌握控制权的格局,这让欧阳修很是顾忌。

正如他写给韩琦的书信所说:"范公人之云亡,天下叹息。昨其家以铭见责,虽在哀苦,义所难辞,然极难为文也。"[19]

所以,当范纯仁删除范、吕"欢然释憾"内容时,欧阳修十分气愤,说删改后的文章不是他写的。

在如此复杂的形势下,一贯以处世圆融著称的晏殊会主动撰写纪念文章或诗词吗?

晓春感觉有很大的不确定性。须知晏殊的女婿富弼已然为范仲淹写了一篇直笔不隐、态度鲜明的墓志铭。

很多时候,晏殊不愿意明确地与富弼绑在同一台战车上,正是党争激烈时的生存需要,也与其沉谨、圆融的性格有关。

因此,细加分析,即使晏殊没有挽文、挽辞,也不应该感到太意外。

二 欧阳修：前世冤家，恩怨纠葛终言和

某日，一伙抚州籍大学生与一伙吉安籍大学生相会于南昌。

酒酣耳热之际，个个豪言壮语。

抚州少年傲娇地说："我们来自才子之乡。"

吉安学生微微一笑："我们来自文章节义之邦。"

抚州少年问："凭什么？"

吉安学生反问："你们凭什么？"

抚州少年说："就凭南昌好几条路是用抚州人的名字命名。譬如，我们有王安石，南昌的安石路是纪念他的。"

吉安学生说："我们有欧阳修，南昌的永叔路是纪念他的。"

抚州少年又扔出一块大牌："我们有曾巩，南昌的子固路是纪念他的。"

吉安学生缓缓说道："我们有欧阳修，南昌的永叔路是纪念他的。"

抚州少年再扔出一块大牌："我们还有陆九渊，南昌的象山路是纪念他的。"

吉安学生仍不急不缓："我们有欧阳修……"

"没人了吧，怎么总是欧阳修欧阳修。"抚州少年打断吉安学生的话。

吉安学生摊开手："我们有欧阳修就够了。曾巩是他的门生，王安石是他曾经提携的晚辈，陆九渊更不要说了，晚辈的N次方。怎么样？"

抚州少年沉默不语。

可就在吉安学生暗自得意之际，邻座另一个抚州大学生站出来，说："我们还有一个晏殊，抚州的同叔路是纪念他的。注意，晏殊是欧阳修的座师，如假包换。"

这只是一个段子。

但确凿无疑的是，欧阳修系晏殊的门生。

自汉代举行察举制以来，被举荐者对举荐他的长官一般自称"门生"，而称呼举荐人为"宗师"、"座主"、"座师"等。隋唐科举制之后，

中榜进士常称呼主考官为"座师"、"座主",结为师徒。

宋太祖建隆三年(962),朝廷曾下令禁止举子与考官以"门生"和"座主"相称,严防结党,统称"天子门生"。但实际上,座主与门生之间仍有难以割舍的特殊感情,甚至以此结成牢不可破的政治集团。

晏殊于天圣八年(1030)正月以资政殿学士身份知礼部贡举,点欧阳修为省元。

御试之后,王拱辰、刘沆、孙抃名列前三,蔡襄、田况、石介、元绛、孙甫、唐介、张先等二百四十九人榜上有名,其中欧阳修中甲科第十四名。

依照惯例,晏殊和这些新科进士正是"座主"与"门生"的关系。

虽说宋初朝廷已明确禁止攀附师生关系,但这种社会关系客观存在,非一纸禁令所能抹杀。

也正因这层关系,欧阳修和同样能文善词的晏殊关系密切,一度因此受益匪浅,屡获拔擢。

但很长一段时间,两人的关系陷入低迷甚至敌对状态。直到晏殊病逝前几年,两人的关系才得以基本修复,算是握手言和。

1. 科场初见结深缘

欧阳修,字永叔,吉州永丰(今江西永丰县)人,生于景德四年(1007),卒于熙宁五年(1072),官至翰林学士、枢密副使、参知政事。以领导北宋诗文革新运动名耸后世,与韩愈、柳宗元、苏轼并称为"千古文章四大家"。

欧阳修四岁丧父,和母亲郑氏一道投靠时任随州(今湖北随州市)推官的叔父欧阳晔。

小欧阳是一块读书的料子,好学不倦,可惜时运不济,曾两次科场落第。

二十二岁时,他拜时任知汉阳军(今湖北武汉市汉阳区)事的文学名士胥偃为师,得到胥偃的青睐,留置门下,悉心教导。

然后,胥偃将欧阳修推荐到国子学。

欧阳修终于时来运转，在国子学的广文馆试、国学解试中连续斩获第一名，成为"监元"、"解元"。

天圣八年（1030）正月，顺风顺水、气势如虹的欧阳修来到了晏殊面前。

宋人笔记中记载了欧阳修参加礼部考试的细节。[20]

晏殊是当年的主考官，出的题目是《司空掌舆地之图赋》。

考试开始后，有不少举人上前咨询，可惜都没有问到关键点，晏殊很是失望。

最后，一个眯缝着眼睛、身体瘦弱的少年走上前来，言辞偏激："主考大人，你这题目不靠谱啊。司空这个官职，周朝汉朝，职权范围不同。汉朝司空，只掌管地图。但周朝的司空，不仅仅掌管地图而已。结合汉代郑玄'今司空掌舆地之图'的说法，题目指的是汉司空。请问题目是指周朝的司空还是汉朝的司空？"

晏殊点点头，说："今天这个考场中，只有你一人真正看懂了题目。题目指的是汉朝的司空。"

在上千应试举子中，竟然只有欧阳修能准确理解主考官出题的用意，不为"司空"所惑，可见其学识渊博，被点为省元在情理之中。

可惜，殿试时，欧阳修未能名列一甲。

毕竟影响殿试排名的因素很多，如皇帝或宰执的好恶、运气、形象、气质、年龄、姓名甚至地域。

最终，此榜的状元被王拱辰夺得，其中一波三折的戏剧性故事已在前文描述，不再赘述。

欧阳修挟连中监元、解元、省元之锐气，意外地排名第十四，抢欧阳修新衣服穿的十九岁毛头小伙子王拱辰反而位列榜首，这让很多人为之抱不平。

韩琦在《欧阳文忠公墓志铭》中说："凡两试国子监，一试礼部，皆为第一。逮崇政试，虽中甲科，人犹以不魁多士为恨。"

至于欧阳修未能高中状元的原因，历来众说纷纭。

譬如，欧阳修在《藏珠于渊赋》中有感于当时奢靡之风盛行，一针见血地指出："上苟贱于所好，下岂求于难得？"正是这句话导致皇帝龙颜不悦，丢了状元。

又如，据说开封人王拱辰得以高中状元，是因为首相吕夷简的赏识和帮助。

再如，据说晏殊若干年后爆料，欧阳修未能夺魁，主要因锋芒毕露，各位考官觉得要挫其锐气，促使他稳健成才。

这些说法未必可信。但不管如何，晏殊对欧阳修的赏识毋庸置疑。否则，欧阳修何以能在省试时斩获"省元"？

晏殊对欧阳修青眼有加，而若干年后，欧阳修培养、拔擢了王安石、苏轼、苏辙、曾巩、程颢、张载等名垂后世的杰出人物。

后人为此感叹说："晏丞相、欧阳少师巍乎为一世龙门，纪纲法度、号令文章灿然具备，有三代风度。"[21]

考中进士之后，欧阳修依循惯例，撰写谢启送出，然后前往晏府向座师致谢。

这年五月，欧阳修被授予将仕郎、试秘书省校书郎、充西京留守推官之官职。

四年之后，他前往京师，召试学士院，授宣德郎、试大理评事、兼监察御史、充镇南军节度掌书记、馆阁校勘。

景祐二年（1035），欧阳修在京师任馆阁校勘。

而晏殊于明道二年（1033）四月，以参知政事罢知亳州。

师生两人擦肩而过，未能同列朝堂。

2. 相知容易，相处太难

晏殊于宝元元年（1038）四月自陈州回到京师，担任御史中丞，十二月改任三司使。一年多后，即康定元年（1040）三月担任知枢密院事，接着于九月加检校太傅、枢密使，成为掌管大宋军事的最高长官。

而欧阳修也于这年六月被召还，担任馆阁校勘，十月转太子中允。第二年，即庆历元年（1041）五月，权同知太常礼院。十二月，加骑都尉。

分别多年，师生二人通过努力，各自结束了颠沛流离的生活，终于聚首汴京。

此乃人生快事，正常情况应该是：身居高位的座师扶持学生，风华正茂的学生效劳座师。

岂料，这年冬天发生了一件事情，给他们原本友好而密切的师生关系带来危机。自此之后，两人嫌隙频生，时远时近，分分合合，恩怨纠葛。

这就是前文曾详细描述过的"西园宴雪咏诗"事件。

当时，大宋在与西夏的战争中败仗连连。在晏殊接掌枢密院之前，有三川口之败。晏殊执掌枢密院之后，又兵败好水川。而麟、府、丰之战久拖不决，形势严峻。

晏殊喜欢宴饮，人所共知。

作为一个年少得志、一贯风雅的诗人，于雪舞长空之时，邀三二知己饮酒赋诗，本也不是什么过分的事情。

可欧阳修不这样看，你晏殊身负重担，掌管大宋军事，值此边关战事正酣，却有心思赏雪饮酒，把边关戍卒的冷暖置之不理，实在不合时宜。

于是，他赋诗讽谏，其诗《晏太尉西园贺雪歌》如下：

> 阴阳乖错乱五行，穷冬山谷暖不冰。
> 一阳且出在地上，地下谁发万物萌。
> 太阴当用不用事，盖由奸将不斩亏国刑。
> 遂令邪风伺间隙，潜中瘟疫于疲氓。
> 神哉陛下至仁圣，忧勤恳祷通精诚。
> 圣人与天同一体，意未发口天已听。
> 忽收寒威还水官，正时肃物凛以清。
> 寒风得势猎猎走，瓦干霰急落不停。
> 恍然天地半夜白，群鸡失晓不及鸣。
> 清晨拜表东上合，郁郁瑞气盈宫庭。
> 退朝骑马下银阙，马滑不惯行瑶琼。
> 晚趋宾馆贺太尉，坐觉满路流欢声。

> 便开西园扫征步，正见玉树花凋零。
> 小轩却坐对山石，拂拂酒面红烟生。
> 主人与国共休戚，不惟喜悦将丰登。
> 须怜铁甲冷彻骨，四十余万屯边兵。

毋庸讳言，诗中后面十句非常凌厉，笔锋所向，凛凛生威。尤其"主人与国共休戚，不惟喜悦将丰登。须怜铁甲冷彻骨，四十余万屯边兵"这几句对身为枢密使的晏殊异常有杀伤力。

诗歌传之四方，何况是文坛大腕欧阳修的诗作！

站位不同，视角不同，便有不同的结果，其中是非曲直不容易说清楚。但这件事情之后，晏殊和欧阳修的关系一落千丈。如前文所述，他们甚至相互攻击对方。

毫无疑问，师生反目，祸起萧墙，无论对晏殊还是欧阳修，都是极其糟糕的事情。须知，在"举世重交游，拟结金兰契"[22]的宋代，情商低便足以毁灭一个人的美好前程，而师生互相攻击必定成为一个笑柄。若干年后，大臣吕公著在宋神宗面前诋毁曾巩"为人行义不如政事，政事不如文章"，以至于名满天下的曾巩多年未获重用。

好在他们还有很多共同的铁哥们儿。譬如，欧阳修与范仲淹、富弼堪称莫逆之交，而范仲淹一向尊重晏殊，富弼则是晏殊的乘龙快婿。从这个角度看，他们的关系还有恢复的空间。没过多久，晏殊在拔擢欧阳修的问题上再次伸出了援手。

庆历三年（1043）三月，欧阳修以太子中允、集贤校理迁任太常丞，并知谏院。据欧阳修写于皇祐元年（1049）的《与晏相公殊书》中"修伏念曩者相公始掌贡举，修以进士而被选抡；及当钧衡，又以谏官而蒙奖擢"等内容可知，欧阳修得以担任谏官，晏殊有举荐之力，功不可没。

但令人遗憾的是，欧阳修担任谏官后，不仅没有借此机会彻底修复和晏殊的关系，反而发生了更大的冲突。

据《宋史·欧阳修传》记载，欧阳修"论事切直"、"平生与人尽言无所隐"、"以风节自持"、"天资刚劲，见义勇为，虽机阱在前，触发之不顾。放逐流离，至于再三，志气自若也"。

本来，于一个优秀的谏官而言，这种刚介忠直的性格适得其所。

但当时的政治环境异常复杂。范仲淹、富弼、韩琦携"庆历四谏官"王素、欧阳修、余靖、蔡襄等力推"庆历新政"的新兴士大夫集团和吕夷简、夏竦、王拱辰、章得象等传统守旧势力正短兵相接，势同水火。

毋庸置疑，守旧派大多身居要职，斗争经验丰富，政治手腕高明。

作为一个宦海沉浮四十年的宰相，晏殊最清楚吕夷简集团的强大能量，也了解夏竦不择手段的政治思维，他不得不为富弼、范仲淹感到担忧。他对"庆历新政"虽然没有明确表明支持或反对的态度，但谁能割舍他和女婿富弼，门生范仲淹、欧阳修的密切关系呢？对于欧阳修担任谏官两年来论事不休、咄咄逼人，甚至对他也毫不留情的做法，他感到难以理解和遗憾。在他看来，欧阳修不适合再在朝廷担任谏官了。

晏殊力主将欧阳修外放出京，遭到了蔡襄等谏官的坚决反对。

蔡襄在其《乞留欧阳修状》中说："事有轻重，度才而处；才有长短，适用为宜。朝廷安危之论系于天下则为重，河北金谷之司系于一方则为轻。修之资性，善于议论，乃其所长，至于金谷出入之计，勤干之吏，则能为之。任修于河北而去朝廷，于修之长则失其所长，于朝廷之体则轻其所重。"

应该承认，蔡襄的观点很有说服力，欧阳修的确更适合做谏官，而不是负责财经税赋的转运使。朝廷这样用人，确有用其所短之疑。

但是，即便蔡襄说得头头是道，晏殊已拿定主意，让欧阳修离开京城这个是非之地。

晏殊为什么坚决要把门生欧阳修赶出京师呢？

一是因为欧阳修和以吕夷简、夏竦为首的保守派集团已经闹得水火不容，矛盾非常激烈。

二是欧阳修那篇引起一片哗然的《朋党论》已经给改革派包括晏殊惹来了巨大的麻烦。作为一个沉谨、中庸、圆融的老臣，也许他认为，让欧阳修远离朝堂是最好的选择，由此可以减少大量是非之争，也可以最大限度撇清他与欧阳修的"朋党"关系，彻底减轻他的举荐之责。

三是，此前范仲淹、富弼、石介已陆续外放出京，"庆历新政"的夭亡难以避免，何必再做无谓的努力呢？保存实力，等待时机，才是最好的选择啊！

庆历四年（1044）八月，在晏殊的坚持之下，欧阳修担任龙图阁直学士、河北都转运使。

让晏殊没有想到的是，将欧阳修外放引起了谏官集团的强烈愤怒，把矛头指向他。既然你要和你的学生们做如此彻底的切割，就不要怪我们手下无情了！

前文已述，晏殊被孙甫、蔡襄几个谏官拉下了马，出守颍州。

此事之后，晏殊和欧阳修的关系跌至冰点，以至于若干年后都难以恢复。

在叙述晏殊生平时，晓春曾列举了他们关系紧张的事例，在此再费点笔墨。

欧阳修曾于庆历七年（1047）致信晏殊，表达关切、敬重之意，并推荐荥阳主簿魏广。

晏殊虽以奖掖后进闻名于后世，但无法找到他举荐魏广的记载，应是不了了之。

两年后，欧阳修移知颍州，致信一年前移知陈州的晏殊。

在信中，欧阳修首先感谢晏殊当年的知遇之恩，接着对后来被晏殊生疏、冷落深表不安，然后对自己能来到晏殊曾主政的颍州做官倍感荣幸，表达敬仰之情，希望晏殊为国为民珍重身体。[23]

欧阳修言辞恳切，感情真挚。但晏殊似乎依然不领情，收到信后，让文秘代为回复。

有人为欧阳修打抱不平，说："晏大叔啊，欧阳修好歹文名远播，你这样做，太不当回事了吧。"

晏殊笑道："也就是当年的一个学生，够了。呵呵！"

由此可见，五年时间过去了，欧阳修在晏殊心上划下的伤口还没有愈合。

3. 渡尽劫波泯恩仇

至和元年（1054），初春时节，万物复苏，草青柳绿，桃红李白。

一封书信送到了在洛阳官府的晏殊手上。

看到信封，晏殊知道，是欧阳修的信。拆开书信，映入眼帘的正是欧阳修刚劲而温润的颜体楷书。

在信中，欧阳修先把自己臭骂一顿，再对晏殊派人吊唁其亡母表示感激涕零，高度赞扬晏殊同志大人大量，宰相肚里能撑船等等。[24]

掩上书信，晏殊端起茶盅抿了一口茶，陷入了深深的沉思。

他想，欧阳修丁忧期满，该重出江湖了。算起来，他这个门生今年该有四十八岁。

想起自己与欧阳修的往事，他顿时觉得五味杂陈。

自庆历四年那场争斗之后，晏殊很长时间不愿意搭理这个认死理、不近人情的门生弟子。

好在岁月无敌，时光就是良药。看到欧阳修官运蹇塞，迁徙多地，他又突然觉得欧阳修其实也挺可怜的。欧阳修，你情商太低了，只能怪你自己！

皇祐四年（1052）三月，郑氏夫人病逝，欧阳修向朝廷告假，扶柩前往颍州，为母亲守制。晏殊得知消息后，派遣府兵前往吊唁。后来，欧阳修决定将母亲送回老家吉州永丰安葬。办完丧事，已是一年多之后了，才给座师晏殊写信致谢。

晏殊遣使吊唁，看起来是礼节性应酬，但联系新旧势力仍在争斗，且革新派处于下风的背景，晏殊此举让欧阳修感到暖心。

至和元年九月，欧阳修迁任翰林学士，兼史馆修撰，又差勾当三班院，成为朝廷炙手可热的实权人物。

而此时，晏殊因病回到京师，被宋仁宗留侍讲迩英阁，享受宰相礼仪待遇。

师生二人时隔多年，终于再次在开封见面，相逢一笑，放下芥蒂。

行文至此，晓春不禁想起鲁迅写在《题三义塔》中的那两句名句：

"渡尽劫波兄弟在，相逢一笑泯恩仇。"

至和二年，即1055年正月丁亥日，晏殊病逝。

欧阳修于不胜哀痛之余，提笔撰写了《观文殿大学士行兵部尚书西京留守赠司空兼侍中晏公神道碑铭》。

在《晏公神道碑铭》中，欧阳修对晏殊予以高度评价，如"由王官、宫臣卒登宰相，凡所以辅道圣德，忧勤国家，有旧有劳，自始至卒五十余年"、"公为人刚简，遇人必以诚，虽处富贵如寒士，尊酒相对，欢如也。得一善，称之如己出，当世知名之士如范仲淹、孔道辅等，皆出其门，及为相，益务进贤材。当公居相府时，范仲淹、韩琦、富弼皆进用，至于台阁，多一时之贤"、"其为政敏，而务以简便其民。其于家严，子弟之见有时，事寡姊孝谨，未尝为子弟求恩泽"等。

事实证明，欧阳修在碑铭中对晏殊的评价，中肯而适度，并非溢美之词，足以经受岁月的打磨。

此外，欧阳修还饱蘸浓墨，作《晏元献公挽辞三首》：

其一

接物襟怀旷，推贤品藻精。谋猷存二府，台阁遍诸生。
帝念宫臣旧，恩隆衮服荣。春风绿野迥，千两送铭旌。

其二

四镇名藩忽十春，归来白首两朝臣。
上心方喜亲耆德，物论犹期秉国钧。
退食图书盈一室，开樽谈笑列嘉宾。
昔人风采今人少，恸哭何由赎以身。

其三

富贵优游五十年，始终明哲保身全。
一时闻望朝廷重，余事文章海外传。
旧馆池台闲水石，悲笳风日惨山川。
解官制服门生礼，惭负君恩隔九泉。

这三首诗，从几个角度表达了对晏殊的深切怀念。

第一首，主要称赞晏殊为朝廷荐贤任能、奖掖后进方面的贡献。

第二首，着重怀念晏殊在政事文章方面的雍容大度及夺目风采。

第三首，先以简练的笔墨对晏殊一生进行高度概括，接着表达自己无尽的哀思——即使以"解官制服"这样的丁忧大礼来表达对恩师的怀念，恐怕也难以弥补有负师恩的深深歉疚。

晏殊和欧阳修起于师生关系，历经恩怨纠葛。时而携手，其乐融融；时而反目，相互攻击。迥异的个性使他们难以理解对方的言行，好在深情厚谊垫底，终究让师生二人渡尽劫波，握手言和。

三　吕夷简：牛人的朋友不好做

大宋十八个皇帝，谁在位时间最长？

宋仁宗——在位四十二年。

宋仁宗一朝，谁是最牛的政治家？

嘉祐八年（1063），配享仁宗庙庭的文臣武将为：王曾、吕夷简和曹玮。宝庆二年（1226），此三人被绘像于昭勋阁，均系昭勋阁二十四功臣。而范仲淹是"庆历新政"的领军人物，能文善武，忠直无私，拥趸甚众，后世对其评价极高。

当时谁最牛？王曾、范仲淹还是吕夷简？

范仲淹于庆历三年（1043）以参知政事的身份主持过"庆历新政"，但昙花一现，十六个月后即告夭亡。他在宋仁宗一朝虽登台露面频繁，但担任宰执的时间很短，且没有担任过宰相，其政治影响力是短暂的，远远不及王曾、吕夷简。当然，范仲淹被后世奉为忧国忧民的士大夫典范，那是另外一回事了。

作为宋真宗朝即获圣眷的大臣，王曾于大中祥符九年（1016）九月开始担任参知政事，比吕夷简早六年，但他担任宰相的时间累计不到十年，其中担任首相即昭文相的时间约三年半。而吕夷简于乾兴元年

（1022）七月起开始担任参知政事，约七年后即天圣七年二月拜集贤相，同年八月拜昭文相，其后起起落落，至庆历三年九月致仕，其间担任宰相累计约十一年，其中担任首相的时间长达十年。

由此可见，自宋仁宗即位尤其亲政以来，吕夷简堪称独领风骚，是宋仁宗朝无法绕过的核心人物。说白一点，最牛的大臣就是他，别人努力争取第二吧！

1. 宋仁宗时代的"大神"

吕夷简，真的是那个时代的"大神"吗？

他的政敌欧阳修，曾上书宋仁宗，说："老吕做宰相这么多年，搞得外忧内困，贤士被冷落，傻瓜占高位，纲纪毁坏，二十多年来，把国家弄得不像样子。而他自己，尽享位极人臣的大富贵，把天下的忧患问题留给陛下您。"[25]

但《宋史·吕夷简传》的评价却不是这样，大意是："吕夷简同志执掌大权最久，虽然多次被人诋毁，但宋仁宗仍然对他深信不疑，眷宠有加。而被他排挤打压的官员，没过多久，大多重新起用。天下大事，他操控在手，翻转自如。后来，配享于仁宗庙，是当世名相。"[26]

毁誉相差万里，评价判若云泥，孰是孰非？

晓春同学，谁说的靠谱？

看看干部履历表吧！

翻开吕夷简同志的人生履历，很容易发现，他不是"牛"，而是"牛牛牛"，正儿八经的大牛人！

他是正儿八经的"官四代"。曾祖父吕梦奇曾任后唐御史中丞，祖父吕龟祥曾知寿州（今安徽淮南市），堂伯吕蒙正曾任太宗、真宗两朝宰相，父亲吕蒙亨曾任大理寺丞。而不得不提的是，他的后人也光芒万丈。譬如，其次子吕公弼，在宋神宗朝曾任枢密使；譬如，其第三子吕公著，在宋哲宗朝曾任宰相。

他于咸平三年（1000）考中进士后，踏入仕途。在地方历练十六年之后，进入京师为官，先后担任侍御史知杂事、起居舍人领通进、银台封驳从官、知制诰、权知开封府。然后，于乾兴元年（1022）七月升任参知政事，自此成为宰执。二十多年来，他尽享无限风光。尤其是执掌中书的十余年，在宋仁宗朝留下了浓墨重彩的一笔。

说起吕夷简之"能"，事例不胜枚举。

譬如，担任滨州（今山东滨州市）知州时，重视兴修水利，解决了洪水泛滥成灾的问题。

譬如，奏请罢免河北农器税，获得宋真宗的认可，把其他地方的农器税也予以免除，成就了一场全国性的税制变革。时任宰相的王旦，为此称赞他"器识远大"[27]。

譬如，在他提点两浙路刑狱时，发现因大建宫观衍生很多问题。官府规定期限运送木材，但时值隆冬，河流不畅，难以完成，一些工匠徒役死在途中，押运的官员就诬蔑他们逃跑，捉拿他们的妻儿。为此，吕夷简上疏朝廷，建议延缓劳役，等春季河流解冻后，再派遣兵卒运送。此举得到宋真宗的肯定和奖赏，小吕同志，我看你小子很有忧国爱民之心嘛。于是，提拔他做刑部员外郎、侍御史知杂事，还特许他穿绯色官服。[28]正常情况下，四品、五品官员才允许穿绯色官服。

譬如，审理假李顺案。

当时，四川抓了一个"李顺"送到朝廷来，大家纷纷祝贺。可后来经御史台核查，此人不是李顺。可相关人员还是准备以此定案判决，吕夷简呵斥道："这么大的事情也敢欺骗朝廷吗？"如实向宋真宗报告，违背了相关大臣的意图。[29]

此人是"假李顺"，很多人知道，却一个个装聋作哑。

身为"侍御史知杂事"的吕夷简，不惜冒犯、违抗位高权重、手段卑鄙的枢密使王钦若，其实风险不小，由此可见吕夷简的务实精神和政治操守。

而在执掌中书之后，吕夷简在处理国家大事方面，表现出超乎常人的判断能力和掌控能力，富于谋略，善断大事。

譬如，建言厚葬李宸妃。

明道元年（1032）二月，宋仁宗的生母李宸妃病逝，皇太后刘娥最初没有公开治丧。当年，宋仁宗刚一出生即被刘娥占为己有，以至于宋仁宗直到李宸妃去世，仍不知道她是自己生身母亲。吕夷简觉得此事处理不当，态度坚决地几次三番劝说刘娥为李宸妃隆重治丧。[30]

在这个可能在日后导致宫廷内乱的大问题上，吕夷简毫不退让，不惜得罪一手遮天的皇太后刘娥。一个没有政治远见和超常魄力的宰相，不可能这样做。

后来的事实证明，吕夷简的公正和坚守避免了朝堂上的腥风血雨。

第二年三月，皇太后刘娥病逝，宋仁宗很快得知李宸妃才是自己的生身母亲。听闻燕王赵元俨说李宸妃"死于非命"后，宋仁宗果然派人启棺验视，发现李宸妃妆容整洁，没有任何异常，于是对刘娥一族进行抚恤慰问[31]。

试想，假如不是吕夷简的建言和坚持，刘娥一族恐怕惹上了天大的麻烦。

譬如，智罢宦官监军。

康定元年（1040）一月，大宋和西夏交战于三川口，宋军大败，丧师过万，名将刘平、石元孙被俘，监军宦官黄德和临阵脱逃。

朝野舆论把失败归咎于朝廷派宦官做监军，呼吁把监军全部撤掉。

宋仁宗向宰相吕夷简征求意见。

吕夷简说，不必撤掉，只要选择为人谨慎、忠厚的宦官去任职就可以。

于是，宋仁宗委派吕夷简负责选人。

吕夷简说，我作为一名待罪宰相，不能与宦官私下交往，无法了解他们是否贤良，希望皇上诏命都知押班[32]去推举，为确保用人质量，应要求他们一旦举荐不当，承担同样罪责。

宋仁宗对此表示赞许。

第二天，都知押班得知具体情况后，纷纷乞请撤掉所有的宦官监军。

朝中士大夫对吕夷简的谋略无不交口称赞。

试想，杀一两个监军，并不能够改变大局。如全部撤掉宦官监军，又怕不是皇帝的本意，而宦官们也必生怨气，一旦军中有什么过失，他们肯定责难当朝大臣，尤其建言裁撤宦官监军的大臣。因此，最高明的办法，是让他们知难而退，自己请求撤掉。

譬如，力主修建大名府。

庆历二年（1042）春，大辽遣使向大宋索要关南十县，宋辽关系骤然紧张。

面对随时可能到来的战争，有人提出修筑洛阳城，以备形势危险时迁都之需。吕夷简对此议表示反对，认为假如迁都洛阳，辽军渡过黄河以后，城池再坚固也枉然，无法阻挡辽军的进攻，只有采取积极防御的办法才是正道，建议把防线前移，修建大名府，控制辽军南渡黄河的通道。

宋仁宗果断采纳了吕夷简的建议，建大名府为北京，出内藏库缗十万，修北京行宫。

此举使大名府成为抗击辽军的边防重镇，向辽国明确传达了不惧怕战争要挟的信息。

接着，吕夷简在和辽使谈判时，表现出较为强硬的态度，迫使辽使的期望值大大降低。

几经周折，经富弼等人的努力，宋、辽谈判取得成功，两国兵戎相见的风险彻底化解。

可见，虽然不曾领军打仗，但吕夷简的战略眼光和器量远非一般大臣、将军可比。

当然，吕夷简并非完人，当时及后世对其颇有非议。

除欧阳修之外，谏官孙沔、蔡襄也对他严厉指责、批评，而后世大儒朱熹对他的评价也很低。

这显然不是空穴来风，与其担任首相期间的一些做法密切相关。

譬如，不择手段排挤甚至陷害次相李迪，而李迪一向勤勉实干、忠直耿介，政声极好。

吕夷简这次政治斗争的胜利，于朝野舆论而言，其实丢分很多。后来，吕夷简又和曾对其有举荐之恩的宰相王曾发生很多冲突。此事强化了吕夷简专横弄权、排挤贤良的形象。

譬如报复郭皇后，助推宋仁宗废郭皇后。

郭皇后于明道二年，在宋仁宗面前说，吕夷简其实也是太后刘娥一党，致使吕夷简外放。

为此，吕夷简耿耿于怀。

后来，郭皇后因与嫔妃争宠，误伤宋仁宗，引发宋仁宗雷霆大怒，顿起废后之意。

此时，吕夷简火上浇油地说："光武皇帝，是汉朝明君，郭圣通皇后仅仅有点怨恨，就被废掉了，何况她还伤着了陛下您的脖颈子？"[33]

而在孔道铺、范仲淹等台谏官员上疏谏阻，甚至"伏阁请对"时，吕夷简建议宋仁宗采取霹雳手段，直接将孔道铺、范仲淹分别外放至泰州（今江苏泰州市）、睦州（今浙江建德市、淳安县等地）。

此事冲突激烈，影响巨大，吕夷简表面上赢得了胜利，其实树敌无数，尤其为朝廷清流所不齿。

譬如，推荐才能在自己之下者接任。

吕夷简一生三度罢相，但每次罢相，均推荐能力明显比自己弱的人接任，以期东山再起。

他曾经推荐王随、陈尧佐、张士逊接任宰相。这些人，要么能力偏弱，要么年事已高。

他甚至在致仕之前，推荐心狠手辣的夏竦接任，以至于引起轩然大波，朝堂因此风云再起。这也让吕夷简饱受诟病。

2. 你是我头顶如影随形的云

不管人们对吕夷简的争议有多大，其把持朝政十多年是无法抹杀的事实。

于晏殊而言，他无处不在，如影随形，影响极大。

吕夷简比晏殊大十三岁，但从两人的从政经历看，交集甚多。

这位牛人，生于太平兴国三年（978），比晏殊大十三岁，但两人踏入仕途的时间相差不远。吕夷简于咸平三年（1000）进士及第，由此开始了长达十六年的地方官历程。而晏殊于景德二年（1005）举神童第，开始了风生水起的仕进之路。

晏殊比吕夷简略微晚一些进入官场，虽少年得志，整体顺风顺水，但始终无法实现对吕夷简的超越。甚至可以说，他们前期各自大展拳脚,后期晏殊不得不一定程度上迎合、依附吕夷简。

大中祥符九年(1016),晏殊和吕夷简各自迎来了仕途的转折点。

晏殊成为皇子,即后来的宋仁宗的"记室咨议"。而吕夷简进入京师,担任了御史台的副长官——侍御史知杂事。

两年后,他们又分别获得拔擢。吕夷简改任起居舍人,领通进、银台封驳从官,晏殊以户部员外郎,充太子舍人、知制诰、判集贤院。

应该说,此时,吕夷简、晏殊两人平分秋色,甚至年轻一截的晏殊势头更劲。毕竟,在宋真宗晚期,要抢走晏殊的风头,是一件极其困难的事情。

宋仁宗即位以后,晏殊、吕夷简分别加官进禄。乾兴元年(1022)七月,晏殊拜"右谏议大夫,兼侍读学士,迁给事中",而吕夷简由权知开封府迁升"右谏议大夫,以给事中职参知政事"。

第一阶段赛跑的结果出来了:吕夷简率先进入中书,成为宰执。

三年之后,即天圣三年(1025)十月,晏殊自翰林学士、礼部侍郎迁枢密副使,成为宰执,追上了吕夷简的脚步。

不难想象,沉谨、圆融的晏殊和谋略过人、精明能干的吕夷简必定结下了令人羡慕的私谊。否则,他们怎么会一次次相互帮助,共渡难关,把这一份情谊延续到人生的尽头?

明道二年(1033)三月,皇太后刘娥驾崩。次月,晏殊被罢参知政事,出守亳州。

最初,宋仁宗无意罢免首相吕夷简。因此,尽罢太后刘娥一党的事情曾和吕夷简商量。

谈及晏殊,宋仁宗出示李宸妃墓铭文字内容,说:"晏殊身为侍从,怎么可能不知道我亲妈生我的事情?"

认为晏殊撰写李宸妃墓铭时,刻意隐瞒事实。

关键时刻,吕夷简极力为晏殊辩解,说:"宫内的事情,最为秘密,晏殊可能一无所知。再说,章献太后当时执掌朝政,假如明确写李宸妃是陛下您的生身母亲,过得了关吗?"[34]

吕夷简的说法很有说服力,宫廷的秘密几人能够知道?即便知道,以刘娥的一手遮天,谁敢公开真相呢?作为仁厚之君,宋仁宗听罢此言,怎么可能不设身处地为晏殊考虑呢?

身为一人之下万人之上的昭文相,全力阐明事实保全大臣,也许是分内之事。但结合吕夷简一贯的为政风格看,如果晏殊和他的私人关系一般,他断然不会在宋仁宗面前如此卖力辩解。

而九年之后,即庆历二年(1042)四月发生的富弼、吕夷简争执事件,再度可以看出晏殊和吕夷简超乎常人的私谊。

此事的细节前文已写得很详细了,于此不再赘述。

但分析吕夷简、晏殊在事件中的表现,有利于对他们的关系做一个较为准确的判断。

首先,我们看事实。

以吕夷简一贯党同伐异、玩弄权术的风格看,他派富弼出使契丹,的确有包藏祸心之嫌。毕竟,富弼担任谏官和知制诰时,屡次搞得吕夷简下不了台。

为此,欧阳修对此明确反对,认为吕夷简此举,如同唐朝奸相卢杞推荐颜真卿出使叛贼李希烈,十分危险。[35]唐朝建中三年(782),淮西节度使李希烈联合叛臣李纳、田悦、朱滔各自称王,公然反唐。次年,宰相卢杞借机谋害颜真卿,向唐德宗建议派颜真卿前往劝谕。唐德宗命颜真卿为宣慰使赶赴淮西,颜真卿虽然明知危险,依然毫不退缩,毅然前往,结果被李希烈扣押,不为李希烈的劝降利诱所惑,两年多后以身殉国。

在如此可疑的背景下,竟然出现"誓书"与约定事项不一致的情况。这恐怕不是吕夷简一句"此误尔,当改正"所能敷衍了事的。倘若不是富弼向来审慎,会惹出多么大的麻烦难以预料,甚至可能性命不保。

由此可见,富弼对吕夷简的指责并非吹毛求疵。哥们儿,你几乎想要我的命,我还不能吼几句吗?!

其次,我们看晏殊的言行。

面对乘龙快婿得理不饶人,"语益侵夷简",晏殊自然要当和事佬。此时,只有他适合出面和稀泥。宋仁宗贵为天子,又该说什么?能说什么呢?

晏殊说:"小富,吕夷简同志绝不可能害你,恐怕真的是失误哦。"

结果，火气正旺的富弼同志没给老丈人面子："晏殊，你这个奸臣，和吕夷简拉帮结派欺瞒陛下！"

怎么样，搞得晏殊老同志里外不是人嘛！

最后，我们据此分析一下，此时，晏殊和吕夷简的关系到底如何。

富弼说"殊奸邪，党夷简以欺陛下"，虽系愤怒之下口不择言，但由此不难看出，在富弼心中，晏殊和吕夷简的私交是多么好。

有读者可能要说，既然晏殊和吕夷简关系那么好，怎么不站在富弼的立场上，以事实为依据，批评吕夷简几句？

为什么呢？

吕夷简是一个翻手为云、覆手为雨的猛人，你今天给他添堵，他怀恨在心，过几天就可能把你给灭了。有一天，晓春读王维的诗《酌酒与裴迪》，读到"人情翻覆似波澜"、"白首相知犹按剑"这两句时，脑子里浮现出一堆历史上的狠角色，吕夷简是其中之一。

再说，真的干起来，你晏殊、富弼是人家的对手吗？

读宋仁宗朝的历史，晓春发现，吕夷简的死党太多了，且大多占据高位。

王志双先生曾就此写了一篇论文，题为《吕夷简集团的组成及其性质》。在这篇论文中，王志双把吕夷简集团的组成人员分为"以科举中缔结的关系而聚结者"、"以姻亲关系而聚结者"、"同流"等三类，高官显宦尽在其中。倘若抄录名单，得有一大摞。一言以蔽之，吕夷简的势力是一骑绝尘的No.1，其他人绑在一起也远远不够。

在这种情势下，政治经验老到的晏殊，怎么可能和老朋友撕破脸皮？是撕不起，但更关键的是，晏殊压根儿不想撕。

这么多年的革命友谊，是血水、汗水和岁月一起熬成的！

假如还有人质疑晓春的分析，我们接着往下看。

因身体欠佳，多次请辞。庆历三年（1043）三月，吕夷简被罢免昭文相职务。集贤相章得象得以进位昭文相，而晏殊则拜集贤相。

此时，吕夷简"为司徒、监修国史，军国大事与中书、枢密院同议"[36]，实际是"史馆相"，依然位高权重。

可以想见，晏殊得以拜相，吕夷简的正面帮助不可或缺。

而在吕夷简年事已高、遭遇谏官集团群起而攻的迟暮岁月，晏殊毫不犹豫地给予这位大宋名相一个温暖的拥抱。

庆历三年，王素、欧阳修、余靖、蔡襄并为谏官，而范仲淹、韩琦、富弼同为执政，在朝中形成了强大的新兴势力，矛头直指吕夷简。

谏官欧阳修上书，说吕夷简"招权收恩"。接着，陕西转运使孙沔上书，说吕夷简"黜忠言，废直道"。而谏官蔡襄则说得更狠，说吕夷简下台以后，还在干预朝政，而当政时屡次打击持不同政见的官员，甚至"假托人主威权，以逐忠贤，欲人附己。一恩之施，皆须出我门下"[37]。

毫无疑问，这是吕夷简一生最为艰难的时期——即使宋仁宗仍然对他优宠有加，四面受敌的感觉并不好受。

当年九月，吕夷简授太尉致仕。次年，即庆历四年（1044）九月，吕夷简病逝。

史料显示，晏殊在吕夷简与谏官集团的斗争中，明确表明了自己的感情态度。对于风烛残年的吕夷简来说，这应该算是凛冽寒冬里吹来的一股春风。

针对欧阳修对吕夷简的攻击，晏殊曾写信给吕夷简，将欧阳修一顿臭骂。[38]

毕竟，你晏殊是欧阳修的座师，且屡次拔擢欧阳修，不能一副事不关己的姿态吧。

此后不久，晏殊因将欧阳修外放为河北都转运按察使，招致谏官孙甫、蔡襄弹劾，以致罢相外放。可见，欧阳修等人围攻吕夷简，让晏殊震怒是不争的事实。

在激烈的党争中，晏殊愿意站到江河日下的吕夷简身旁，可见两人的友谊和感情。

此外，从当时晏殊写给吕夷简的诗《次韵和司空相公闰秋重九中书对菊》，也可看出两人的情谊。

而吕夷简的六世孙吕祖谦则在《东莱集》中明确说"吾家全盛时，与江西诸贤特厚。文靖公与晏公戮力王室"。

尤其巧合的是，吕夷简病逝的第三天，晏殊被罢相，出知颍州。

晏殊与吕夷简，一生堪称心心相印，同甘共苦。

在罢相外放的十年岁月里，晏殊也许不时会抬头仰望，想起那朵已然飘走的云。

四　宋氏兄弟：高山流水遇知音

作为名冠一时的诗词大咖，晏殊一生与文人墨客交往密切。其中很多经典作品，正是和文友们的唱酬之作。

在晏殊的交游中，宋氏兄弟分量很重。

宋庠（原名宋郊）、宋祁兄弟祖籍安州（今湖北安陆市），其高祖迁居开封府雍丘县（今河南杞县），遂为开封人。

天圣二年（1024），两人同榜高中，花开并蒂。其中，宋庠为状元，宋祁排名第十。

据记载，这年的主考官是御史中丞刘筠，晏殊以翰林学士、礼部侍郎的身份参与编排进士名次。起初，考官们把弟弟宋祁排在第一位，而把哥哥宋郊排在第三位。结果，皇太后刘娥觉得弟弟的名次在哥哥前面不妥。于是，把宋郊录为状元，把宋祁排在第十名。[39]

由晏殊等人最初提出的意见，宋氏兄弟分别为状元、探花。由此可见，晏殊对二宋的辞赋非常青睐。后来的事实证明，二宋均以文名远播四方，身居高位。从才情看，宋祁略胜一筹，以政治才能论，宋庠技高一等。

因为这么一层关系，宋氏兄弟奉晏殊为师，以门生自居。

宋庠、宋祁分别比晏殊小五岁、七岁，算是年龄相当，加之意气相投，来往频繁便是情理之中了。在宋人笔记中，有不少这方面的记载。譬如，宋人蔡绦在《西清诗话》中说："兄弟虽甚贵显，为文必手抄寄公，恳求雕润。"又如，宋人陆游在《老学庵笔记》中说："（李虚己）以其法授晏元献，元献以授二宋，自是遂不传。"

晏殊与宋氏兄弟情深义重的友谊保持了一生。

1. 山高水长，你永远是我的恩师

被皇太后刘娥点为状元后，宋庠擢大理评事、通判襄州。接着，获破格提升，来到京师任职。

天圣七年（1029）前后，晏殊的私家花园西园基本建成。宋氏兄弟成为西园嘉宾，经常出入其中，宴饮唱和。

此时，晏殊由御史中丞改任兵部侍郎兼秘书监、资政殿学士、翰林侍读学士；而宋庠任职太子中允、直史馆、判登闻鼓院、三司户部判官；宋祁则任职国子监。他们都是皇太后和宋仁宗身边的近臣。

毫无疑问，这段时光是他们密切交往的难忘岁月。宋庠必定感叹，晏老师的花园太好了，要不然到哪里去找这喝酒写诗的好地方啊！

可惜，这段朝夕相处的美好时光因为晏殊的外放戛然而止。

明道二年（1033）四月，晏殊外放亳州，宋庠自此和老师天各一方。

好在这样的时光并不是很长，五年以后，晏殊还朝担任御史中丞，接着改任三司使。

而此时，宋庠担任了万众瞩目的翰林学士，师生二人又经常在西园聚饮唱和。

这段时间，宋庠和晏殊唱和的诗词很多，如《和中丞晏尚书木芙蓉金菊追忆谯郡旧花》、《和中丞晏尚书忆谯涡二首》、《和杨学士和答中丞晏尚书西园玩菊》、《和中丞晏尚书圜丘观礼》、《和中丞晏尚书和答十二兄夜归遇雪之作》、《和中丞晏尚书乘舆宿殿致斋日巡仗遇雪》、《和中丞晏尚书观上御青城案警场》、《和晏尚书宣德门侍宴观灯》、《和晏尚书归马上醉题》。[40]

唱和诗词如此之多，可见宋庠几乎和晏殊形影不离了。

没过多久，他们又同为宰执，关系更加密切。

宝元二年（1039）十一月，宋庠除参知政事。次年，即康定元年三月，晏殊自三司使、刑部尚书除知枢密院事。晏殊执掌枢密院后，奏请参知政事同议边事。因此，他们之间的共同话题更多了。

当然，个人私谊再好也不足以影响他们在大事上的独立判断和处置。

譬如，庆历元年（1041）四月，同为晏殊门生的范仲淹、宋庠发生严重摩擦，最终，宋庠因此被罢参知政事，外放扬州任职。

怎么一回事呢？

当时的首相是吕夷简，前文介绍过，此人极具政治手腕，赶走了几个和他共事的宰相，大家懒得争，把权力让出来，很配合地签个名而已。宋庠有点书生意气，担任参知政事后，经常因为公事和老吕争得面红耳赤，让吕夷简很不高兴，心里琢磨怎样把宋庠赶走。

正好这个时候，发生了范仲淹和西夏元昊私通书信并且私自焚烧的事情。

吕夷简觉得可以挖坑了，对宋庠说："臣子哪里有外交权，老范胆子忒大了！"

宋庠天真地想：老吕这是要拿范仲淹开刀嘛。

等到宋仁宗召集中书、枢密院几个大佬讨论时，宋庠一马当先，说："可以把范仲淹给斩了。"

结果，枢密副使杜衍首先反对。接着，枢密使晏殊和副使郑戬也明确反对。

宋庠眼巴巴地瞅着吕夷简，觉得老吕会帮他说话。

谁料，老吕一言不发。

宋仁宗征询吕夷简的意见，结果老吕说："我看，杜衍说得很有道理嘛，对范仲淹同志稍微惩罚一下就行。"

于是，宋仁宗按照吕夷简的意见，对范仲淹的处理很轻。

被动！宋庠相当被动，朝野舆论哗然，都觉得宋庠太不靠谱了。哪里知道，宋庠其实是被吕夷简给卖了，跳进了老吕挖好的深坑。[41]

宋庠明知范仲淹也是晏殊的门生，交情极好，仍不惜迎合首相吕夷简的意图，结果被"动操有术"的吕夷简引入陷阱，凄然去职，外放到扬州。

这显然是晏殊所最不愿意看到的。毕竟，范仲淹、宋庠都是他的门生，都是知己好友。

此后的事实证明，这件事情并没有影响他们之间的情谊。

庆历四年（1044）九月，晏殊罢相，出知颍州，由此开始了十余年的贬谪岁月。

而宋庠因深得宋仁宗青睐，仕途虽偶有起伏，但整体较为平顺。

庆历五年（1045）正月，宋庠官复原职，担任参知政事。庆历八年（1048）五月，升任枢密使。次年八月，拜集贤相。皇祐三年（1051）三月，罢相，出知河南府（今河南洛阳市），两年后徙许州（今河南许昌市）。

皇祐五年（1053）春夏之间，还在河南府任职的宋庠给观文殿大学士、知永兴军的晏殊写了《晚岁感旧寄永兴相国晏公》诗：

> 误知三十载，顽鲁寄洪钧。物比青毡旧，年惊白发新。
> 河冰斜界陕，关树曲遮秦。何日陪师席，孤怀跪自陈。

对恩师三十年来对自己的关爱，宋庠充分表达了敬意。这位几度担任宰相、枢密使的大臣，不惜放低身段，写下了"何日陪师席，孤怀跪自陈"如此感情真挚的诗句。这种感情不单单是门生对老师的感恩，更多的是对一位诗词大家的敬仰。

当年七月（闰），宋庠徙知许州，接任河南府的正是晏殊。

至和二年正月丁亥，晏殊病逝。三月，葬于许州阳翟县麦秀乡。当时主政许州的宋庠，写下了怀念晏殊的《晏公丧过州北哭罢成篇》二首：

其一
> 昔迎留守萧丞相，今哭谈经戴侍中。
> 一代高情无觅处，落花残日九原风。

其二
> 故郡迎匶野悲，柳车丹旐共逶迤。
> 泉涂自古无春色，可惜森森琼树枝。

宋庠将晏殊与西汉名相萧何、东汉经学大家戴凭并列，可见在他心中，晏殊是何等地位。而标题中"哭罢成篇"几字，不难看出宋庠是如何的肝肠寸断！他对晏殊有多么深厚的感情！

2. 文艺青年的元白之交

胶漆之交，源自东汉陈重和雷义志趣相投、惺惺相惜、肝胆相照的故事。

写到晏殊和宋祁交往的故事时，晓春曾想到这个成语，可很快觉得不够准确。

从他们之间形影不离、如胶似漆看，从他们之间大量的诗词唱和看，他们的交往更像是元稹和白居易的交往状态，即元白之交。

作为一个文学家，宋祁取得了可圈可点的成就，传诸后世的诗词达1578首，其中辑录到《全宋词》的有6首。

这些作品中，影响最大的是《玉楼春·春景》（又称《木兰花·春景》）：

> 东城渐觉风光好，縠皱波纹迎客棹。
> 绿杨烟外晓寒轻，红杏枝头春意闹。
> 浮生长恨欢娱少，肯爱千金轻一笑。
> 为君持酒劝斜阳，且向花间留晚照。

词论大家王国维评价说："红杏枝头春意闹"著一"闹"字而意境全出。[42] 宋祁因这阕词名噪一时，被同时代的著名词人张先称为"红杏尚书"，以至于这个雅称伴随终生。

而比"红杏尚书"这个雅称更能彰显宋祁气质的，是一个因词结缘的传奇故事。[43]

有一天，宋祁同学路过京城的繁台街，迎面突然驶来一排内宫的马车。小宋在狭窄的街巷中躲避不及，只好站在一旁，等待车队经过。

此时，其中一辆车子的车帘被掀开，一个美貌如花的妙龄女子喊道："小宋啊！"

这声娇滴滴的呼叫当场把宋祁同学撩得心痒痒，让风流种子心猿意

马,浮想联翩。回到家中,铺纸提笔,写了一首《鹧鸪天》:

> 画毂雕鞍狭路逢,一声肠断绣帘中。身无彩凤双飞翼,心有灵犀一点通。　　金作屋,玉为笼,车如流水马如龙。刘郎已恨蓬山远,更隔蓬山几万重。

情种宋祁同学的这首词很快被到处传唱,甚至内宫也知道了。

宋仁宗听说后,问宫内人是第几辆车子,是谁呼叫小宋。

有一个宫女说:"那天侍奉皇上宴饮结束不久,听见宣召翰林学士,身边的宦官说:'是小宋。'当时,我在车子中偶然看见他,不由自主地呼叫了一声。"

于是,宋仁宗召见宋祁同学,慢慢地谈到了这件事。

宋祁同学大吃一惊,惶恐得无地自容。

绝世好皇帝宋仁宗笑着说:"你词中所说的'蓬山'并不远啊。"

说罢,竟然把这个宫女赏赐给了宋祁。

从这个故事看,晓春不得不佩服宋祁的胆量、才情和好运气。

妙龄宫女对你粲然一笑,你心旌摇荡、想入非非,这对于一个虎狼之年的男人而言或许并不为过。回家后能够将李商隐的名句浑然一体地化用于词作之中,就要几分功力了。而尤为让人感叹的是宋仁宗之"仁",直接把宫女赏赐给宋祁,成就一段风流韵事。

若干年后,著名词人周邦彦因为宋徽宗夜会名妓李师师,酸溜溜地写下《少年游·并刀如水》,以至于触怒宋徽宗,被贬出京。或许,周邦彦动笔的时候,春心不死,想复制小宋的成功案例吧。

对于比自己小七岁的宋祁,晏殊青眼有加。当年编排进士等第名次时,他把宋祁排为第一。宋祁虽然最后没能做状元,但感激之情依旧。后来,两人同为京官,自然更加亲密无间。

那到底有多么亲密呢?

据宋人笔记描述,晏殊对宋祁同学爱到了骨子里,巴不得片刻不分离。为了方便时刻见面,竟然在自己家附近给宋祁同学租了一幢房子。[44]

这大概是庆历三年(1043),晏殊拜集贤相以后的事情。

见过爱才的,何曾见过如此不惜成本的真爱?一对好朋友!

当时汴京如同现在的北京市,寸土寸金,在相府旁边为其租赁住所,代价不菲啊!何况,为了把宋祁留在朝中担任翰林学士,此前晏殊已尽了洪荒之力。

其实,晏、宋之间一直交往密切。

天圣七年(1029),晏殊私邸西园基本建成后,二宋成为常客,宋祁一口气写了十首诗,题为《赋成中丞临川侍郎西园杂题十首》。明道二年(1033),晏殊外放亳州后,宋祁替晏殊代笔写了《代晏尚书亳州谢表》。

此后,书信来往及诗词唱和频繁。

景祐四年(1037)前后,晏殊主政陈州时,宋祁不惜往返千里,专程拜访,可见两人感情之深。

宝元元年(1038),晏殊自陈州还朝担任御史中丞。此时,宋祁授直史馆,再迁太常博士、同知礼仪院。

这对惺惺相惜的好朋友,再度在京城重逢。

这个时期,宋祁写了《和中丞晏尚书忆谯涡二首》、《郑天休舍人言中丞晏尚书西园见忆》、《和三司晏尚书漫成》、《和致政燕侍郎舟中寄晏尚书》等诗作。[45]

庆历元年(1041)五月,宋庠罢参知政事,接着宋祁被贬知寿州(今安徽淮南市),后迁陈州(今河南淮阳县)。

庆历二年(1042)七月,晏殊自枢密使授检校太尉、依前行刑部尚书、同平章事,九个月之后又拜集贤相。

宋祁则于庆历三年(1043)春回朝,担任龙图阁学士、史馆修撰。

这个时期,晏、宋两人诗歌唱和也很多,如宋祁的《和晏太尉怀寄燕侍郎》、《将到都先献枢密太尉相公》、《和晏太尉早夏》、《和晏太尉晚夏》、《晚秋集晏太尉西园》、《和枢密晏太尉元日雪》、《和晏太尉西园晚春》、《和晏太尉三月初五日》、《和晏太尉三月十三日锡庆院二首》、《和晏相公青楼》、《和晏公圜丘诗》、《奉和晏相公摄事圜丘中书》、《和晏相公夜归遇雪》、《和晏相公乘舆宿殿致斋日巡仗遇雪》等诗。[46]从这一堆诗中,不难看出他们交往多么频繁。

庆历四年(1044)九月,晏殊罢相,以工部尚书出知颍州。

时为翰林学士的宋祁草诏制词，有"广营产以殖私，多役兵规利"等语句，指责他损公肥私，引起争议。后世，有人认为宋祁翻脸太快，逞笔墨快意，把晏殊踩在脚下。[47]

当然，也有另外一种说法，譬如苏辙在《龙川别志》中认为宋祁这样做是避重就轻，实际意在解救，帮助晏殊渡过难关。

针对这两种截然不同的说法，宋人李心传在《旧闻证误》中均予以否定。

他认为八王爷于庆历四年（1044）正月病逝，而晏殊九月罢相，罢相与所谓的"名在图谶"之说无关。因此，不存在宋祁避重就轻，予以解救的可能。而之所以有"广营产以殖私，多役兵规利"等语句，是因为"实用蔡君谟、孙之翰章疏也。殖私、规利亦章疏中语"，即照抄蔡襄、孙甫奏章中的句子。

逐项分析后，李心传判断说"苏子由谓景文救解晏元献，曾子宣谓景文诋斥晏公，二者皆误"。也就是说，他认为既不存在宋祁解救晏殊之可能，也不存在宋祁诋斥晏殊的可能。

李心传的说法很有说服力。以常理猜测，宋祁与晏殊一贯深情厚谊，应该不至于落井下石，而苏辙的解救之说显然缺乏足够的材料佐证。

但值得注意的是，自此之后，晏殊、宋祁之间书信来往和诗词唱和骤然减少。

庆历八年（1048），宋祁再次担任翰林学士。次年因撰文册封张贵妃礼仪不周被贬知许州。数月后又被召回，为侍读学士，史馆修撰，升迁给事中，兼龙图阁学士。

这个时期，晏、宋还有诗词唱和。如宋祁的《寄献许昌晏相公》、晏殊的《和宋子京召还学士院》。但诗词唱和的频次和数量大大减少。

晏殊病逝后，竟然没有看到宋祁的挽辞、挽联。

这实在让人感到惊讶！

唐红卫等在《二晏年谱长编》中说"罢晏殊制词，宋祁集中不见，或是自删"。可见，不管宋祁草诏制词事件真相如何，此事对晏、宋之间的友谊造成了很大打击。

晓春大胆猜测，宋祁草诏制词时，照搬蔡襄、孙甫奏疏一些语句，而晏、宋二人私交之好众所周知，以致舆论汹汹，矛头直指宋祁。可以想见，晏殊对宋祁的制词也有所不悦。慢慢地，两人渐行渐远。虽然不至于撕破脸皮，虽然还间或有些来往，但已经没有当年那种无话不谈的感觉了。

好友之间的交往往往如此，一旦最美好的感觉被打碎，一旦心存芥蒂难以彻底消除，怎么可能回到从前呢？！

当然，岁月无敌，千年时光足以磨洗痕迹。前文已述，从《晏氏宗谱》中收录的《祭楚国元献公文》分析，晏殊去世后，宋祁曾前往祭奠。因此，后人看不到宋祁的挽辞、挽诗，未必等于小宋同学不曾写。

五　胜友如云，再列举几个

撇开作为一代文宗而名满天下不论，晏殊以知人善任名垂后世。

北宋名臣、史学家范镇评价晏殊"平生欲报国，所得是知人"，是极为中肯的。

前文已详述晏殊与范仲淹、欧阳修、吕夷简、宋庠、宋祁等人的交往，在叙写其生平事迹时则涉及了张知白、陈彭年、杨亿、王琪、张亢、韩琦、邵亢、邵必、张洞、黄庶等人。

此外，晏殊还有很多同气相求的文友、门生故吏，譬如孔道辅、苏颂。《宋史·晏殊传》中说"殊平居好贤，当世知名之士，如范仲淹、孔道辅皆出其门"，但关于晏殊与孔道辅交往的史料极少，他们交往的细节成谜。晏殊故里——今江西进贤县沙河村有一座晏氏家庙，大门口的对联是：笼内参苓收富范；门前桃李重欧苏。其中的"苏"到底是谁，颇有争议。很多人认为指苏舜钦，但史料中关于晏殊与苏舜钦交往的资料极度匮乏，难以做出定论。倒是发现一些晏殊与苏颂交往的记录。苏颂宋哲宗时官至宰相，比晏殊小二十九岁，他们深交的可能性并不大。但种种迹象表明，他们比较熟悉。原因有三：一是苏颂的父亲苏绅曾任三司盐铁判官，是时任三司使的晏殊的下属，两家常有往来；二是苏颂于庆历二年（1042）考中进士时，晏殊担任枢密使，苏颂曾登门谒见；三是晏殊病逝时，苏颂时任同知太常礼院，他为晏殊请谥"元献"，获宋仁宗采纳。

除了以上诸人，还有几个人很有必要花一点笔墨稍作叙述。

1. 宋诗大咖梅尧臣

梅尧臣，字圣俞，宣州宣城人（今安徽宣城市宣州区），因为老爸梅询做官，以恩荫补任太庙斋郎，历任主簿、县令、节度判官等低级职务。1051年，年过半百的他得到宋仁宗召试，获赐同进士出身。此后担任过太常博士、屯田员外郎、国子监直讲、尚书都官员外郎等职。

他是北宋诗文革新运动的重要人物，在文坛颇负盛名，与苏舜钦齐名——"苏梅"，又与欧阳修并称"欧梅"。写诗主张写实，力求平淡、含蓄，被南宋著名诗人刘克庄誉为宋诗的"开山祖师"。

而晏殊被清朝诗人冯煦奉为"北宋倚声家初祖"。

同一时代，诗词两位"祖师"的交往成为文坛幸事。

庆历六年（1046），秋高气爽时节。

四十五岁的新郎官梅尧臣携带年仅二十五岁的新婚妻子刁氏缓缓走进颍州衙门。

梅尧臣是"梅开二度"，可新婚妻子是头婚。

他们自开封而来，前往许昌。此时，梅尧臣担任签书忠武军节度判官。

途经颍州时，梅尧臣觉得，假如不趁机拜访晏殊，自己会后悔的。诗人嘛，应该广结善缘，以诗会友。

刚刚踏入衙门，就见鬓发斑白、脸色红润的晏殊走出官厅前来迎接。

晏殊比梅尧臣大十一岁，可两人一见如故，完全感觉不到有年龄方面的隔阂，相谈甚欢。大家都是文学青年嘛——诗词让人永远年轻。

梅尧臣夫妇在颍州期间，几乎天天和晏殊品茗饮酒，谈风弄月，吟诗诵词，各得其乐。

可惜，天下没有不散的筵席。

十多天后，梅尧臣向晏殊告辞。

晏殊在颍河的船上为梅尧臣夫妇饯行。

酒酣耳热之际，晏殊问："圣俞贤弟，你在许州的任期何时可满啊？"

"小弟的任期明年将满，后年迁转。"梅尧臣答道。

晏殊点点头，说："到时候，我们哥们一起干吧。"

梅尧臣大喜："能在相公跟前日夜受教，圣俞荣幸之至。只是，朝廷那边……"

"我自有安排，到时候我向东府要人就是。"晏殊说，捋了捋花白的胡须。

梅尧臣起身，抱拳道："圣俞谢过相公了。"

晏殊说："不必多礼，小事一桩，不说这事了。我读古诗，见到过全用平声的，譬如'枯桑知天风'这样的句子，觉得写得很妥帖。可从来没有见过全部用仄声的诗，你是诗坛精英，来一首吧。"

梅尧臣一惊，脱口而出："老大，这也忒难了，让圣俞琢磨琢磨。"

晏殊举起酒杯："不急。喝酒！"

游船在颍河里转了一圈，梅尧臣说："有了。"

说罢，走到案前，提起毛笔，写下一首五言仄声诗：

月出断岸口，影照别舸背。且独与妇饮，颇胜俗客对。

月渐上我席，暝色亦稍退。岂必在秉烛，此景已可爱。[48]

晏殊起身，细细品读，叹道："都说圣俞贤弟独步诗坛，今日一见，果然名不虚传！"

显然，这是一次极为成功的拜访，梅尧臣给晏殊留下了极为深刻的好印象。

庆历八年（1048）九月，梅尧臣在徙知陈州的晏殊的大力举荐之下，应辟到陈州，签书镇安军节度判官。

对此，梅尧臣深表感谢，他在来陈州任职之前，满怀欣喜地写诗感谢，其中有"纵语曾忘倦，从游未觉频"、"每想魂俱往，终知梦是因"等诗句。[49]

到了陈州后，梅尧臣又在另外一首诗中表达感激之情，其中有"尾生信女子，抱柱死不疑。吾与丞相约，安得不顾期"等诗句。[50]

这个时期，梅尧臣和晏殊几乎朝夕相处，唱和的诗歌极多。如《八日就湖上会饮呈晏相公》、《以近诗赀尚书晏相公》、《涂中寄上尚书晏相公二十韵》、《依韵和晏相公》、《道中谢晏相公寄酒》、《谢晏相公》、《九日撷芳园会呈晏相公》、《拟王维"观猎"》、《和腊药》等。

梅尧臣写诗注重诗歌的形象性，意境也较为含蓄，提倡"平淡"的艺术境界，力求平易而深刻，细腻而贴切，凝练而又自由。

晏殊对他的诗十分欣赏。而在梅尧臣诗句中，他最喜欢的是"寒鱼犹着底，白鹭已飞前"和"絮暖鲞鱼繁，豉添莼菜紫"。[51]

对梅尧臣与范仲淹交往故事略有了解的人，应该知道他自身也有性格上的弱点，且喜怒哀乐俱在诗中。大事小事都往诗里写，能说的不能说的都往诗里倒。[52]

问题是，你逞一时笔墨之快，莫非不知道诗传万里、舆论汹汹的坏处吗？

譬如，梅尧臣曾经有一首诗，惹得晏殊很不高兴。当时，晏殊送了生鹅给梅尧臣，结果，梅诗人当即哼了几句诗："昔居凤池上，曾食凤池萍。乞与江湖客，从教养素翎。"[53]

晏殊听说后，很不高兴：啥意思，我的错？

好在小嫌隙不至于影响他们之间的交谊。

皇祐元年（1049）正月，梅尧臣的父亲梅让去世，他回到宣城家中守制。而晏殊也于当年秋徙知许州，两人自此天各一方，只能偶尔书信来往。

譬如，皇祐二年（1050）十月，梅尧臣收到晏殊的书信后，写下了诗歌《十月二十一日得许昌晏相公书》：

> 哀忧向二年，朋戚谁与书。敢意大丞相，尺题传义庐。
> 从来凤皇鸣，不厌寒竹疏。茂林多翔鸟，要路盛高车。
> 穷巷一如此，江深无鲤鱼。

除了和晏殊联系较为紧密，梅尧臣和晏殊的次子晏承裕、第四子晏崇让也有交往。

梅尧臣写诗《送晏太祝之宣城监税》赠晏承裕，写诗《送卫真宰晏寺丞罢长安》给晏崇让。

后来，梅尧臣在宣城丁母忧，晏承裕向其赠送茶、茶具及诗作，梅尧臣作诗以示谢意，其中有"晏公风流丞相族"等诗句。[54]

晏殊去世后，梅尧臣写《闻临淄公薨》，尽诉悲痛之状、怀念之情，还回顾了晏殊辉煌的一生，全诗如下：

至和癸巳十二月兮，友人语我火犯房。
芒射钩铃而拂上相兮，祸非弼臣谁可当。
昨日闻太宰悟天道而畏忌兮，归卧其第三拜章。
太宰既不得请而赐黄金百两以为寿兮，谏官御史犹击强。
明年孟陬临淄公薨兮，果然邦国挠栋梁。
岂无神医善药以起疾兮，固知禀命有短长。
公自十三岁而先帝兮，谓肖九龄宜相唐。
后由石渠凤阁禁林以登枢兮，俄佩相印居庙堂。
出入藩辅留守两都兮，其民咏歌盈康庄。
官为喉舌勋爵一品兮，经筵讲义尊萧匡。
年逾顺耳不为夭兮，文字百卷存缥箱。
子孙侁侁同雁行，二女贵婿富与杨。
未知归葬何土乡，临川松柏安可忘。
我为故吏摧肝肠，洒泪作雨春悲凉。
精魄其归于天乎，必为星宿还高张。
骨肌其归于土乎，必为蕙芷不灭香。
墓碑墓铭谁能尽其美，我为欲传万古须欧阳。

2. 风流郎中张子野

若以仕途官爵论，张先远远不能和同榜高中的刘沆、孙抃、田况、欧阳修、元绛、孙甫等人相提并论。但以对后世的文学影响而言，估计只有欧阳修能够压他一头。

张先是宋词由小令向慢词过渡的重要词人，与北宋婉约派代表词人柳永齐名。他的词作意韵恬淡，含蓄工巧，内在凝练。因佳句"云破月来花弄影"、"沉恨细思，不如桃杏，犹解嫁东风"被时人分别称为"云破月来花弄影郎中"和"桃杏嫁东风郎中"。

清末词学理论家陈廷焯在《词坛丛话》中评张先词云："才不大而情有余，别于秦、柳、晏、欧诸家，独开妙境，词坛中不可无此一家。"

张先，字子野，比晏殊大一岁，即出生于淳化元年（990），却在晏殊病逝二十三年后去世。如此长寿，让旁人羡慕不已，也使得他有缘与比他小四十七岁的苏轼密切交往，留下"十八新娘八十郎"的逸事典故。

张先老同志在八十岁时依然雄风不减，娶了一个十八岁的美女为妾。

苏东坡和众多文友前往祝贺："张大爷，祝贺！恭喜！敢问老前辈，得此美眷有何感想啊？"

张先老同志鹤发童颜，手捋胸前白须，即兴赋诗："我年八十卿十八，卿是红颜我白发。与卿颠倒本同庚，只隔中间一花甲。"

风趣幽默的苏东坡扑哧一笑，当即和诗一首："十八新娘八十郎，苍苍白发对红妆。鸳鸯被里成双夜，一树梨花压海棠。"

晏殊和张先的交往应始于天圣八年（1030）。

当时，晏殊因知贡举，成为该榜进士张先的座师。但他们之间的密切来往则是二十年以后的事情了。

皇祐二年（1050）冬，晏殊以观文殿大学士知永兴军（今陕西西安市），举荐张先为通判。

可惜，张先向来放荡不羁，慵懒无为，以至于晏殊这个老好人有时候也火冒三丈。

有一次，晏殊召集大家开会议事，问张先一项工作的进展，可张先同志大半天也放不出一个屁。

晏殊勃然大怒，情急之下操临川方言说："我说老张啊，原本说你会写什么'无物似情浓'这样的好词，有些才华。谁料你这样，我们今天可是来办公事的！"[55]

张先同志当即被搞得一脸通红。

"无物似情浓"出自张先写的《一丛花·伤高怀远几时穷》词：

> 伤高怀远几时穷？无物似情浓。离愁正引千丝乱，更东陌、飞絮蒙蒙。嘶骑渐遥，征尘不断，何处认郎踪！　　双鸳池沼水溶溶，南北小桡通。梯横画阁黄昏后，又还是、斜月帘栊。沉恨细思，不如桃杏，犹解嫁东风。

这首词中，名句不少。尤以"伤高怀远几时穷？无物似情浓"和"不如桃杏，犹解嫁东风"传播广远。

当然，骂归骂，晏殊和张先的革命友谊还是相当深厚的。

晏殊的《珠玉集》系张先作序，由此可看出张先与晏殊的交谊，也可看出他在北宋词坛的地位。

共事期间，晏殊、张先来往密切，诗词唱酬是常事。譬如，这首《木兰花·晏观文画堂席上·般涉调》即为张先当时所写：

> 檀槽碎响金丝拨，露湿浔阳江上月。
> 不知商妇为谁愁，一曲行人留晚发。
> 画堂花入新声别，红蕊调高弹未彻。
> 暗将深意语胶弦，长愿弦丝无断绝。

宋人笔记还记载了一个浪漫的故事，颇有趣味。

皇祐二年，年届花甲的晏殊来了一个"老夫聊发少年狂"，看中一名女子，纳为侍妾。

晏大叔对这个能喝酒会唱曲的小妾十分满意，经常带她到party上。

张先和晏殊、晏几道、欧阳修被后世并称为"宋词四大开祖"，填词的能力非凡，向来被晏殊所看重。所以，只要张先来家里，晏殊就请侍妾出来陪酒、唱曲。

小美女朱唇轻启，尽显风摆荷叶般的婀娜身姿，咿咿呀呀地唱张先写的词，顿时成为全场的焦点。

于是，王夫人很不高兴，打翻了醋坛子。

几十年来，晏大叔只是宠爱我王某，你算哪里来的野花？滚！

各位知道，晏殊一生有三任夫人，李氏、孟氏早逝，因此他对第三任夫人王氏格外宠爱，《珠玉词》中有几首祝寿词正是为王氏所写。

于是，晏大叔不得不忍痛割爱，一声叹息、一把鼻涕眼泪，和小妾黯然辞别。

一天，张先同志又来了，晏殊设宴款待。

酒过三巡，菜过五味。张先同志已是酒酣耳热，兴之所至，挥笔写下一首词《碧牡丹》，让营妓歌唱。其中，有"望极蓝桥，但暮云千里，几重山，几重水"等词句。

张先同志最懂得晏殊，知道他心底最柔软的地方。果然，一曲未了，晏殊怃然醒悟，感叹道："人生苦短，当及时行乐，何必时时处处为人所制？"立即让人拿钱若干，迎回此前被王夫人赶走的侍妾。[56]

侍妾回家了，王夫人也没怎么着。也许，她觉得，只要有这个风流不羁的张先撺掇，晏殊迟早得把那小妖精弄回家。

3. 白衣卿相柳三变

> 黄金榜上，偶失龙头望。明代暂遗贤，如何向。未遂风云便，争不恣游狂荡。何须论得丧？才子词人，自是白衣卿相。　烟花巷陌，依约丹青屏障。幸有意中人，堪寻访。且恁偎红倚翠，风流事，平生畅。青春都一饷。忍把浮名，换了浅斟低唱！

这是北宋传奇词人柳永的代表作之一《鹤冲天·黄金榜上》，写得自然流畅，朗朗上口，

明显表现出蔑视功名、鄙薄卿相的倾向。

也正因为如此，惹得宋仁宗一肚子不高兴。

后来，柳永同志参加科考，成绩不错。可就在放榜之前，被宋仁宗把姓名给划掉了，说："大叔，你要这浮名干啥？安心填你的词，玩一边去吧。"[57]

可怜柳永同志，一而再再而三地名落孙山。

暮年考中进士后，依然郁郁不得志，备受压抑排挤。

尽管如此，谁也无法撼动柳永在文学史上的地位。

他是第一位对宋词进行全面革新的词人，也是两宋词坛上创用词调最多的词人。

柳永，原名三变，比晏殊大六岁，早于晏殊两年去世。

他虽才高八斗，名满天下，却直到景祐元年（1034）五十一岁时才勉强考中进士。此前，他屡试不举。初试落第后，他写下了上面这阕《鹤冲天·黄金榜上》。

事实证明，柳永虽少负才名，但不曾因写得一手好词，而在官场占得半点便宜，甚至反受其害。

即使考中进士踏入仕途，也是如此。

皇祐年间，年近花甲的柳永在京师等待选调结果，迟迟未出。

宦官头目老史看不下去了，凭什么才高八斗的柳三变混得这么糟糕？没天理嘛！

恰巧此时，教坊进呈新曲《醉蓬莱》，而司天台又报告说"老人星出现了"。

老史觉得机会到了。一天，趁着宋仁宗高兴，召柳永前来应制填词。

柳永是写慢词的老大，立马笔走龙蛇，意气风发地写了一首《醉蓬莱慢》。

渐亭皋叶下，陇首云飞，素秋新霁。华阙中天，锁葱葱嘉气。嫩菊黄深，拒霜红浅，近宝阶香砌。玉宇无尘，金茎有露，碧天如水。　　正值升平，万几多暇，夜色澄鲜，漏声迢递。南极星中，有老人呈瑞。此际宸游，凤辇何处，度管弦清脆。太液波翻，披香帘卷，月明风细。

宋仁宗看到句首这个"大渐"的"渐"字，便有几分不爽。等读到"此际宸游，凤辇何处"时，脸更加耷拉下来。这句词与他老爹宋真宗的挽辞接近啊！后面又看到"太液波翻"几个字，再也忍不住了："咋不说'波澄'呢！"说罢，愤然把这首词摔在地上。

唉！柳永同志这辈子算是完蛋了。[58]

柳永同志冤不冤？

恕晓春直言，不冤！

你柳永在官场攀爬十几年了，咋能缺乏应有的政治敏感性呢？遣词造句肆意妄为。1022年，宋真宗驾崩时，柳永已三十九岁，又是舞文弄墨之人，怎能不知道宋真宗挽辞中有"宸游凤辇何处"的内容？又怎能使用诸如"翻"、"渐"等令人忌讳或扫兴的文字？

也许，柳永同志会将此归咎于时运不济。他哪里知道，自己年轻时久滞青楼，眠花宿柳，率性而为，思维方式早已定型，很难改过来了。

景祐元年（1034）至庆历三年（1043）的十年时间里，柳永历任睦州团练推官、余杭（今浙江杭州市余杭区）县令、浙江定海（今浙江舟山市定海区）晓峰盐监、泗州（今江苏宿迁市）判官，仕途蹇塞，蜗行攀爬。

晏殊拜集贤相时，柳永恰逢磨勘改官之期，于是向晏殊求助。在他看来，晏殊是一代词宗，和自己志趣相投，肯定会拉一把。

两人见面后，各自彬彬有礼。

晏殊突然问："大才子，你平时也填词吗？"

柳永同志脑袋嗡的一声：几个意思？天下还有人不知道我柳三变填词？就算有人不知道，也不可能是你晏神童啊！

思之再三，柳永呵呵一笑："小柳和相公一样，也填填词。"

晏殊点点头："我晏殊虽然也填词，但从来不会写什么'绿线慵拈伴伊坐'啊！"

柳永同志顿时羞得一脸通红。唉！这是还在青楼混的时候写的，你堂堂宰相大人提这干吗？

话不投机半句多，老兄闪了！[59]

历代"柳粉"常拿这则笔记故事来攻击晏殊。说晏殊过于圆滑，唯天子马首是瞻，不是真的爱惜人才，明哲保身，不敢逆仁宗意伸手帮助柳永，便胡乱找一个理由搪塞。

这显然是误读。

倘若要找理由，晏殊可以找一首柳永写得更为淫冶低俗的词来回绝。

其实，在朝廷大臣都明知宋仁宗倾向的时候，晏殊此举无可厚非，甚至给柳永留足了面子。试想，柳永虽才高八斗，但以"忍把浮名，换了浅斟低唱"之调触怒宋仁宗,放眼天下,还有谁敢为他打抱不平,谁不知天恩难测?谁不知祸从口出?

此外,晏词、柳词风格不一样,晏殊显然不大看得起柳词的淫冶露骨。

以叶嘉莹的说法,晏词是"写富贵而不鄙俗,写艳情而不纤佻"[60]。既然如此,晏殊怎么可能把柳永引为同类,只会让柳永知难而退。你既然热衷于男欢女爱,且备受青楼女子尊崇,何必往仕途这条死胡同里硬闯呢?

4. 后起之秀韩持国

可以毫不夸张地说,韩亿及其子韩绛、韩维、韩缜创造了北宋的一个传奇。韩亿官至同知枢密院事、参知政事,其第三子韩绛熙宁年间官至宰相,其第五子韩维官至门下侍郎(副相),其第六子韩缜官至尚书右仆射兼中书侍郎(右相)。韩门父子四宰执,何其盛也!

韩氏父子和晏殊素有往来,尤其是韩维,与晏殊堪称忘年之交。

韩维,字持国,生于天禧元年(1017),卒于绍圣五年(1098),北宋名臣、文学家,系"宋朝非中进士高科者除学士之第一人"[61]。而他另外一项为史家关注的事情是,王安石被宋神宗青睐,正得益于他的大力举荐。他曾担任宋神宗的老师,影响力很大。

韩维曾在富弼幕府中任职,和晏殊关系密切,唱和频繁,是晏殊晚年的忘年交。

在韩维的《南阳集》中,频频见到与晏殊唱和的诗词,如《和晏相公湖上遇雨》、《和晏相公西湖》、《和晏相公雪》等。此外,还有书信来往,如《上晏相公手书》、《荐陈和叔求晏丞相幕官书》等。

从以上诗和书信可以看出,韩维虽然比晏殊小二十六岁,但关系异常亲密。

据学者考证,庆历四年(1044),韩维的父亲韩亿去世,韩维在许州丁忧。服除后隐居许州,四处游山玩水,诗词唱和。庆历七年(1047)前后,曾前往颍州拜访晏殊,两人度过了一段宴游唱酬岁月。

此外，韩维的四哥韩绛曾被晏殊举荐为永兴军通判，而韩维也向晏殊推荐过一个名叫陈绎的官员。试想，以韩维的年龄、地位，倘若不是异乎寻常的友好关系，哪里敢开口向年高德劭的晏殊举荐他人。

晏殊病逝后，韩维撰文《阳翟祭晏元献公文》称："公之道德与言与事，叠见歌颂；没而不废，非维暗薄所敢褒纪。独念晚进，辱公提携；脱略尊严，降接陋卑；酬酢篇咏，从容燕嬉。治学粲然，右有左宜；启告诲谕，发于诚辞；岂敢失坠，天实为之。呜呼！去年之春，拜公洛土；昔斾旋西，今枢窆许；谁谓哀乐，近在仰俯；告别觞前，一恸千古！"[62] 其钦敬之情、感激之情、悲痛之情发自肺腑，溢于言表。

而在韩维写的挽辞中，这种感情也展露无遗，在《元献公挽辞三首》中，可以看出他们之间的忘年之交、知己之情：

其一
大策安宗社，高文著庙堂。从容造辟议，感激荐贤章。
貂冕崇廞服，銮舆俯奠觞。哀荣岂无有，公德倍辉光。

其二
先帝文章老，东朝羽翼臣。风流至公尽，哀愤与时均。
箫鼓悲将曙，烟云惨不春。灵輴归旧治，遗爱泣州民。

其三
直道初终见，高情出处同。光华两朝内，文字一生中。
爱酒怜陶散，言诗许赐通。平生知己类，洒尽九原风。

事实证明，韩维对晏殊的感情经得起时间的考验。若干年后，韩维身居要职，依然以晏殊"门下老吏"自居，对晏殊后人多有关照。

元丰年间，韩维几度担任颍昌知府，曾对晏殊的儿子晏几道谆谆教导。当时，晏几道在韩维手下任职，担任颍昌府许田镇的监镇。有一次，写了一摞词送给韩维看。韩维回信说："送来的新词收到了。总体感觉是，才有余而德不足。希望你充分发挥才华横溢的优点，弥补道德操守方面的不足，不要辜负我这个你父亲老部下的期望。"[63]

晏几道才情高远，但向来疏狂倨傲。而作为一方诸侯的韩维对下属小官如此诚恳劝诫，令人钦佩，也从中可以看出韩维对晏殊感情深挚。

5. 四朝元老文彦博

与韩维相比，晏殊的另一个忘年交文彦博仕途成就更大，历仕仁宗、英宗、神宗、哲宗四朝，出将入相五十年，声名闻于四夷，是北宋影响深远的名臣。

文彦博比晏殊小十五岁，绍圣四年（1097）四月以九十二岁高龄去世。

文彦博的父亲文洎曾担任应天府通判，而当时的应天府知府正是晏殊。

因此，文彦博在天圣五年（1027）进士及第前后即和晏殊有密切联系。其《文潞公文集》收录了多封写给晏殊的书信，譬如《上知南京晏侍郎启》等。

景祐四年（1037），文洎卒于河东转运使任上，当时在陈州任职的晏殊为文洎撰写了墓志铭。由此可见，晏殊与文家的关系友好而交往密切。晏殊去世后，文彦博曾和杜衍、宋祁、韩琦等人一道前往吊唁。

作为北宋的传奇宰相，文彦博是一个"很有故事"的人，晓春于此稍稍列举几例。

举凡不世出的奇才都有一个让常人惊叹的童年，文彦博也不例外。

一天，他和小伙伴一起踢球，球掉进了一个很深的树洞。大家左瞅瞅，右瞧瞧，束手无策。这时，文彦博冷静地把水灌入树洞中，结果随着水位增高，球浮了上来。

怎么样，文彦博的智商不逊于"砸缸"的司马光吧？

说起范仲淹，大家众口一词，夸老范能文能武，其实文彦博也是如此。

庆历七年（1047），文彦博回朝担任枢密副使。

这年，河北的老百姓王则发动起义，攻占了贝州（今河北清河县），建国号安阳，自称"安阳武烈皇帝"。

朝廷派开封安抚使明镐领兵镇压，可贝州城固若金汤，易守难攻，宋军久攻不下。

仁宗感叹说："这么多执政大臣，竟然没有一人可以为国家分忧！"

于是，文彦博主动请缨，仁宗高兴地说："贝字加文为败，你肯定能活捉王则。"

文彦博抵达贝州后，一边指挥官兵猛攻北城，一边派人在南边往城内挖地道。

十几天后，地道挖好了，一支神兵突然从城内地下涌出，将王则擒获。

而文彦博在重大事件面前的机智、镇定更加让人钦服。

嘉祐元年（1056），宋仁宗突然病倒，与外界失去了联系。仁宗三个儿子均早夭，没有立储君，一旦驾崩，势必引起政局混乱。

作为宰相，文彦博向随侍太监史志聪询问病情，史志聪却借口"禁密不敢漏言"，拒绝透露任何消息。

文彦博大怒，厉声斥责他说："我等身为宰相，肩负国家安危，怎能不预知皇帝的情况，说什么泄露机密？从现在起，你要随时报告皇帝病情，否则按军法处置你！"

随后，他与同为执政大臣的富弼、刘沆吃住在皇宫里，以随时处理突发情况。

史志聪又站出来反对说："从来没有这样的先例。"

文彦博说："值此关键时刻，还能考虑有没有先例吗？"

一天深夜，有人突然叩打宫门，说要报告有人谋反的事情，文彦博唯恐有变，没有同意开门，让他天亮后再说。

第二天，文彦博详细盘问，原来是一名禁卫举报上司都虞候图谋造反。此事非同小可，刘沆想逮捕都虞候治罪，文彦博叫来都指挥使许怀德询问，许怀德担保都虞候不会谋反。

文彦博分析说："这件事一定是禁卫与都虞候结怨，诬告罢了，应当立即把他斩首以安定众心。"

他请刘沆写了判词，随后将禁卫推出去斩首。

在仁宗生病的日子里，京城的官吏、百姓都惶恐不安，正是靠文彦博等人全力主持大局，大家的情绪才逐渐稳定。

谁料，仁宗病愈后，刘沆却密报："陛下身体不好时，文彦博曾擅自诛杀报告谋反的人。"

仁宗将信将疑，文彦博一言不发，只是拿出了那份刘沆的判词，宋仁宗看到后才彻底放心。

既善于化解国家的危难，又善于自我保护，文彦博的胆识、机智、镇定、缜密，让人由衷地佩服。

6. 千古名相王安石

王安石在北宋历史上留下了浓墨重彩的一笔，影响深远。

晏殊的这位临川老乡足足比他小三十岁，一生锐意改革，掀起了以富国强兵为目的、轰轰烈烈的"熙宁变法"，后世对其毁誉参半。

晏殊的识人之明超乎常人。

庆历二年（1042），王安石进士及第。按照惯例，奉旨前往拜谢枢密使晏殊。

晏殊等到其他人都走了，把王安石独自留下，说："我们是老乡，早就听家乡人说你德才兼备。我是朝廷的宰执，而老乡你名列前茅，我感到脸上有光啊！"

又说："哪天抽空一起吃个饭吧。"

王安石受宠若惊，连连答应。

过了几天，晏殊果然派人前来相邀吃饭，服务周到，待遇也相当好。

吃完饭，晏殊又留王安石聊天。

晏殊说："若干年后，你的名望、职位将会超过我。"

接着又说了很多鼓励的话，最后说："不过，我也有两句话劝你，不知道该不该说？"

说到这里，晏殊稍稍犹豫了一会儿，才说："能容于物，物亦容矣。"

王安石点头答应。

回到旅舍后，王安石有点不以为然："晏公这么大的领导，却拿这样的话教导我，教我容于流俗，格调是不是有点低啊！"

若干年后，王安石罢相，回到江宁府（今江苏南京市），他的弟弟王安礼任江宁知府。他们聊起王安石和晏殊交往的旧事，王安石检讨说："唉！以前我对晏殊大人的话没有重视，不以为然，现在悔之已晚。这些年，我在朝廷，与人共事交友，处处树敌。即使有几个朋友，也有始无终。现在看，晏殊大人早就看出我的缺点了。"[64]

怎么样？对晏殊入木三分的观察和见识，谁不叹服？！身居宰执高位，竟然放下身段邀请一个刚刚考中进士的年轻人吃饭，甚至敢断言王安石日后能官居宰执。这还不算神奇，神奇的是，他甚至能一眼看透王安石身上最致命的弱点，建议他要打开心胸、度量，不要过于偏执。这多么不可思议！

或许，王安石出类拔萃的才华让见多识广的晏殊刮目相看。毕竟，晏殊清楚王安石本是这一榜的状元，出现意外情况才失之交臂。此事前文已叙写，不再赘述。

晏殊也许从王安石的诗文中判断出，王安石是一个才华横溢而格局宏大的人，但如何了解到王安石孤傲、执拗、胸襟不够开阔等弱点呢？是来自家乡临川的信息吗？即便如此，也说明晏殊对来自家乡的后辈格外关注和用心。

从现有史料看，王安石和晏殊接触不多，毕竟庆历四年（1044）晏殊即遭遇外放，他们不再有什么工作和生活上的交集。

但即使如此，晏殊留给王安石的印象整体还好。

晏殊去世后，为表达哀悼之意，王安石作《元献公挽辞三首》：

其一

文章晋康乐，经术汉公孙。旧秩疑丞贵，前功保傅尊。
传呼犹在耳，会哭已填门。萧瑟城南路，鸣笳上九原。

其二

终贾年方妙，萧曹地已亲。优游太平日，密勿老成人。
抗论辞多秘，赓歌迹已陈。功名千载下，不负汉庭臣。

其三

感会真奇遇，飞扬独妙龄。他年西饯日，此夜上骑星。
宿惠留藩屏，余忠在禁庭。音容无处所，仿佛寄丹青。

根据唐红卫等《二晏年谱长编》收集的资料可知，晏殊对王安石的影响并没有因其去世而消亡。

譬如，在王安石身居宰执高位后，发生了一些与晏殊有关的事情。

王安石担任参知政事后，一天看到晏殊写的小令，忍不住笑道："做宰相了还可以写小令吗？"

王安石的弟弟王安国说："人家只是因为爱好写词，偶尔为之，并不等于不敬业。"

当时在馆阁任职的吕惠卿说："为政之道必须远郑声，怎么可以自行为之！"

王安国严肃地说："远郑声，还不如远小人呢。"[65]

显然，把"作小词"划入"郑声"并不妥当。有宋一代，上至皇帝宰相，下至歌姬胥吏，填词作曲极为普遍。王安石问"为宰相而作小词，可乎"，实属明知故问，其传诸后世的《桂枝香·金陵怀古》、《千秋岁·引秋景》、《南乡子·自古帝王州》、《浪淘沙令·伊吕两衰翁》、《渔家傲·平岸小桥千嶂抱》、《浣溪沙·百亩中庭半是苔》、《伤春怨·雨打江南树》等等词作堪称宋词精品。

而王安石借唱和晏殊旧作表达政治观点的故事，也颇值得玩味。

以前的中书南厅壁上，有晏殊题写的一首诗《题咏上竿伎》："百尺竿头袅袅身，足腾跟倒骇傍人，汉阴有叟君知否？抱瓮区区亦未贫。"

王安石在全国推行变法后，遭遇很大阻力，时任枢密使的文彦博也不支持王安石变法。

一天，文彦博到政事堂来议事，和王安石走到晏殊题诗的地方时，特意吟诵晏殊诗作，借机劝诫。

岂料，后来王安石和诗一首，题写在晏殊的诗后面，诗云"赐也能言未识真，误将心许汉阴人。桔槔俯仰何妨事，抱瓮区区老此身。"[66]

宋人熊禾在《熊勿轩先生文集》中点评说"元献之诗，意谓露巧不如守拙。荆公之诗，谓经济有术，固不必拘泥也。"

王安石以唱和晏殊旧诗的方式反击文彦博的态度十分明确。

事实证明，王安石变法的失败与他较为执拗、不善变通的性格有莫大的关系。从这个角度看，晏殊集抱朴守拙和圆融通变于一身的能力正是王安石所缺乏的。假如，王安石学得几分圆融，或许熙宁变法是另外一番境地。

令人感到匪夷所思的是，若干年后，王安石竟然和晏殊一家有了亲戚关系——王安石是晏宗武的姨父，曾亲自为他取名"宗武"，而晏宗武是晏殊的侄孙，即晏融之孙。[67]

注释：

[1] 此段内容原文见蒋一葵《尧山堂外纪》。
[2] 此段内容原文见朱熹《三朝名臣言行录》卷八。
[3] 引自范仲淹《范文正公集》卷六之《南京府学生朱从道名述》。
[4] 原文见司马光《涑水记闻》卷十：时晏殊在京师，荐一人为馆职。曾（王曾）谓殊曰："公知范仲淹，舍不荐而荐斯人乎？已为公置不行，宜更荐仲淹也。"殊从之。
[5] 此段内容原文见楼钥《范文正公年谱》节录晏殊《举范仲淹状》。
[6] 原文见徐松《宋会要辑稿·选举》：（天圣六年）十二月四日，学士院试大理寺丞范仲淹，策稍堪，论优，诏充秘阁校理。
[7] 引自李焘《续资治通鉴长编》卷一百八。
[8] 原文见李焘《续资治通鉴长编》卷一百五："（天圣五年），春正月壬寅朔，上率百官上皇太后寿于会庆殿。"
[9] 原文见田况《儒林公议》卷上：（晏殊）切责之曰："尔岂忧国之人哉？众或议尔非中直者，特好奇邀名而已。苟率易不已，无乃为言者之累乎！"仲淹方对所以当言之意，殊又折之曰："勿为强辞也。"
[10] 原文见范仲淹《范文正公集》卷八之《上资政晏侍郎书》。

[11] 此段内容原文见魏泰《东轩笔录》卷十四。

[12] 引自李焘《续资治通鉴长编》卷一百十八。

[13] 引自蒲积中《古今岁时杂咏》卷八。

[14] 原文见范仲淹《范文正公集》卷九之《上枢密尚书书》：某卵翼门下，虽竭心力，常惧贻知己之羞。

[15] 原文见邵博《邵氏闻见后录》卷二十：庆历中，富郑公、韩魏公俱少年执政，颇务兴作。章郇公位丞相，终日默然如不能言。或问郇公："富、韩勇于事为何如？"曰："得象每见小儿跳踯戏剧，不可诃止，俟其抵触墙壁自退耳。方锐于跳踯时，势难遏也。"

[16] 原文见徐自明《宋宰辅编年录》卷五：殊初入相，擢欧阳修等为谏官，既而苦其论事烦数，或面折之。

[17] 原文见叶梦得《石林燕语》：范文正公以晏元献荐入馆，终身以门生事之，后虽名位相亚亦不敢少变。

[18] 此段内容原文见叶梦得《避暑录话》卷上。

[19] 引自欧阳修《与韩忠献王（稚圭）四十五通》之十四。

[20] 此段内容原文见王铚《默记》卷中。

[21] 引自朱弁《曲洧旧闻》卷一。

[22] 引自范质《戒儿侄》。

[23] 原文见《欧阳文忠公集》卷九十六。

[24] 原文见《欧阳文忠公集》卷一百四十五。

[25] 原文见李焘《续资治通鉴长编》卷一百四十三。

[26] 原文见《宋史·吕夷简传》。

[27] 引自曾巩《隆平集》卷五。

[28] 原文见李焘《续资治通鉴长编》卷八十八：及代归，上谓曰：观卿所奏，有为国爱民之心矣。乃擢刑部员外郎、侍御史知杂事，赐绯。

[29] 原文见《宋史·吕夷简传》。

[30] 此段内容原文见李焘《续资治通鉴长编》卷一百十一。

[31] 原文见刘延世《孙公谈圃》卷上：章献崩，即日遣人发李太后棺验之，形色如生，鬓发郁然无少异，上于是存抚诸刘。

[32] 系宦官官名，位在副都知之下，供奉官之上。

[33] 原文见《宋史·吕夷简传》。

[34] 此段内容原文见王偁《东都事略·吕夷简传》。

[35] 原文见邵伯温《邵氏闻见录》卷九：欧阳公上书，引卢杞荐颜真卿使李希烈事，言宰相欲害公也，不报。

[36] 引自李焘《续资治通鉴长编》卷一百四十。

[37] 此段内容原文见徐自明《宋宰辅编年录校补》卷五。

[38] 原文见周必大《文忠集》之《汪季路司业》：端明尚书尝见晏元献与吕（夷简）帖，痛诋欧公以解吕之怒。

[39] 原文见《宋史·宋祁传》："礼部奏祁第一，庠第三。章献太后不欲以弟先兄，乃擢庠第一，而置祁第十。"又见范镇《宋景文公祁神道碑》：糊名籍奏公第一，元宪公第三。

[40] 据唐红卫等《二晏年谱长编》。

[41] 此段内容原文见徐自明《宋宰辅编年录校补》卷四。

[42] 引自王国维《人间词话》。

[43] 此段内容原文见黄昇《唐宋诸贤绝妙词选》卷三。

[44] 原文见魏泰《东轩笔录》卷九：昔晏元献公当国，子京为翰林学士，晏爱宋之才，雅欲旦夕相见，遂税一第于旁近，延居之，其亲密如此。

[45][46] 据唐红卫等《二晏年谱长编》。

[47] 原文见魏泰《东轩笔录》卷十：宋当草词，颇极诋斥，至有"广营产以殖私，多役兵而规利"之语。方子京挥毫之际，昨夕余醒尚在，左右观者亦骇叹。

[48] 原文见蔡绦《西清诗话》卷上：晏元献守汝阴，梅圣俞自都下特往见之……将行，公置酒颍河上，因言古今章句中全用平声，制字稳帖，若神施鬼设者，如"枯桑知天风"是也，恨未见侧字诗。圣俞既引舟，遂作五侧体寄公：月出断岸口，影照别舸背。且独与妇饮，颇胜俗客对。月渐上我席，暝色亦稍退。岂必在秉烛，此景已可爱。

[49] 引自梅尧臣《宛陵集》卷三十二《依韵朱学士廉叔忆颍川西湖春色寄献尚书晏公且将有宛丘之命》。

[50] 引自梅尧臣《宛陵集》卷三十三《泊姑熟江口邀刁景纯相见》。

[51] 原文见欧阳修《六一诗话》：圣俞平生所作诗多矣，然公（晏殊）独爱其两联，云"寒鱼犹着底，白鹭已飞前"；又"絮暖鲝鱼繁，豉添莼菜紫"。

[52] 原文见欧阳修《梅圣俞墓志铭并序》：至其穷愁感愤，有所骂讥笑谑，一发于诗。

[53] 原文见程大昌《演繁露续集》卷四：晏丞相尝笼生鹅饷梅圣俞，圣俞以诗谢之曰："昔居凤池上，曾食凤池萍。乞与江湖客，从教养素翎。"丞相得诗不悦。

[54] 引自梅尧臣《宛陵集》卷三十六之《晏成绩太祝遗双井茶五品茶具四枚近诗六十篇因以为谢》。

[55] 原文见张舜民《画墁录》：（晏）丞相领京兆，辟张先都官通判。一日，张议事府中，再三未答。晏公作色，操楚语曰："本为辟贤会贤会道'无物似情浓'，今日却来此事公事。"

[56] 原文见佚名《道山清话》：晏元献公为京兆，辟张先为通判。新纳侍儿，公甚属意。先字子野，能为诗词，公雅重之。每张来，即令侍儿出侑觞，往往歌子野所为之词。其后，王夫人浸不容，公即出之。一日，子野至，公与之饮。子野作《碧牡丹》词，令营妓歌之，有云"望极蓝桥，但暮云千里。几重山，几重水"之句。公闻之，怃然曰："人生行乐耳，何自苦如此？"亟命于宅库支钱若干，复取前所出侍儿。既来，夫人亦不复谁何也。

[57] 此段内容原文见吴曾《能改斋漫录》卷十六。

[58] 原文见王辟之《渑水燕谈录》卷八：柳三变，景祐元年登进士第，少有俊才，尤精乐章。后以疾更名永，字耆卿。皇祐中，久困选调，入内都知史某爱其才而怜其潦倒，会教坊进新曲《醉蓬莱》，时司天台奏："老人星见。"史乘仁宗之悦，以耆卿应制。耆卿方冀进用，欣然走笔，甚自得意，词名《醉蓬莱慢》。比进呈，上见首有"渐"，色若不悦。读至"宸游凤辇何处"乃与御制《真宗挽词》暗合，上惨然。又读至"太液波翻"，曰："何不言'波澄'！"乃掷之于地。永自此不复进用。

[59] 原文见张舜民《画墁录》：柳三变既以调忤仁庙，吏部不放改官。三变不能堪，诣政府。晏公曰："贤俊作曲子么？"三变曰："只如相公亦作曲子。"公曰："殊虽作曲子，不曾道'绿线慵拈伴伊坐'。"柳遂退。

[60] 引自叶嘉莹《迦陵论词丛稿》之《大晏词的欣赏》。

[61] 引自杨恒平《宋代桐木韩氏家族研究》。

[62] 引自韩维《南阳集》卷二十八。

[63] 此段内容原文见邵博《邵氏闻见后录》卷十九。

[64] 此段内容原文见王铚《默记》卷中。

[65] 此段内容原文见魏泰《东轩笔录》卷五。

[66] 此段内容原文见叶梦得《石林诗话》卷中。

[67] 据谢逸《溪堂集》之《故通仕郎晏宗武墓志铭》：宗武太夫人长乐郡君吴氏，荆国王文公夫人之妹也。

第四章

晏殊的家庭：家道荣昌，两个女婿很牛掰

晏殊一生，三妻九子六女，美满的家庭令人艳羡。婚姻虽一波三折，但终究以琴瑟和谐、白头到老收官。儿孙孝顺贤达，第八子晏几道因擅长小令名传千秋，曾孙晏敦复官至吏部尚书，正直耿介，为后世称道。几个女婿均有所成就，其中富弼官至宰相，名列昭勋阁二十四功臣；杨察官至三司使、翰林学士承旨，位高权重。

一　梅开三度，情路坎坷终呈祥

> 庆生辰。庆生辰是百千春。开雅宴，画堂高会有诸亲。钿函封大国，玉色受丝纶，感皇恩。望九重、天上拜尧云。　　今朝祝寿，祝寿数，比松椿。斟美酒，至心如对月中人。一声檀板动，一炷蕙香焚。祷仙真。愿年年今日、喜长新。

这是晏殊因夫人王氏在生日时被封为荣国夫人而写的一首祝寿词。整阕词洋溢着喜庆的气息，尤其被封为国夫人的荣耀与晏家上下对皇帝的感恩之情交相辉映。"今朝祝寿，祝寿数，比松椿。斟美酒，至心如对月中人"几句体现了晏殊对夫人健康长寿的衷心祝愿和真挚感情。

在宋朝，被封为国夫人是极大的荣耀，一般只有中书、枢密院长官的夫人才有这种可能。因此，这首词的写作时间估计为庆历二年或三年。此时，晏殊的仕宦生涯抵达巅峰。

年过半百的晏殊之所以对王夫人的寿诞如此重视，显然与他的人生经历密切相关。

晏殊同志，一生有三次正儿八经的婚姻。[1]

有人要问了，晓春同学，你这什么意思？难道还有不正儿八经的婚姻？

少安毋躁，晓春是指明媒正娶的意思，实在难以统计他到底纳过几次妾。只知道，有文字记载的至少一次。

晏殊的婚姻最终很圆满，但前半生情路坎坷也是不争的事实。

晏殊第一任妻子，是李虚己的女儿李氏。两人成婚的时间大概在咸平六年（1003），但李氏于大中祥符七年（1014）生育一女不久后去世。

李氏出生时间不可考，但以常理推测，应该和晏殊年岁相当，去世时青春年少，约二十三四岁。

《珠玉词》中有一首《少年游》，系晏殊纪念李氏所作。

霜华满树，兰凋蕙惨，秋艳入芙蓉。胭脂嫩脸，金黄轻蕊，犹自怨西风。　前欢往事，当歌对酒，无限到心中。更凭朱槛忆芳容。肠断一枝红。

此词哀婉感人，当年两人青梅竹马，相依相伴，饮酒听曲赏花，如今生同死不同，斯人已逝，只能独自凭栏看花，肝肠寸断思念不已。

晏殊丧偶的消息不胫而走，立即为缙绅大族所关注。此时，晏殊仅仅二十四岁，却身居"同判太常礼院"职位。按当下的话来说，这是不折不扣的超强"潜力股"啊！

对晏殊来说，有两个选择。一是通过婚姻把自己变成豪门世族的乘龙快婿，以此助力仕途，相应地，也要做出很多牺牲，譬如自由，甚至要战战兢兢地看大家长的脸色行事；二是找一个小户人家的女子，白手起家，却没有什么羁绊。

晏殊选择了后者，并因此获得宋真宗的称赞。

晏殊第二任妻子是孟氏，其父孟虚舟时任丰城（今江西丰城市）知县，后来官至屯田员外郎。

据《晏氏宗谱》记载，晏殊长子晏居厚生于大中祥符九年（1016）十月。由此推测，晏殊续娶的时间为大中祥符八年秋冬时节。

问题是，此时晏殊正"丁母忧"，不大可能结婚。

当然，晏殊被宋真宗"夺情"也是事实——"又丁母忧，求去官服丧，不许。"[2] 那么有没有这样一种可能：晏殊因被夺情而不受丁忧守制相关规定严格限制？譬如，变通为"以日易月"的服丧制度，即一天等于一个月，以二十七天代替二十七个月。皇帝打开金口"夺情"，这种可能性很大。如果这样，晏殊在大中祥符八年年底再婚完全可能。

孟氏和晏殊相守约十三四年，育有长子晏居厚、次子晏承裕、三子晏全节、四子晏宣礼、五子晏崇让等，于天圣七年（1029）八月一日去世。[3]

孟夫人去世时，晏殊年仅三十九岁。孟氏虽为填房，但十几年间和晏殊生育了五子一女，他们之间感情深厚毋庸置疑。据学者分析，《珠玉词》中的《红窗听》是写给孟氏的。

> 淡薄梳妆轻结束，天意与、脸红眉绿。断环书素传情久，许双飞同宿。　一饷无端分比目。谁知道、风前月底，相看未足。此心终拟，觅鸾弦重续。

这首词的上阕，写女子的容颜之美，写两人传情已久，愿结同心。下阕，写别后相思之情和重续前缘之意。这样的男女厮守在一起，怎么不是琴瑟和谐的一对呢？！

从《红窗听》的内容看，晏殊和孟氏婚前已然见过面了。为此，晓春猜测，晏殊母亲去世后，晏殊曾经回过家乡临川一段时间，是否在那一段时间有机会和孟氏见面？毕竟，丰城和临川相邻。沙河村的家人很可能为丧偶的晏殊牵线搭桥。

站在不惑之年的人生窗口，回首人生路，晏殊难免唏嘘不已，自己尚在青壮年，前后两任妻子寿年不永已然作古。时下，有人调侃说，升官发财死老婆是人生一大幸事。这话要是晏殊听了，恐怕会大喝一声：滚！

与前两任妻子不一样，王氏出自名门，父亲是名将王超、哥哥是官至枢密使的"黑王相公"王德用。毕竟，此时，晏殊官居"兵部侍郎兼秘书监、资政殿学士、翰林侍读学士"，再大的名门闺秀也hold得住。

晏殊对第三任妻子格外珍惜和关爱。这不仅仅因为王夫人青春年少,也不仅仅因为王夫人出自名门,更多的是对世事难料、生命无常的敬畏,是对美满家庭的珍惜,是对夫妻白头到老的向往。

可惜,王夫人仍然早于晏殊离世。她嫁入晏家二十二年后,于皇祐三年(1051)逝世。她生前尽享荣华富贵,被封为荣国太夫人,后追封为楚国太夫人。

王夫人为晏家育有第六子晏明远、第七子晏祗德、第八子晏几道、第九子晏传正以及四个女儿。

整体看来,王夫人和晏殊恩爱有加。晏殊晚年纳侍妾,为王夫人所不容。但当晏殊因张先作《碧牡丹》词而将侍妾接回时,王夫人做出了妥协,予以接纳,不再找麻烦。

在晓春看来,未必是王夫人不再吃醋了,而是她建立在夫妻感情融洽基础上的善意退让。

从晏殊写给王夫人的另外两首词,也能看出晏殊对她的真挚感情。

如《少年游·芙蓉花发去年枝》:

芙蓉花发去年枝,双燕欲归飞。兰堂风软,金炉香暖,新曲动帘帷。 家人拜上千春寿,深意满琼卮。绿鬓朱颜,道家装束,长似少年时。

该词上阕写景,环境优雅,风光秀丽,营造了一个动静结合、色彩斑斓、有声有香、祥和温馨的世界。下阕描写王夫人寿诞时,家人为其举办生日宴会的场景。最后一句"绿鬓朱颜,道家装束,长似少年时",写王夫人虽然年岁渐高,却青春不老,黑发红颜,风姿绰约。由此看出,她深得晏殊的怜爱和呵护。

又如《木兰花·杏梁归燕双回首》:

杏梁归燕双回首,黄蜀葵花开应候。画堂元是降生辰,玉盏更斟长命酒。 炉中百和添香兽,帘外青蛾回舞袖。此时红粉感恩人,拜向月宫千岁寿。

王夫人的生日正是归燕时节,秋葵花开。

晏殊一家人为寿主王夫人置办生日宴,芳香四溢,莺歌燕舞,斟满一杯祝寿酒,拜祝寿主长命千岁,其乐融融的祥和气氛四处洋溢。

二 忠孝子孙,各有所成

单单从仕途成就看,晏殊的九个儿子没有一人成为高官显宦,不像吕夷简、韩亿,子嗣中多人跻身中枢,特别是吕公著、吕公弼、韩缜位极人臣。但整体看来,晏家九子各有所成,尤其晏几道颇负盛名,其文学成就不亚于晏殊。而后代也涌现了晏敦复、晏溥等节义之士。

1. 人才辈出,忠孝子弟耀门楣

晏殊生子九人,其中第三子晏全节过继给晏颖为子,所以欧阳修在《晏公神道碑铭》中称晏殊"子八人"[4]。

晏殊这九个儿子中,居厚、承裕、全节、宣礼、崇让为第二任夫人孟氏所生,其他四人的生母为第三任夫人王氏。

据《晏氏宗谱》记载,长子晏居厚官大理评事,赠太寺丞,生于1016年十月,卒于1036年三月,时年仅二十一岁。

晏居厚于天圣九年(1031)即以秘书省正字迁任奉礼郎[5],当时仅十六岁,仕途之顺利堪比晏殊。可惜,天不假年,过早夭亡,纵有经天纬地之才也是枉然。

次子晏承裕生于天禧三年(1019)三月,卒于元丰六年(1083)四月。赐进士出身,曾任尚书屯田员外郎、同知太常礼院、吏部司封员外郎等职。

遗憾的是,晏承裕于治平二年(1065)年因渎职被贬官停职,后又在熙宁四年(1071)因狎妓被御史弹劾而勒令停职。

当然,晏承裕第二次被勒停的原因较为复杂,普遍认为是受了富弼的牵连。

据史书记载，晏承裕被弹劾的原因，表面上是他嫖娼陈氏，证据确凿。实际上，是因为富弼坚决反对青苗法。邓绾当时担任侍御史知杂事、判司农寺，是御史台的二号人物，当即拿晏承裕开刀。[6]

晏承裕闲居太久，郁郁不得志，由此无所寄托、情感空虚、眠花宿柳，本也不是多大的事。可是，此时富弼深陷新旧党争，在推行青苗法的问题上与变法派针锋相对。变法派自然不会放过任何打击对手的机会，"城门失火殃及池鱼"，晏承裕很不幸地成为这条"池鱼"。

当然，且不论邓绾的动机如何，晏承裕行为有失检点是不争的事实，这一点毋庸讳言。

晏殊第三子是晏全节，生于天圣元年（1023）四月，卒于元丰八年（1085）四月。曾任大理评事。出继给早夭的三叔晏颖为子。

晏宣礼系晏殊第四子，生于天圣三年（1025）六月，卒于熙宁七年（1074）四月。晏殊去世时，晏宣礼任"赞善大夫"，最后官至通议大夫。

通议大夫在宋朝是正四品官阶，虽非显要，但已殊为不易。再向上攀爬，须有登天之功，要么就是皇帝老儿高兴了，破例降旨——"通议大夫至开府仪同三司无磨勘法，须特旨除授"[7]，单纯靠资历熬，怎么着也熬不到那么高的品阶。

晏殊第五子为晏崇让，后因避讳宋英宗生父赵允让而更名"知止"，官至鸿胪寺卿，获赐官阶正三品的正议大夫。天圣五年（1027）五月出生，于皇祐元年（1049）冯京榜登进士第，曾出知苏州、泽州（今山西晋城市）、蔡州（今河南汝阳县）、寿州（今安徽淮南市）等地。

晏崇让当时在文坛小有名气，元丰初年担任苏州知州时曾刊行《李翰林诗集》（即《李太白集》），使李白的诗歌重新以较为完善的面目复见于世。

曾巩在《类要序》中赞曰："公之子知止，能守其家者也。"夏承焘在《二晏年谱》中也说："同叔子能以文学承家者，叔原之外有崇让。"

这大概也是《宋史·晏殊传》在晏殊九子中只提及晏知止的原因吧。

以《晏氏宗谱》的记载，晏崇让"熙宁丁巳九月殁"，这显然有误。

"熙宁丁巳"为熙宁十年（1077）。而在李焘《续资治通鉴长编》中，晏知止直到宋哲宗元祐七年（1092）仍活跃于政坛。列举几例如下：

（元祐六年正月壬午）左中散大夫、主客郎中晏知止知蔡州（三月二十二日为少府监）。

（元祐七年六月庚午）殿中侍御史吴立礼言："知颍州晏知止新除知邓州。按知止庸懦不才，贪污无耻，昨任成都府路转运使日，每巡历州县，殊不以观省风俗、按察官吏为意，专务营私，诛求无厌，自当投置闲散，以戒贪夫。"诏知止知寿州。（知止除邓州在十二日，今附此。）

且不论吴立礼之说是否客观公允，至少他不可能弹劾一个死人，朝廷也不可能下一纸任命书给死人。由此可知，晏崇让（知止）去世的时间，最早也在元祐七年（1092）六月以后。

第六子晏明远生于天圣八年（1030）七月，应为王氏嫁入晏门之后生育的第一个孩子，官至户部员外郎，于熙宁六年（1073）八月去世。

晏殊第七子晏祗德比晏明远小四岁，卒于崇宁四年（1105），曾任判太平州，赠朝议大夫。

晏殊最小的儿子晏传正，生于庆历元年（1041）二月，卒于元符二年（1099）三月，曾任太常寺卿、知扬州（今江苏扬州市），赠宝文阁学士、户部尚书。

晏殊九子六女，故而后人众多。其中不乏金榜题名者，如曾孙晏敦复、晏敦临、晏肃分别于大观三年（1109）、政和五年（1115）、宣和三年（1121）进士及第；也不乏誓死抗金的忠臣烈女，如孙晏溥、曾孙晏孝广及其女儿贞姑。

晏敦复是再度光大晏家门楣之人，官至吏部尚书兼江淮等路经制使，为人刚正敢言，才思敏捷。

绍兴八年（1138），金国遣使议和，要南宋君臣拜接金熙宗的诏书。晏敦复视为奇耻大辱，上疏谏阻。

宰相秦桧力主不惜低眉下首议和，派人暗中拉拢，以高官厚禄相许："哥们，你如果听秦相公的话，想当啥官，马上给你安排。"

晏敦复横眉冷对，说："我不可能只考虑自己的前途，而把国家给卖了。再说，我的脾气好似姜桂，越老越辣，你们不要再劝了。"坚决不愿放弃原则阿附权奸秦桧。[8]

宋高宗曾经称赞晏敦复说："你刚正峭直，有担当、敢说话，不愧是晏相公的后人！"[9]

而关于晏溥及晏孝广父女毁家纾难、忠烈殉国的记载，则让后人见识了这个文学世家的血性、刚烈和民族气节。

靖康年间，晏几道的长子晏溥在河北任职。在强敌当前之际，晏溥夫妇散财募兵，身披戎装，力战到底，最终夫妻二人带领大家以身殉国。[10]

谁能想到，写下"落花人独立，微雨燕双飞"的晏几道竟然有这么一个金戈铁马、气贯长虹的儿子！

除了晏溥夫妇，还有晏孝广父女。

晏孝广，是晏殊的曾孙，长得高大威武，长须飘飘，风流倜傥。自小好学不倦，常常通宵达旦地读书。

政和七年（1117），他被推荐担任了扬州尉，主要负责搜捕、打击盗贼等不法分子。

当时，扬州北临金国，南临大江，堪称军事要害之地，扬州尉的责任很大。晏孝广丝毫没有退却，带领大儿子晏溭走马上任，留二儿子晏浩照顾家庭。

建炎三年（1129），金兵直扑扬州，所向披靡。晏孝广洒泪立誓，率领士兵浴血奋战，挡住了金兵，使宋高宗得以从扬州邗江区逃往镇江，脱离虎口。金兵接着疯狂进攻，晏孝广血染战袍，斩杀数十名金兵后，战死沙场。[11]

一个主管"击捕盗贼"的小官，竟然挑起了抗击金国正规军的千斤重担，直至战死沙场，怎不令人肃然起敬！

让人感动的还有他的女儿贞姑。

晏孝广战死后，他的女儿贞姑被擒。

为避免被侮辱，她高呼："我是大宋宰相晏殊的后代，怎么能让家国蒙羞！"

说罢，拔刀自刎而死。[12]

晏孝广的另外一个女儿师姑被金兵掳走后，坚贞不屈，守身如玉，甚至不惜以死抗争，令人唏嘘不已。[13]

国破家亡，无论钟鸣鼎食之家、诗礼簪缨之族还是荷锄而归的农夫、肩挑手提的小贩，都难以逃脱悲惨命运。

但来自晏家忠臣、烈女的热血和浩然正气，给这个世界带来了一缕阳光和温暖。让流离失所、疲于奔命的北宋子民看到，在铁蹄和血腥屠戮之下，仍有挺直的脊梁和铮铮傲骨！

2. 一代词宗晏几道

论对后世的影响，尤其文学贡献，晏殊第八子晏几道彪炳史册。在灿若繁星的北宋，能够抢占一席之地，其实相当不容易。

宋人王灼在《碧鸡漫志》中评价晏几道说："叔原词，如金陵王、谢子弟，秀气胜韵，得之天然，将不可学。"晚清著名词家陈廷焯在《词坛丛话》中则说："北宋之晏叔原，南宋之刘改之（刘过），一以韵胜，一以气胜，别于清真（周邦彦）、白石（姜夔）外，自成大家。"而清末词家冯煦在《宋六十一家词选例言》中称："淮海（秦观）、小山（晏几道），真古之伤心人也，其淡语皆有味，浅语皆有致。求之两宋词人，实罕其匹。"

这些评价已经很高了，可还有人觉得不过瘾。

近代江西派词人夏敬观在《映庵词评》中称"殊父子词，语浅意深，有回肠荡气之妙；晏几道殆过其父"，认为晏几道的功力在晏殊之上。

如此一位享誉后世的文学大家，竟然在生卒时间上一直有争议。

宛敏灏先生根据郑侠的生卒年，推断晏几道生于1041年前后，卒于1119年左右。

夏承焘先生依照黄昇的《花庵词选》所说庆历中晏几道奉召作词和王灼《碧鸡漫志》所载晏几道为蔡京填词两件事，推算晏几道生于1030年左右，卒于1106年左右。

涂木水先生、晏立豪先生则根据《东南晏氏重修家谱》的记载，认为晏几道生于宝元元年（1038）四月，卒于大观四年（1110）九月。

而唐红卫先生等人在《二晏研究》中认为"晏几道的生卒年应该在《晏氏宗谱》的基础上往后再推数年"、"晏几道生于公元1045年稍后"、"具体的卒年或许是靖康之难期间"。

在晓春看来，涂木水、晏立豪的说法可能更接近真相。从晏几道的排行看，他显然应该出生于1034年至1041年之间，《晏氏宗谱》的记载应该可信。

尽管在生卒的具体时间上说法不一，但在晏几道生平经历方面，学者们大致取得了共识。

晏殊至和二年（1055）病逝时，晏几道已经因恩荫担任太常寺太祝。其后，仕途蹇塞，历任监颍昌许田镇、乾宁军通判、开封府推官等职。其间，获赐进士出身。

整体看来，晏几道终其一生，仕途不显。唐红卫先生等人以《晏氏宗谱》记载为依据，认为晏几道曾获赐官阶正三品的"宣奉大夫"，但在正史和宋人笔记中均不见此事的记载，故而缺乏足够的说服力。

以元祐二年（1087）前后晏几道的自述，来窥探他当时的生存状况或许是一个较为可靠的选择。

晏几道在《小山词自序》中记叙了《小山词》结集的缘由和对往昔岁月的追忆。写词，是"浮沉酒中"之后，期以解酒消怨、自娱自乐、一笑了之而已。但内容不单单叙写个人情怀，有宴饮时的所见所闻，有见物兴感抒怀等等。

也就是说，文字风流、花前病酒是晏几道生活的主旋律。这与其少年富贵养成的文化取向、生活习惯密不可分。

著名诗人、书法家黄庭坚是晏几道的至交，他在《小山集序》中述及晏几道的"四痴"：

第一痴，自己混得那么糟糕，又认识那么多高官显宦，却不愿依傍贵人之门；第二痴，议论别人的诗文直抒己见，从不作恭维逢迎之语；第三痴，每年花出去的钱千百万，家人有时却挨饿受冻，面露饥色；第四痴，别人辜负他若干次，他并不记恨，总是不相信别人会欺骗他。

从中，不难看出晏几道孤芳自赏的个性、诚挚纯朴的人品，始终保持一颗纯真的童心，不肯同流合污。如此至性至情之人，天下能有几个？也只有这种天性浪漫、落拓不羁之人，才有常人难及的才情和感悟。

而从晏几道与苏轼的失之交臂看，他身上不仅仅汩汩冒出"痴"，也蕴藏着不可一世的"狂"。当然，你也可以说，这是晏几道情商的短板。

有一次，名满天下的苏东坡委托黄庭坚引见晏几道。

结果，悲剧了，苏学士被碰了一鼻子的灰。

晏几道同志说："今天政事堂里的宰执，一半曾经是我们家的常客。即使这些人，我也没有时间见面。"[14]

晏几道，你到底是"装"还是"狂"？

或许是后者。

以苏轼之才之德之声望，且正值春风得意之时，屈尊求见，晏几道竟然没有相向而行促成文坛佳话。这着实令后人为之惋惜。

何止不搭理苏轼，即使后来面对几度拜相、权倾朝野的蔡京，晏几道也是这个"范"，丝毫没有写词献媚的卑躬屈膝之举。

晏几道晚年，主动提前退职，住在开封，不愿意攀附权贵。

权臣蔡京在重阳节、冬至日，多次派人上门索取长短句。

晏几道见实在推辞不掉，便写了两首《鹧鸪天》：

九日悲秋不到心，凤城歌管有新音。风凋碧柳愁眉淡，露染黄花笑靥深。　　初见雁，已闻砧，绮罗丛里胜登临。须教月户纤纤玉，细捧霞觞滟滟金。

晓日迎长岁岁同，太平箫鼓间歌钟。云高未有前村雪，梅小初开昨夜风。　　罗幕翠，锦筵红，钗头罗胜写宜冬。从今屈指春期近，莫使金樽对月空。

词写得怎么样？

非常棒！

问题是，两首词竟然没有能和蔡京挂钩。也就是说，晏几道同志表面上没有推辞，但其实完全没理这个茬口。[15]让我写词没问题，但这与你蔡京没一毛关系，别想让我夸你半句。

你位极人臣也好，炙手可热也罢，我就是我，是颜色不一样的烟火！别人讨好你巴结你，我晏几道却断然不干以文谄媚的勾当！

这就是被后人称为"一狂四痴"的晏几道！

也许，唯有特立独行、至性至情的人，方能写出如此真挚深婉、语言清丽的小令。

大约元祐二年（1087），范仲淹的次子、时任同知枢密院事的范纯仁将晏几道的词作结集，即为《小山词》，目前传世词作二百六十首。

后人对《小山词》评价极高，如：

> 宋人陈振孙《直斋书录解题》：《小山集》一卷，晏几道叔原撰。其词在诸名胜中，独可追逼花间，高处或过之。
>
> 清人陈廷焯《白雨斋词话》：北宋晏小山工于言情，出元献（晏殊）、文忠（欧阳修）之右。然不免思涉于邪，有失风人之旨。而措词婉妙，则一时独步。
>
> 夏敬观先生《映庵词评》：叔原以贵人暮子，落拓一生。华屋山丘，身亲经历，哀丝豪竹，寓其微痛纤悲，宜其造诣又过于父。
>
> 吴梅先生《词学通论》：余谓艳词自以小山为最，以曲折娇婉，浅处皆深也。

由此可以看出，晏几道在词史上是一个举足轻重的人物。当然，叶嘉莹先生以为晏殊、晏几道父子的词各有千秋——"故就情感言，小晏自较大晏为秾挚，然而如就思致言，则小晏实不及大晏之深广。"[16]

从表现内容看，晏几道的词主要分为这么几类：一是相思离别；二是感旧抒怀；三是写景咏物。从艺术特色看，主要体现"清壮顿挫，能动摇人心"[17]、"曲折深婉"[18]、"秀气胜韵"[19]等方面。

以唐红卫先生等人在《二晏研究》中归纳的说法，其风格特色，一是语言上的清词丽句，二是结构上的曲折顿挫，三是声韵上的清壮响亮，四是声调上的抑扬顿挫。

据统计，《小山词》二百六十首词中，十之五六描写晏几道与歌伎们，尤其与"莲、鸿、蘋、云"的感情交往，诉相思爱恋别离之情。其中最具代表性的当为《临江仙·梦后楼台高锁》：

> 梦后楼台高锁，酒醒帘幕低垂。去年春恨却来时。落花人独立，微雨燕双飞。记得小蘋初见，两重心字罗衣。琵琶弦上说相思。当时明月在，曾照彩云归。

这首词系因思念歌伎小蘋而作。

作者从眼前写起：酒醒梦回，四周闭门深锁，帘幕低垂，孤寂苍凉。不由得心中荡起一种难以名状的伤心惆怅——"去年春恨却来时"，离别之后，愁绪难消。接着引出令人拍案叫绝的千古名句"落花人独立，微雨燕双飞"。"落花"指韶光易逝，"微雨"隐喻作者心头纤细如丝、密如针脚的伤心，"人独立"、"燕双飞"则点出浓浓的离愁，扎人肺腑。

下阕"记得小蘋初见，两重心字罗衣。琵琶弦上说相思"，写作者回忆起与小蘋初次见面的场景，小蘋衣美人更美，琴艺高超，与作者彼此爱慕，心心相印。最后两句是点睛之笔。作者的思绪回到了现实：月还是当时的月，云还是当年的云，但物是人非，人去楼空，只留得自己形影相吊和这份浓得化不开的思念、锥心刺骨的痛。

类似经典作品很多，如《临江仙·长爱碧阑干影》、《临江仙·斗草阶前初见》、《鹧鸪天·小令尊前见玉箫》、《鹧鸪天·彩袖殷勤捧玉钟》、《蝶恋花·醉别西楼醒不记》等。

或许后人会有疑问，晏殊笔下有那么多写给妻子或为夫人庆祝生辰的词作，而晏几道几乎只为外面的"野花"提笔，这是不是玩过头了？父子之间，差距咋就那么大呢？

对此，请原谅晓春不大厚道地把责任推给晏几道的妻子王氏。

当然，晓春这样说，不是没有依据哦。

晏几道出身书香门第，自己又是一代词宗，自然藏书无数。

于是，有了一个麻烦，一旦搬家，光搬这些书就会把你累得吐血。

而晏几道搬家的次数真不少，王氏看到大家搬书累得东倒西歪的样子，心里很不爽："晏叔原，看看你的死样子，几本书搬上搬下的，就像叫花子死活离不开讨饭的碗!"

几句话呛得晏几道无法张嘴。

臭婆娘,吵架吵不过你,我就写吧:

生计惟兹碗,般擎岂惮劳。造虽从假合,成不自埏陶。
阮杓非同调,颜瓢庶共操。朝盛负余米,暮贮藉残糟。
幸免墦间乞,终甘泽畔逃。挑宜筇作杖,捧称葛为袍。
倘受桑间饷,何堪井上螬。绰然真自许,呼尔未应饕。
世久轻原宪,人方逐子敖。愿君同此器,珍重到霜毛。[20]

藏书如海,汗牛充栋,倘若频频搬家,着实让人头痛。可一介文人,声名远播,怎么离得开书呢?

晏几道的妻子是宋初名相王旦之孙、官至宝文阁直学士王靖的女儿,说起来是出自货真价实的官宦之家。可她竟然对书籍如此讨厌,极尽嘲讽之能事,哪里像出自书香门第的女子?以至于晏几道不得不举起如椽巨笔写一首《戏作示内》,摆事实讲道理,再三解释。

由此可知,晏妻是一个势利的世俗妇女,不可能读懂才情斐然而风流不羁的晏几道。晏几道婚姻生活不幸福,感情在最亲密的人身上无法得到宣泄,只好将情感寄托于沈廉叔、陈君龙等几个朋友家那些风情万种的歌伎身上。

可"莲、鸿、蘋、云"这几朵娇艳的花儿毕竟不是自己的,他们聚少离多,于是相思总是难免的,伤心也是难免的。而正是这些离情愁绪,成就晏几道创作大量名垂后世的小令。

感旧抒怀也是晏几道表现的重要内容。

晏几道少年时是羡煞旁人的"官二代",锦衣玉食,富贵无忧。可随着父亲晏殊和二姐夫杨察的去世,随着大姐夫富弼的大权旁落,他的人生坠入低谷,仕途蹇塞,甚至沦落到"朝盛负余米,暮贮藉残糟"生计困难的境地。

生活状况变化对他的诗词创作有明显影响。这些词,一般上阕描写当年置身莺歌燕舞之中饮酒赋诗的快乐,下阕感慨万千,抒发当下家境破落、凄凉到自己不忍直视的生活,由此生发许多伤心惆怅。

晏几道感旧抒怀的代表词作是《鹧鸪天·斗鸭池南夜不归》:

> 斗鸭池南夜不归,酒阑纨扇有新漓。云随碧玉歌声转,雪绕红绡舞袖回。　今感旧,欲沾衣,可怜人似水东西。回头满眼凄凉事,秋月春风岂得知。

作为当时极为流行的鸭子相斗博戏,"斗鸭"对作者有着不可抗拒的吸引力,以至于乐不思蜀,深深地沉浸其中。"酒阑纨扇有新诗"指酒筵将尽时,作者在歌姬舞伎的团扇上题诗。"云随碧玉歌声转,雪绕红琼舞袖回"写歌舞之美,碧玉的歌声在云间飘转,红琼的舞袖回旋,竟如飞雪环绕。由此可见,当时词人意气风发。下阕笔锋一转,写作者当前穷困潦倒的凄凉处境和情怀。"今感旧,欲沾衣。可怜人似水东西"这几句直抒胸臆。回首往事后,感慨万千,泪满衣襟,哀叹自己似流水般的人生。最后两句"回头满眼凄凉事,秋月春风岂得知"以精练的语言展现了作者家道中落后的凄凉心境,从而怨恨秋月春风不知人情冷暖。

除相思离别和感旧抒怀的内容之外,晏几道还有一些写景咏物的经典词作。如《蝶恋花·千叶早梅夸百媚》:

> 千叶早梅夸百媚,笑面凌寒,内样妆先试。月脸冰肌香细腻,风流新称东君意。　一稔年光春有味。江北江南,更有谁相比。横玉声中吹满地,好枝长恨无人寄。

这是一首咏梅词。词的前三句,以拟人手法生动形象地描绘了娇媚的梅花傲雪怒放的飒爽英姿。接着"月脸冰肌香细腻。风流新称东君意"两句进一步刻画梅花的形态、神态,如此冰清玉洁、如此清香四溢,自然获得青睐。"一稔年光春有味。江北江南,更有谁相比"两句继续盛赞梅花天下无敌。但突然笔锋一转,梅花最终落得"横玉声中吹满地。好枝长恨无人寄"的可怜结果。

这首词大多是对"笑面凌寒"的阐释,直到最后两句,写到梅花的凋谢、飘零，才发出由衷的惋惜和感慨。其表现手法很高超，在玉笛横吹的音乐中婉转地表达惋惜之情。反用"聊赠一枝春"的典故，表达深切感慨，对怀才不遇的愤慨展露无遗。

说到晏几道的词作，不得不提及他的"梦词"。据唐红卫先生等人的《二晏研究》统计，《小山词》二百六十首词中，梦词达七十首之多。

这些词要么阐发悲凉失意之感，要么表达相思相恋之情，经典之作较多。

如抒发悲凉失意之感的《鹧鸪天·十里楼台倚翠微》：

十里楼台倚翠微，百花深处杜鹃啼。殷勤自与行人语，不似流莺取次飞。　　惊梦觉，弄晴时，声声只道不如归。天涯岂是无归意，争奈归期未可期。

这首词写作者因听到杜鹃的啼声而引发的思归之情，抒发有家难归的悲愤与伤心。"十里楼台倚翠微，百花深处杜鹃啼"，写词人在青山满目的十里楼台游玩，百花盛开的深山传来了杜鹃啼叫。而"殷勤自与行人语，不似流莺取次飞"两句，说杜鹃与随意飞、率性停的流莺不一样，"殷勤"好似要与行人交代什么。"惊梦觉，弄晴时。声声只道不如归"几句，则点明行人有如从梦中醒来，明白了杜鹃为何啼叫，原来是叫唤着行人"不如归"。但面对杜鹃的好意，作者只能发出"天涯岂是无归意，争奈归期未可期"这样无奈而伤心的感叹。

三　双星闪耀东床贵

晏殊素以识人之明见长，那选择女婿当然要使出看家本领。

事实证明，经他选择的两位女婿均为人中龙凤，尤其是大女婿富弼系北宋名相、三朝重臣，曾三度拜相，是昭勋阁二十四功臣之一。

杨察是晏殊的第二个女婿，敏捷能文，官至户部侍郎、三司使。

晏殊去世时，与王氏所生的四个女儿尚未出阁。但从《晏氏宗谱》

看，其他四个女婿也是官宦中人。

晏殊的第三个女儿嫁给了王朋老，其父是曾任参知政事的王尧臣，王朋老本人仕至中大夫。第四个女儿的丈夫是何友直，于治平四年（1067）进士及第，官至左司员外郎。第五个女儿嫁给了王陟臣，他是晏殊好友、曾任翰林学士的王洙的儿子，嘉祐六年（1061）登进士榜，官至起居舍人。最小的女儿嫁给了熙宁三年（1070）进士及第的孙杰，仕至直龙图阁。

1. 王佐之才，三度拜相

对于晏殊来说，景德元年（1004）是极为重要的一个年份。这一年，他得到了名臣张知白的推荐，从而开启他的辉煌人生。

当然，这个时候，他不知道，后来成为他女婿的富弼在这一年出生了。

富弼是河南洛阳人，出身于世代官宦之家。

高祖富璘，曾任京兆少尹。曾祖富处谦，官至内黄令。祖父富令荀，曾任商州马步使。父亲富言于咸平三年（1000）登进士榜，官至都官员外郎。

一言以蔽之，富弼是正儿八经的"官五代"，生来就有当官的基因。

这还不算，富弼尚未出生，传奇故事已然上演。

富弼的老妈梦见天赦神煞降临，旗幡招展，鹤雁相随。后来，富弼同学出生了。

诸位是不是觉得有点眼熟啊？没错，当年晏殊出生时便是"白鹤盘桓"。由此可见，你当不了大官也不能怪你，只能怪白鹤、大雁之类的吉祥鸟，在你降生时没有飞到你家屋顶上。

传奇故事进一步展开。

富弼和小伙伴们在院子里玩游戏，突然之间，晴空霹雳，小伙伴们吓得四处躲闪，可富弼小朋友就像没听见一样，泰然自若。咦，这小子够奇怪的嘛！

奇人自有奇相。才几岁的小孩子，遭遇震耳雷霆，惊慌奔走很是正常，可小富弼与众不同，镇静自若，大有"泰山崩于前而色不变"的味道。

后来，小富弼在天宫寺三学院读书，异常勤勉刻苦，以至于让隔壁的苦行僧大为惊叹。不怕官宦子弟，就怕官宦子弟比贫寒子弟还拼啊！

果然，几年"三更灯火五更鸡"的苦日子之后，富弼成为声名远播的"洛阳才子"。

出名太重要了，否则他怎么能引起范仲淹的关注？

老范此时年近不惑，算是很有阅历的人了，可见到比自己小十五岁的富弼后，竟然一见如故，你一言我一语，没完没了地聊。

稍稍了解后，老范给富弼同学打了分：王佐之才！

自此之后，老范对富弼同学喜欢得不行，很是器重。

接着，老范揣着富弼同学的大作，呈给宰相王曾、御史中丞晏殊看："这哥们儿真是天下少有的奇才，希望尽快为朝廷所用！"[21]

千里马常有，而伯乐不常有。

富弼遇到范仲淹是他的造化，像范仲淹这样不遗余力地延誉、举荐一个后生晚辈实属难得。不但扯开嗓子为富弼吹喇叭，逢人就夸，引荐给王曾、晏殊等大臣，还穿针引线，使富弼成为晏殊的"东床快婿"。

此时是天圣七年（1029），富弼二十六岁，晏殊的长女晏氏十六岁。次年七月，富弼以茂才异等中第，授将作监丞、知河南府长水县（今河南洛宁县长水乡），由此踏上仕途。

此后，富弼历任签书河阳（今河南孟州市）节度判官厅公事、绛州（今山西新绛县）通判、太子中允、直集贤院、郓州（今山东郓城县）通判等职，走马灯似的变换岗位，逐级攀升。

宝元二年（1039）闰十二月，富弼被召为开封府推官、知谏院，开始在朝堂上频频发声，针砭时弊，直言进谏。譬如，借发生日食的事情，建言"应天变莫若通下情"，终致朝廷广开言路。譬如，建言朝廷厚赏西夏首领吹同乞砂、吹同山乞，按抚西边。获得朝廷采纳。

庆历元年（1041）五月，富弼改任右正言、知制诰、纠察在京刑狱，赐三品服。当时，契丹派人持伪造的僧牒假冒僧尼四处刺探情报。案发后，牵扯到政事堂官员，开封府缉拿疑犯时遭遇阻力。为此，富弼不畏权贵，上告首相吕夷简，要求他立即交出涉案官员，依法处理，否则决不罢休。吕夷简为此怀恨在心，后来力荐富弼出使契丹，欧阳修认为吕夷简此举意在借刀杀人。岂料，富弼胆识过人，沉着镇定，不辱使命，圆满完成了任务，获得宋仁宗及满朝文武的高度评价。

富弼淡泊名利，多次辞受朝廷的拔擢。譬如在庆历二年三月辞受礼部员外郎、枢密直学士，闰九月辞受吏部郎中、枢密直学士，十月辞受翰林学士。譬如庆历三年三月，辞受右谏议大夫、枢密副使，直到朝廷将其改任资政殿学士兼翰林侍读学士，他才接受。

庆历三年七月，朝廷再次任命富弼为枢密副使，富弼再次辞受，请求出守州府，未获宋仁宗允准。一个月后，宋仁宗又一次任命他为枢密副使。他终于同意走马上任，由此开始了和参知政事范仲淹共同主持"庆历新政"的艰难改革历程。

作为范仲淹主持"庆历新政"的主要搭档，富弼的改革主张与范仲淹在《答手诏条陈十事疏》中的表述基本一致，譬如在政治改革方面主张选贤任能、改革科举、总结治国经验、发挥宗室能人的作用；在军事改革方面主张提高武将地位、选择良将、对将领充分授权、奖惩分明、重用北兵；在财政改革方面主张轻徭薄赋、裁撤冗兵、大举屯田等。

此时，富弼虽和范仲淹的政治主张一致，但行事风格却有差异。毕竟两人年龄相差十五岁，经历、阅历不一样，性格也不一样。欧阳修评价富弼"明敏而果锐"，《宋史·富弼传》说富弼"恭俭好修"、"好善嫉恶，出于天资"。

范仲淹历练丰富，很有斗争经验，不似富弼患得患失，书生意气。

在"庆历新政"中，范仲淹采取霹雳手段，把不胜任的庸官一笔勾掉。

富弼在一旁看得心惊肉跳，动了菩萨心肠："叔丈大人啊，你这一笔下去，就是一家人号啕大哭啊！"

范仲淹头也不抬，缓缓说道："一家人哭，总比一省的老百姓哭好吧？！"[22]

"庆历新政"失败后，富弼先后担任河北宣抚使、知郓州、京东东路安抚使知青州（今山东青州市），加资政殿大学士、知郑州（今河南郑州市)，知蔡州（今河南汝阳县），观文殿大学士知河阳（今河南孟州市）、加户部侍郎等职位，是北宋中期的股肱大臣。

难能可贵的是，富弼为官总是竭尽全力救黎民于水火之中，政声昭著。绛州、青州等地均有黎民百姓自发为其建生祠加以奉祀。

至和二年（1055）二月，富弼除宣徽南院使、判并州。四个月之后，因刘沆的推荐，拜同中书门下平章事、集贤殿大学士，即集贤相。嘉祐三年（1058），加礼部尚书、昭文馆大学士，成为首相，位极人臣。

嘉祐六年（1061）三月，因母丧去位，富弼回到洛阳。六月，宋仁宗下诏起复富弼为首相，富弼力辞不受。嘉祐八年，服丧期满后，被任命为枢密使。次年，加户部尚书。

治平二年（1065）七月，因患足疾，富弼请辞枢密使，以使相身份出判河阳。治平四年正月，改武宁军节度使，进封郑国公。当年十月，以尚书左仆射、观文殿大学士、集禧观使复判河阳。

熙宁元年（1068）二月，富弼移判汝州（今河南汝州市）。一年后，再度官拜首相，监修国史。

就在富弼拜昭文相的次日，王安石被任命为参知政事。

富弼和王安石的私人关系曾经相当好，嘉祐三年，富弼担任首相时，曾将王安石迁任为三司度支判官。嘉祐八年八月，王安石母亲去世，时任枢密使的富弼亲自写信安抚慰勉，关系远远超出一般同事关系，同时赠送财物，帮助王家置办丧祭。[23]

但此后，两人政见不合。

譬如，王安石认为"灾异皆天数，非关人事得失所致"，而富弼认为"凡有灾变怪异，皆由时君世主不能举直错枉、用贤退不肖"、"人君所畏惟天，若不畏天，何事不可为者"。在富弼看来，假如皇帝连上苍都不放在眼里，那必定无所畏忌，没有底线。

譬如，王安石蔑视"祖宗之法"，让富弼感到无法接受。

譬如，富弼担心新法走向与民争财的歧路。

譬如，富弼反对挑起战事，对契丹、西夏用兵等。

熙宁二年（1069）十月，因王安石专权，富弼因病求退，判亳州。熙宁四年（1071）六月，改判汝州。熙宁五年三月，授司空、同平章事、武宁军节度使致仕,进封韩国公。

元丰六年(1083)五月,一颗巨大的陨石划破长空,发出甲马奔腾的隆隆声,坠落在洛阳城富弼家附近。

富弼登上自家的"天光台",焚香而拜。

他清醒地认识到,自己时日不多了。[24]

当年闰六月二十二日,富弼去世,享年八十岁。

宋神宗深感震惊,为其废朝三日,追赠太尉,谥"文忠"。

宋神宗亲自为富弼撰写祭文,曰:"言人所难,议定大策,谋施廊庙,泽被四方,他人莫得而预也。"[25]贵为天子,给一个大臣如此高的评价,很是罕见。

作为北宋中期最有影响力的贤相之一,富弼名位、功业均超过了岳父晏殊。元祐元年(1086),富弼配享宋神宗庙庭。宋哲宗亲篆其碑首"显忠尚德",旷世文豪苏东坡撰写《富郑公神道碑》。宋理宗宝庆二年(1226),富弼被列为"昭勋阁二十四功臣"之一。

整体看来,晏殊、富弼翁婿关系融洽。

譬如,景祐元年(1034)前后,晏殊曾写信《与富监丞书》,传授读书经验,探讨韩愈、柳宗元文章的得失。这显然不是一般的翁婿关系所能做到的。

譬如,和富弼关系较好的范仲淹、韩琦、欧阳修、梅尧臣等人均为晏殊的门生故吏,来往密切。翁婿两人有共同的朋友圈,至少说明他们的三观不至于有明显冲突。

当然,也有人认为晏殊和富弼的关系并不和谐,理由是以下两件事例。

一是出使契丹过程中,富弼、吕夷简发生激烈冲突时,晏殊为吕夷简辩解,结果导致富弼大怒,骂道:"殊奸邪,党夷简以欺陛下。"

此事前文曾做过详细分析,当时吕夷简权势熏天,而晏殊作为宰执大臣,不可能翁婿联手,激化矛盾,只能给首相吕夷简面子。唯有如此,才能为自己的家族留下足够的回旋余地。而富弼之骂,是盛怒之下、情急之中的口不择言,并不能证明他对晏殊真的有成见。

二是宋人笔记中关于晏殊对富弼、杨察差异化接待的记载。

晏殊担任枢密使、宰相时，女婿富弼、杨察也已脱颖而出，担任高官。富弼来老丈人家中，往往在书房里喝茶聊天，以普通家膳招待。而二女婿杨察来了，大多大摆酒宴，还会请出歌姬侍女，歌舞弦乐以伴。为此，有人觉得，晏家这两个女婿名位相当，晏殊看重杨察，而怠慢富弼。[26]

以截然不同的待遇对待名位相若的女婿，似乎是晏殊不待见富弼的铁证。可真的如此吗？

先看看富弼的脾气性格。

> 《宋史·富弼传》：弼性至孝，恭俭好修，与人言必尽敬，虽微官及布衣谒见，皆与之亢礼，气色穆然，不见喜愠。

怎么样？面对这么一本正经的女婿，好意思叫歌女舞姬作陪？好意思酒后失态，胡言乱语，逞口舌之快？你做泰山大人的作名士风流状，人家"气色穆然"，你不觉得违和感太强吗？！

对于工作狂富弼而言，谈谈工作，一起喝杯茶、吃个饭最为妥当，而不是花前酒后相逢。可见，以宋人笔记的零星记载推断晏殊和富弼关系不融洽，缺乏说服力。

2. 潘安之貌，宋玉之才，这个帅哥不一般

晓春所在的抚州市以"临川才子"的名号誉满天下，历史上文化名人灿若群星，譬如晏殊、晏几道、曾巩、王安石、陆九渊、汤显祖等等。时至今日，依然是才子辈出的区域，教学质量最好的临川一中每年要送几十个学生进北大、清华等名校，间或给你出一个全省"理科状元"、"文科状元"，让人惊叹连连。

一天，晓春读到宋朝王铚《默记》中一则故事，当即沉默了。类似于出多少全省状元的话还是少说为好，你看看人家合肥杨家有多牛！

晏殊的二女婿是杨察。杨察的老妈相当了得，当下的狼妈虎爸，在我们杨妈面前，全部弱爆了！

她本人能文善诗，手把手地教杨家兄弟，孩子稍微不合乎要求，就拳脚伺候。原文是"小不中程，辄扑之"。棍棒之下出孝子，杨察和弟弟杨寘茁壮成长。

后来，杨察参加礼部的进士考试，考中第二名，即榜眼。

这本是一件大快人心的喜事吧，可杨妈不高兴。

报喜的人上门时，她老人家还在休息，听说后，大怒，把头转向墙壁，说："这个不争气的儿子坏我名声，被第一名压住。下次，我家老二，肯定不会这么糟糕，被人压住一头。"

可怜杨察同学，考了榜眼，他老妈反倒气呼呼，好长时间都不搭理他。[27]

读了这个故事，晓春唏嘘良久。

杨察于景祐元年（1034）考中榜眼，这本是举家欢庆的大喜事。可杨妈很生气——不是装，是真的生气，怪他丢了杨家的脸面，被该榜状元张唐卿压过一头，说要让次子杨寘争回脸面。

而杨寘果然争气，机缘巧合，于庆历二年（1042）硬生生从王安石手中夺走了状元。

这是不是太匪夷所思了?! 可事实如此啊，放眼古今，哪个狼妈虎爸能及？

由千古第一虎妈杨大妈培养出来的杨察，名位、功业虽略逊于富弼，却也是当世名臣。尤其那个帅气啊，实在让男人嫉妒女人心动——这不是晓春在此信口开河，《宋史·杨察传》明确记载说"察，美风仪"。

杨察，出生于大中祥符四年（1011），庐州（今安徽合肥市）人，景祐元年考中榜眼后，被任命为将作监丞、通判宿州（今安徽宿州市）。

大概就在这一年，出守亳州的晏殊将次女许配给杨察。

试想，以晏殊慧眼识人的能力，怎么可能放过这只"潜力股"？

先撂下杨察的情商如何不论，杨察"敏于属文"、"美风仪"这两点已是非常大的优势了。晏殊自己靠舞文弄墨起家，当然清楚在大宋混碗饭吃，笔杆子太重要了，何况这男孩是一枚大帅哥，女儿喜欢，自己也脸上有光啊。

果然，能诗善文的杨察很快入选馆阁，迁任秘书省著作郎、直集贤院。在馆阁历练、镀金后，杨察成长的速度骤然加快，先后出知颍州（今安徽阜阳市）、寿州（今安徽淮南市）。回到京城，杨察被任命为开封府推官，判三司盐铁、度支勾院，修起居注。

庆历元年（1041），三十一岁的杨察担任了江南东路转运使。这是一个实权在握的官职——"总一路利权以归上，兼纠察官吏以临郡。经度本路租税、军储，供邦国之用、郡县之费；分巡所部，检察储积，审核账册，刺举官吏臧否，荐举贤能，条陈民瘼，兴利除害，劝课农业，并许直达"[28]。纠察官吏、管理财税物资、举贤荐能，人财物在手，权力实在不小。

哈，让一个毛头小伙子来管我们？还有天理吗？换人吧，否则我们不干了！

换人？你们说换就换啊？！你们懂不懂"自古英雄出少年"的道理？！

结果，小帅哥杨察来了以后，逐一列举官场腐败的表现，分析原因，大家开始对这个小年轻刮目相看。人家胸有丘壑，不服不行哦。

杨察任职时，把检举官吏枉法当作最急切的事情，以至别人议论纷纷。杨察说："这是转运使督查地方官员的职责，假如指摘那些微末小事，普通官吏也能做到，何必要我出马呢？！"[29]

怎么样，颇有清官的范儿吧？

庆历二年（1042），杨察回京，担任右正言、知制诰，权判礼部贡院。

礼部贡院是主管科举考试的机构，当时有人请求废除糊名考试的方式，改变考试文体，沿袭唐朝考试制度。

杨察表示反对，说"防禁一溃，则奔竞复起。且文无今昔，惟以体要为宗，若肆其澶漫，亦非唐氏科选之法"[30]。一旦取消糊名制度，用什么防范投机取巧呢？而擅自改变文体，风险也很大。

杨察给出明确意见后，议论停止了。

因晏殊担任宰执，杨察为避嫌，改任龙图阁待制。后来，杨察因丁母忧去职。守孝期满之后，杨察又获得朝廷重用，任知制诰，拜翰林学士、权知开封府。接着，擢升为右谏议大夫、权御史中丞。

御史中丞为御史台长官，而御史台系皇帝耳目，"掌纠察文武百官歪风邪气、贪官污吏，肃正朝廷纲纪法规。有大事得在朝廷、皇帝面前辩论抗争，小事则上奏弹劾；且许以风闻言事，不必有足够证据"[31]。可见，这个官职位高权重，却也在风口浪尖上。

"权御史中丞"是正官御史中丞空缺时，由给事中、谏议大夫代理负责御史台的工作。

前面，我们已经见识了杨察的清官范儿，现在到了这个位子上，可以想见他该如何风骨铮铮坚持原则了。

果然，他接二连三得罪了宰相陈执中。

庆历八年（1048），杨察出知信州（今江西上饶市）。次年，徙知扬州（今江苏扬州市），八月加翰林侍读学士。

行文至此，有人要嘀咕了，你说杨察有"宋玉之才"，有干货吗？难道做过翰林学士，就能说"宋玉之才"？

当然有干货。

杨察离开信州时，有十二个读书人依依不舍相送。临别之际，杨察即兴赋诗：

> 十二天之数，今宵席上盈。位如星占野，人若月分卿。
> 醉极巫山侧，联吟巂管清。他年为舜牧，协力济苍生。[32]

由此可见，杨察能诗善文，所言不虚。

皇祐二年（1050），杨察知永兴军（今陕西西安市），几个月后改知益州（今四川成都市）。

皇祐四年，杨察迁礼部侍郎、复权知开封府。

怎么样，有点眼花缭乱吧？杨察四年时间里，竟然在江西、江苏、陕西、四川兜了一圈，重新回到京城，主政开封府。

掩卷沉思，晓春不由得感叹，如此一年一迁，怎么干活啊？！

嘿，这就是大宋的特色。

读宋代历史，你必须适应官员职务迁徙频繁的情况。吴廷燮先生在《北宋经抚年表·序》中说"往往一岁迁代数四"并非夸张，像杨察这样正儿八经地在益州干了两年整相当不错了。

至和元年（1054），杨察重新被拜为翰林学士，权三司使。

《宋史》说杨察"遇事明决，勤于吏职"，工作能力强而勤勉的人往往缺乏谄媚阿谀的能力，加之个性略显张扬，难免得罪宵小之徒。

宦官杨永德抓住三司的小问题，借题发挥，在宋仁宗面前诋毁杨察。

杨察为此请求辞官，于是迁任户部侍郎兼翰林学士、端明殿学士、翰林侍读学士。

这是因祸得福嘛！

张骁飞先生在《北宋〈学士年表〉正补》中感叹说："免一兼差而除三学士，宠渥之厚，北宋历史上仅此一例。"

接着，杨察进位为翰林学士承旨——"翰长"，是翰林学士团队的老大。大约一年后，杨察再度被朝廷任命兼任三司使。

对此，你只能感叹圣眷优渥，宋仁宗对杨察太信任了！

依照这个趋势下去，杨察成为宰执只是时间问题。

宋人洪迈在《容斋随笔》中说："国朝除用执政，多从三司使、翰林学士、知开封府、御史中丞进拜，俗呼为四入头。"现在，杨察历尽四职，还有问题吗？

问题来了！有才还得有运，有运还得有命。

年富力强的杨察患病了——痈疽。放在今天，这真不是什么大病，不就是长个大"疖子"嘛！可在没有抗生素的时代，这真不是小病。

有多少名人倒在"痈疽"上？晓春随便列举几人：

项羽的"亚父"范增、唐朝大诗人孟浩然、后唐太祖李克用、北宋名臣王曙、名将狄青、南宋抗金名将宗泽、大明开国元勋徐达、抗日英雄马本斋……

嘉祐元年（1056）七月，杨察病逝，年仅四十六岁，获赠礼部尚书，谥宣懿。

晓春小时候不懂"德智体全面发展"的真意，成年之后方知，没有健康的身体，什么都是浮云。

杨氏兄弟堪称人中龙凤，可惜天不假年。尤其杨寘高中状元后，没过多久因母亲去世，悲哀过度一病不起，甚至来不及走马上任，去世时年仅三十岁。病逝前，杨寘的朋友梦见他自称"龙首山人"，觉得不吉利。杨寘自言自语地说:"龙首,指我连中四元;山人,是没有禄位的意思。莫非我死期已到?!"[33]

好不容易考一个万众瞩目的大宋状元,好不容易等来了官袍,岂料身体不争气,一命呜呼。唉,早知如此,加强身体锻炼嘛!

杨察和晏殊关系极好,来往十分密切。

他们两人有不少共同点。譬如《宋史·杨察传》说杨察"七岁始能言",这个和民间传说中的晏殊太相似了。譬如他们都担任过知制诰、翰林学士、御史中丞、三司使等职务,共同话语多。

以至于在宋人笔记中,杨察去世前梦到的人,就是晏殊。

晏殊去世的第二年,杨察做了一个奇怪的梦。

他梦见自己与晏殊一起饮酒。

酒过七轮,他起身看一眼厅堂,发现奏乐人竟然都是纸人。

梦醒后,他对夫人说:"看来,我要与世长辞了。"

没过多久,果然病逝了。[34]

这个故事或许虚妄或夸张,但晏殊、杨察翁婿情深却是不争的事实。

注释:

[1] 据欧阳修《欧阳文忠公集》卷二十二之《晏公神道碑铭》:公初娶李氏,工部侍郎虚己之女;次孟氏,屯田员外郎虚舟之女,封钜鹿郡夫人;次王氏,太师、尚书令超之女,封荣国夫人。

[2] 引自欧阳修《晏公神道碑铭》。

[3] 据《晏氏宗谱》:孟夫人,先封钜鹿郡夫人,后追封延国太夫人,天圣七年八月一日卒。

[4] 原文见欧阳修《欧阳文忠公集》卷二十二之《晏公神道碑铭》:子八人:长曰居厚,大理评事,早卒;次承裕,尚书屯田员外郎;宣礼,赞善大夫;崇让,著作佐郎;明远、祗德,皆大理评事;几道、传正,皆太常寺太祝。

[5] 原文见李焘《续资治通鉴长编》卷一百十:(天圣九年)殊子秘书省正字居厚、奭孙将作监主簿惟直并迁奉礼郎。迁官在六月甲申,今并书。

[6] 此段内容原文见李焘《续资治通鉴长编》卷二百二十六。

[7] 引自龚延明《宋代官制辞典》。

[8][9] 原文见《宋史·晏敦复传》。

[10] 原文见翟耆年《籀史》卷上：靖康初，（晏溥）官河北，金贼犯顺，散家财，募兵扞贼，与妻玉牒赵氏戎服率义士力战而死。

[11] 原文见清道光《临川县志》：宋晏孝广，殊曾孙，长躯修髯，倜傥有节，概年十余岁，夜诵诗书达旦未尝辍。政和七年（1117）以荐补扬州尉。尉主击捕盗贼。扬于此时北迩金人、南临大江，扼险备敌称要害地，而尉尤不易任。孝广奋然以身先之，携长子湲从事，留次子浩宁家。靖康二年（1127），元祐太后如扬州居，无何金人攻扬州。建炎三年（1129）二月，诏刘光世将兵阻淮拒金。光世兵溃走，金人陷天长军。帝仓皇失措，太常少卿取九庙神主从行，行亡太祖神主于道。是日，金将马五帅马骑直迫扬州城下，追至扬子桥，锋锐甚。孝广洒泣誓众，率所纠士兵御之，金人遂不得前。而帝因乘间驰至瓜州，奔镇江，脱虎口。未几，贼势大张，孝广挺身转闯斩杀伤数十人，竟以援兵不继战死。

[12] 原文见陈慕《千年杨子桥的人和事》：（晏孝广）因后援不继，兵败身死，其女贞姑随父在军，为金兵所擒，贞姑不屈高呼："我乃大宋丞相晏殊后代，岂肯贻羞家国！"遂拔刀自刎而死，表现了高度的民族气节。

[13] 此段内容原文见费衮《梁溪漫志》卷八之《烈女守节》。

[14] 原文见陆友《研北杂志》：元祐中，叔原以长短句行，苏子瞻因鲁直欲见之。则谢曰："今日政事堂中半吾家旧客，亦未暇见也。"

[15] 此段内容据王灼《碧鸡漫志》卷二。

[16] 引自叶嘉莹《迦陵论词丛稿》之《大晏词的欣赏》。

[17] 引自黄庭坚《小山词序》。

[18] 引自陈廷焯《白雨斋词话》卷一。

[19] 引自王灼《碧鸡漫志》卷二。

[20] 此段内容据张邦基《墨庄漫录》。

[21] 此段内容原文见范纯仁《范忠宣公集》卷十七之《富公行状》。

[22] 此段内容原文见朱熹《五朝名臣言行录》之《参政范文正公》。

[23] 原文见王安石《临川先生文集》卷七十六之《上富相公书》：及以不孝得罪天地，扶丧南归，阁下以上宰之重，亲启手笔，拊循慰勉，过于朝夕出入墙屏之人。又加赐物，以助其丧祭。

[24] 原文见朱熹《三朝名臣言行录》卷二之《丞相韩国富文忠公》：是年五月，大星殒于公所居还政堂下，空中如甲马声，公登天光台，焚香再拜，知其将终也。

[25] 引自邵博《邵氏闻见后录》卷二十四：弼之薨，神宗躬制祭文，有曰："言人所难，议定大策，谋施廊庙，泽被四方，他人莫得而预也。"

[26] 原文见高晦叟《珍席放谈》：富文忠、杨隐甫皆晏元献公婿也，公在二府日，二人已升贵仕。富每诣谒，则书室中会话竟日，家膳而去。杨或来见，坐堂上置酒从容，出姬侍奏弦管、按歌舞以相娱乐。人以是知公待二婿之重轻也。二婿之功名年位亦自不相伦矣。

[27] 原文见王铚《默记》卷下：杨宣懿察之母甚贤。能文，而教之以义，小不中程，辄扑之。察省试《房心为明堂赋》榜，登科第二人。报者至，其母睡未起，闻之大怒，转面向壁曰："此儿辱我如此，乃为人所压，若二郎及第，待不教人压却。"及察归，亦久不与语。寘果魁天下。

[28] 引自龚延明《大宋官制辞典》。

[29] 原文见《宋史·杨察传》：察在部，专以举官为急务。人或议之，察曰："此按察职也，苟掎拾羡余，则俗吏之能，何必我哉！"

[30] 引自《宋史·杨察传》。

[31] 引自龚延明《宋代官制辞典》。

[32] 原文见魏泰《东轩笔录》卷十五：杨察侍郎谪信州，及召还，有士子十二人送于境上。临别，察即席赋诗，皆用十二事，而引谕精至，士子无能属和者，其诗曰："十二天之数，今宵席客盈。位如星占野，人若月分卿。极醉巫山侧，联吟嶰管清。他年为舜牧，叶力济苍生。"

[33] 原文见《宋史·杨寘传》：授将作监丞、通判颍州。未至官，持母丧，病羸卒，特诏赙恤其家。先是，其友梦寘作龙首山人，寘自谓："龙首，我四冠多士；山人，无禄位之称。我其终是乎！"已而果然。

[34] 原文见吴曾《能改斋漫录》卷十八：次年公（晏殊）婿杨侍郎察，梦与公对饮，七行而罢。杨公起视庭下，奏乐人拥从皆纸人也。寤而告其夫人，因曰："我必弃世。"未几果薨。

第五章 晏殊的诗文：赡丽闲雅

行文至此，晓春一直纠结，是否要将晏殊的诗文单独作为一个篇章来介绍。毕竟晏殊以词名世，诗文尤其文章对后世的影响不是特别大。一个直接的例证是，假如向非专业人士或"晏粉"了解晏殊的诗文，难得有几个人说得上来。但思之再三，晓春还是觉得有必要花一些篇幅介绍晏殊的文章和诗歌，否则读者难以理解晏殊在北宋初期文坛的领袖地位，也难以了解作为一个文学家存在的晏殊。

一　文辞赡丽气象高

据统计，《全宋文》收录晏殊的文章55篇，包括赋9篇、记4篇、序5篇、论2篇，其他诸如制、状、表、奏、书、跋、赞、铭、碑志等35篇。另外，目前市面上出现署名作者为晏殊的书籍《解厄鉴》，因难以确认是否系晏殊所作，暂且搁置不论。

下面，从李之鼎《宋人集》乙编《元献遗文》和《全宋文》中选取晏殊的文章，和大家共同欣赏，以求窥一斑而见全豹的效果。

1.《中园赋》

在9篇赋之中，只有《中园赋》、《雪赋》保留完整，其余几篇皆为残篇断句。为此，晓春以《中园赋》为例，与诸位共同了解晏殊写赋的特点。以下为《中园赋》全文：

> 在昔公仪，身居鼎轴，念家食之贫厚，斥芳蔬之荐款。粤有仲子，坚辞廪禄，率齐体于中野，灌百畦而是足。惟二哲之高矩，蔼千龄之信牍。虽显晦之非偶，谅谟猷而可复。岂不以崇高宅乎富

贵，声教移乎风俗。四民谨旧德之业，百乘鄙盗臣之畜。义利愧于交战，矛盾芟分并鬻。代工而治兮，戒在贪竞；付物以能兮，使其茂育。斯有位之良训，乃群伦之所属。天地闭兮贤隐，置网张兮兽伏。怖炎火之焚石，恶东龟之毁椟。甘田亩以昏作，晦膏兰而择福。我负子戴兮，终年靡劳；夏葛冬裘兮，匪躬是辱。斯遁世之攸处，讵纷华之可渎。

眷予生兮曷为？幸亲逢乎盛时。进宽大治之责，退有尚农之赀，求中道于先民，乐鸿钧于圣期。寓垣屋于穷僻，敞林峦于蔽亏，朝青阁以凤退，饬两骖兮独归。窃蔼郊园，扶疏町畦。解巾组以遨游，饬壶觞而宴嬉。幼子蓬鬓，孺人布衣，啸傲蘅畹，留连渚湄。或捕雀以承蜩，或摘芳而玩蕤。食周粟以勿践，咏尧年而不知。琴风飒以解愠，田雨滂兮及私。

尔乃坛杏蒙金，蹊桃炫碧，李杂红缥，柰分丹白。梨夸大谷之种，梅骋含章之饰。乌勃旁挺，来禽外植，樱胡品糅而形别，棠棣名同而实析。大樗朱柿兮骈发，樗枣安榴兮闲折。楔楂以馨烈蒙采，枳椇以甘芳见识。援虋芟于林际，架葡萄于沼侧。况夫霜葰含润，露葵荐泽，芹自南楚，蒜来西域。苏荏抽颖，蓼荽凝液，葷荠更茂，菲荸代殖；苜蓿丽陚，蘘荷幂历。钟山之菘韭早晚，吴郡之莧茄紫白。织女耀而瓜荐，大昴中而芋食。鲍鉥在格以增衍，藜藿缘阴而可摘。若其愈疾栽菊，忘忧树萱，香珍缘蕙，媚服崇兰。玉蕊金蕚，相思杜鹃。辛夷袭紫，芍药含丹。游龙出隰，芳茝生原。篱槿凋暮，宫槐合昏。四衢绮错，五出星联。蓑蓑落蕊，篡篡初妍，护台香而蝶乱，聚崖蜜以蜂喧。与夫猪苓马勃，泽苴溪荪，荔苨御冻，椒桂含温。萉房入佩，荪首登飧。薜荔成帷，昔邪在垣。独楮除渴，酸浆治烦。菖蒲感于百阴，葶苈萌于大寒。卷施心拔而不死，虎櫐蔓生而自悬。麤首牛唇之夥，鸡肠乌喙之繁，红鬣绸肤，丹房碧延。或《山经》之号著，或《药录》之名传。至夫松桧被径，梧楸荫轩，江蕉凝绿，海柏浑圆。石南荟蔚，扶老萦缠。蠡嶰筠之东美，垂溪柳之三眠。或后凋而秀出，或总翠以相先。丛灌骈滋，翾飞所据。验九扈以农正，察五鸠而民聚。戴笃兴蚕织之候，布谷起耕耘之务。当陆成而鹖缺云止，莽麦秀而仓庚始薎。伯劳惊于早寒，盍旦戒乎将曙。晨风不系而逐雀，啄木无声而食蠹。鸬介立以擅泽，乌群嗷而反哺。鹩匪陋于荆棘，鹍无营于钟鼓。顺时律以弄咙，乐天和而命侣。燕溢溢以交贺，鹊翛翛而告语。既置罻之不设，在樿巢而可俯。

谈王道于樵子，接欢歌于壤父。凿坎井之凝冽，决清渠而灌注。愚抱瓮以殚力，智设槔而尽虑。咸不病于夏畦，各无忧于捽茹。懿夫！观品汇之零茂，识元精之所存，睹百嘉之穰俭，明四序之无怨。动植飞潜兮，得宜乃悦；雨旸寒燠兮，协度而蕃。且复喻名花于君子，兴瑶草于王孙。采家臣之秋实，歌上瑞之丰年。资旨蓄而御冬，撷众芳而炼颜。至若严客幸临，良辰是遘，载扫危榭，爰张宴豆。蒙山骑火之茗，豫北酿花之酎。或秋奕以当局，或唐弓而在彀。哨壶枉矢之设，传簦樗蒲之侑，诚一笑兮相乐，亦千金而为寿。洒毫牍以摛思，极朋情而卜昼。送归鸿兮海壖，挈鸣琴兮宾右。舞长袖兮相属，命欢谣兮递奏。无取次公之狂，不遗椒举之旧。春婉晚兮气佳，临高台兮淑华。夏恢台兮日永，荫茂林兮修迥。凉月皎兮钟漏寂，朝霞飞兮天宇夐。廓丹府以惩忿，悦灵龟而缮性。兹所谓袪鲁相之介节，略於陵之独行。却园夫之利兮，取彼闲适；荷王国之宠兮，遂夫游泳。禽托薮以思鸷，兽安林而获骋。徜徉乎大小之隐，放旷乎遭随之命。庶几育于嘉运，契哲人之养正。

晏殊在第一段以春秋时期鲁国名相公仪休和战国时期齐国大贤陈仲子为例，阐述先贤或恬淡克己处世，或隐居田园，但恪守道德节操，由此获得心灵慰藉。"念家食之凭厚，斥芳蔬之荐薿"、"甘田亩以昏作，晦膏兰而择福。我负子戴兮，终年靡劳，夏葛冬裘兮，匪躬是辱"表达了作者躬耕晨昏、丰衣足食的愿望。

第二段，作者感恩生逢盛世，感谢幸运当头，如"眷予生兮曷为？幸亲逢乎盛时。进宽大治之责，退有上农之贽，求中道于先民，乐鸿钧于圣期"。接着作者描绘了理想的田园生活："寓垣屋于穷僻，敞林峦于蔽亏，朝青阁以凤退，饬两骖兮独归。窈蔼郊园，扶疏町畦，鲜巾组以遨游，饫壶觞而宴嬉。幼子蓬鬖，孺人布衣，啸傲蘅畹，留连渚湄。或捕雀以承蜩，或摘芳而玩蕤。食周粟以勿践，咏尧年而不知。"郊园在城郊接合地带，交通便利，却与繁华闹市有一定距离。此园足以让自己从烦琐的政务中解脱，退朝回家后，这一片天地可以让自己优游其间，一家人其乐融融，宴饮嬉戏。妻子不妨粗服布衣，小孩尽管蓬头垢面，率性而为之。可以长啸田头，可以流连水边，可以捕雀取蝉，可以摘花玩草。尽享太平盛世的独立小天地，闲适祥和。

在第三段，作者极尽细致描摹之能事，将园中的花草、瓜果、蔬菜悉数铺陈在你面前。金、碧、红、丹、白、紫，七彩斑斓，颜色艳丽。果树有杏、桃、李、柰、梨、梅、乌勃、来禽、樱、棠棣、柿、枣、楂、石榴、楔查、枳椇、藜奠、葡萄等。蔬菜有薤、葵、芹、蒜、苏、荏、蓼荾、堇荠、韭葑、苜蓿、蘘荷、菘韭、苋、茄、瓜、芋等。其他花卉或植物有菊花、萱草、蕙兰、杜鹃、辛夷、芍药、车前草、游龙、木槿、合欢、薜荔、酸浆、菖蒲、葶苈、松、桧、柏、柳、石南、梧桐、楸树、芭蕉等。万物自由生长，虫鸣鸟叫，一派生机盎然而和谐的气象，有戴鵀、布谷、鸜鹆、仓庚、伯劳、盍旦、晨风、啄木、鹧、鹨、燕、雀等十几种。

最后一段写作者在这生机勃勃的园林中，饶有兴致地"谈王道于樵子，接欢歌于壤父"，谈论儒家仁义礼智信治理国家的内容，观赏植物的茂盛与凋零，感受天地间的元气，对弈、习射、贮物、美颜、摘芽、酿酒，过着精致而悠然的生活。

《中园赋》描绘了作者心中理想生活图景，处处渗出"富贵"和"闲适"的基调，文章结尾"倘徉乎大小之隐，放旷乎遭随之命"表明了自己的处世哲学和生活态度。写作此赋的时间应为天圣七年（1029）前后，晏殊担任兵部侍郎兼秘书监、资政殿学士、翰林侍读学士，与赋中散发出的太平盛世雍容闲雅心态相吻合。

据唐红卫先生归纳，晏殊的赋具有四个明显特点。一是裁对精练，二是用典繁密恰当，三是藻饰鲜明，四是音律协调。如《中园赋》全文共219句，其中四字句61句、六字句120句、对句共95对190句，为避免呆板、僵滞，掺杂了二字句、三字句、五字句、八字句、九字句、十字句共38句，使得全赋生动流畅、摇曳生姿、气势如虹。在典故运用上，此赋用典频繁但并不会有违和感，反而更为准确地反映了作者闲适、与世无争的心理状态。第三段通过色彩、形态、比拟、描摹、铺陈等方面的藻饰，让读者从优美的文辞中获得更多的美感。此外，该赋文字注重平仄相间、平仄相对和押韵，读起来朗朗上口。

2.《庭莎记》

晏殊流传后世的记有4篇，分别为《庭莎记》、《御飞白书记》（残篇）、《五云观记》和《因果禅院佛殿记》。

其中《庭莎记》系晏殊皇祐二年（1050）贬谪许州时所作，正是花甲之龄，算是代表作，其全文如下：

> 余清思堂、中宴亭之间隙地，其纵十八步，其横，南八步，北十步，以人迹之罕践，有莎生焉。
>
> 守护之卒皆疲癃者，芟薙之役，劳于后畦。盖是草耐水旱，乐延蔓，虽披心陨叶，弗之绝也。
>
> 予既悦草之蕃芜，而又悯卒之勤瘁，思唐人赋咏，间有种莎之说，且兹地宛在崇堞，车马不至，弦跑不设，柔木嘉卉，难于丰美，非草也无所宜焉。
>
> 于是傍西墉，尽修径，布武之外，悉为莎场。分命驺人，散取增殖。凡三日，乃备援之以丹楯，溉之以甘井，风光四泛，纤尘不惊。
>
> 嗟夫，万汇之多，万情之广，大含元气，细入无间，罔不禀和相适。区别显仁，措置有规，生成有术，失之则戚，获之则康。兹一物也，从可知矣。乃今遂二性之域，去两伤之患，偃藉吟讽，无施不谐。然而人所好尚，世多同异，平津客馆，寻为马厩，东汉学舍，间充园蔬。彼经济所先而污隆匪一，矧兹近玩，庸冀永年？是用刊辞于石，知所留意，庶几不剪也。

第一段交代了间隙地的具体位置、大小，作者不经意间发现了因人迹罕至而生的庭莎。第二段中，"疲癃"指身高不满六尺二寸的成年男子，"芟薙"是割除之意，这一段挑明庭莎生长的原因主要因守护庭院之人矮小、懒散，割除杂草时只剪除到后畦为止，而庭莎又不惧水旱，乐于蔓延，即使遭遇损毁也能顽强生存。第三段，谓因地制宜考虑在间隙地种莎。说自己既喜爱草木的茂盛，又怜悯役卒的辛劳，想起唐人有关赋咏，有了种莎的想法。况且此地"宛在崇堞，车马不至，弦匏不设，柔木嘉卉，难于丰美，非草也无所宜焉"，除了种莎，没有其他更好的选择。第四段写种莎之前对间隙地场所的修整和具体的种莎过程以及种莎之后"风光四泛，纤尘不惊"的美景。最后一段就事论事，抒发作者因势利导栽种庭莎化荒地为美景的感叹，认为万物生存都有禀和、相适之理，应该"措置有规，生成有术"，以求"获之则康"的结果——世间万物各得其所、各有所用。接着，作者阐发议论："乃今遂二性之域，去两伤之患，偃藉吟讽，无施不谐。然而人所好尚，世多同异，平津客馆，寻为马厩，东汉学舍，间充园蔬。彼经济所先而污隆匪一，矧兹近玩，庸冀永年？"认为各人喜好不 ，受眼前利益驱使，很容易处置错误。全文最后几句"是用刊辞于石，知所留意，庶几不剪也"是交代写作此记的原因，希望后人不要剪除这片庭莎。

从写作背景看，晏殊自庆历四年（1044）罢相，已六年之久，迁徙数州，可回京的希望似乎仍然渺茫，其心中抑郁不乐在情理之中，但他毕竟历经风雨，并不缺乏淡然面对、自得其乐的能力。《庭莎记》中的议论正是其内心感受的宣泄。

整体看来，《庭莎记》系晏殊晚年文章的精品。全文结构紧凑，文字洗练，描摹叙事之后的议论发自肺腑，鞭辟入里，颇似柳宗元散文的风格。

有学者认为晏殊此文与柳宗元的《钴鉧潭西小丘记》非常相似。如果我们稍微花点时间将两篇文章加以比较，很容易发现，两文的整体结构和语言风格惊人地相似。

且看两篇文章的整体结构。柳文开篇先叙写无意间发现钴鉧潭及小丘。接着集中笔墨写山上石头之美，把无意识、静止的石头写得生机勃勃，如同一组形神兼备的雕塑群。接着讲述作者及几个知己"即更取器用，铲刈秽草，伐去恶木，烈火而焚之"，使小丘立即焕发新颜——"嘉木立，美竹露，奇石显……"。最后，作者感叹此小丘生错了地方，不为人知，自己作文书于石以贺小丘终于得见天日。而如前文所述，晏文的篇章结构也是如此。

其次，两文的语言风格也很相似。柳文、晏文开头都是一路娓娓道来，接着的写景文字散骈结合，洗练生动，曲折有致。最后都是议论风生，发人深省。

《庭莎记》与《钴鉧潭西小丘记》的神似是晏殊中晚年致力学习韩柳古文尤其柳宗元古文的成果。晏殊在景祐元年（1034）前后写给其女婿富弼的《与富监丞书》中谈到了自己对韩柳古文的认识过程：

> 古人云："名者，天下之公器也。"某少时闻群进士盛称韩柳，茫然未测其端。洎入馆阁，则当时隽贤方习声律，饰歌颂，诮韩柳之迂滞，靡然向风，独立不暇。自历二府，罢辞职，乃得探究经诰，称量百家，然后知韩柳之获高名为不诬矣。
>
> 迩来研诵未尝释手。若乃扶道垂教，划除异端，以经常为己任，死而无悔，则韩子一人而已，非独以属词比事为工也。如其祖述坟典，宪章骚雅，上轹三古，下笼百氏，极万变而不哗，会众流而有归，适然沛然，横行阔视于缀述之场者，子厚其人也。彼韩子者，特以纯正高雅，憪然无杂，乃得与之齐名耳。必也兼该泛博，驰骛奔放，则非柳之敌，况他人哉！

从这封信中，可以看出晏殊对韩柳古文逐渐推崇的过程，而在韩愈、柳宗元之间，他又更加钦佩柳宗元，是货真价实的"柳粉"。

3.《萧望之论》

晏殊传之后世的论只有《萧望之论》和《论秦穆公用由余》（残篇）。下面，我们以《萧望之论》为例了解其策论的特点。

我们先看全文：

> 弘恭、石显之让萧望之也，其夫人独以为非天子意。望之以问朱云，而云劝其自裁。至使人君拊手而惊，却食而泣，哀恸左右，极手愤惋。既而不绝其封国，岁祠其冢墓。由此观之，苟望之不死，则倚以为相必矣。傥因而斥退奸党，荐延忠直，廓大明之暗翳，恢盛业于悠远；力之不逮，则以死继焉，鸿毛泰山，唯义所归，不其壮欤！不其伟欤！舍是而不图，自经于沟渎，为匹夫匹妇之谅，决凶竖之奸计，陷人君于过恶，其不智而无名也甚矣！彼朱云者，真所谓不得中行而狂狷者也，探赜机心，不迨乎妇人之明。又以见圣贤择言不以人废，以斯验矣。

萧望之，西汉大臣，是萧何的六世孙。汉宣帝时，曾被名臣丙吉推荐给大将军霍光，但他看不惯霍光的不可一世，不愿低眉折腰，未获重用。汉元帝即位后，萧望之作为皇帝曾经的老师，以前将军光禄勋职，领尚书事辅佐朝政，声望很高。后遭宦官弘恭、石显等诬告下狱，愤而自杀。

文章首先简单陈述史实，萧望之之死因太监弘恭、石显的谗言而起，但服毒而死却是萧望之不听夫人良言错听门生朱云建议的结果，以至于汉元帝"拊手而惊，却食而泣，哀恸左右，极手愤惋"。这四个排比短句将汉元帝得知萧望之死讯时的惊诧、悲哀、愤恨写得极为传神。接着以汉元帝的这些表现及"既而不绝其封国，岁祠其冢墓"的做法为依据，推测假如萧望之不死，必然被任命为丞相。因而斥退奸佞，举荐忠直，为皇帝拨开迷雾，建盛业于长远。即使竭尽全力而败，也死得其所。这才是萧望之作为一个忠臣应该坚持的。可惜萧望之为了所谓的个人尊严，不能忍辱负重，像村夫民妇一样一死了之，以至于"决凶竖之奸计，陷人君于过恶"。对于劝告萧望之服毒自尽的门生，作者也予以严厉批判，认为提出只顾个人气节、不顾大局建议的人还不如一个妇女明智。最后，作者再次笔锋一转，"又以见圣贤择言不以人废，以斯验矣"，将对这件具体史实的思考上升到哲理层面，从而深化了文章的主题。

《萧望之论》是一事一议的短文，短小精悍，文字洗练酣畅，议论精辟，气势如虹，篇章结构跌宕起伏，颇具韩柳古文之风。据学者考证，此文是晏殊罢相贬谪颍州时所作。由此，我们不难看出晏殊写作此文的动机。晏殊和萧望之一样，同为皇帝的老师，同样为"谗言"所困，现在被贬谪，出守州府。晏殊写作此文至少表明了两个态度，一是不可能向奸党势力投降和妥协，宁为玉碎不为瓦全；二是对宋仁宗抱以很大的希望，觉得自己随时可能重回朝堂，再挑重担。

二　富贵闲雅余音远

据统计，《全宋诗》收录晏殊的诗160首、残句59句、存目3首。这个数字与宋祁在《宋景文笔记》中所说"晏相国，今世之工为诗者也。末年见编集者乃过万篇，唐人以下所未有"相距甚远，可见岁月无敌，湮没了多少美好的事物和情怀。

晏殊以《珠玉词》名传千秋，后人尤其非专业人士对其诗歌大多不甚了解，即使"晏粉"也只是熟悉《无题》、《和王校勘中夏东园》、《假中示判官张寺丞王校勘》等几首代表作。但这不应该成为晏殊诗歌成就不高的佐证，毕竟，能够历千年风雨而耳熟能详的诗歌是稀缺珍品。

整体看来，晏殊的诗歌成就得到了当时文学名人的普遍认可。譬如欧阳修《六一诗话》称晏殊"尤善为诗"，梅尧臣《宛陵集》中有诗歌称赞晏殊"赋诗高压古，下笔敏如神"，范仲淹《范文正公集》中有诗歌称赞晏殊"纯如登乐府，渊若测天潢"，而曾巩则在《元丰类稿》中称晏殊"尤长于诗，天下皆吟诵之"。这些文坛权威人士的评价足以证明，晏殊的诗歌至少在当时占有一席之地。

但晏殊的诗歌中何以鲜有大众耳熟能详的作品呢？这显然与其诗歌的题材内容有关。

据唐红卫先生统计，晏殊的160首诗中，应制诗达60多首，宴饮唱酬诗50多首，即应制诗和唱酬诗占了70%以上。显然，从这种题材中写出经典诗歌的可能性非常渺茫。

所谓应制诗，也叫"应和诗"，是宫廷文学的一种，是臣僚奉皇帝之命所唱和的诗，内容大多为歌功颂德。

在祝福、赞美皇帝的诗歌中，《立春日词·御阁·其三》较有代表性，我们不妨了解一下。

青辂迎春习习来，天泉池上晓冰开。
珠幡已报三阳候，柏叶将陈万寿杯。

"青辂"是涂以青色的天子车，"迎春"指立春日举行的祭礼，"天泉"即天渊池，"珠幡"是饰珠的旗幡，"三阳"指春天。这首诗前三句写皇帝驾车拜祭东方上帝之后，浩荡春风吹来，天泉池上的冰随之渐渐消融，高高飘扬的佩有珠饰的旗幡也在报告春天到来的消息。最后一句，作者在写景和渲染气氛之后，表达对皇帝的深深祝福——在这有喝柏叶酒习俗的立春日，大家举起祝福的酒杯，祝福皇帝万寿无疆。

另外一首《和扈从观灯》则代表了晏殊描绘盛大节日类诗歌的较高水平。

诘旦雕舆下桂宫，盛时为乐与民同。
三千世界笙歌里，十二都城锦绣中。
行漏不能分昼夜，游人无复辨西东。
归来更坐嶕峣阙，万乐铮钅如密炬红。

"扈从"指随从皇帝出巡，"诘旦"是清晨的意思，"雕舆"指玉饰之车，"桂宫"此处指皇宫，"三千世界"与大千世界同义，"行漏"指时间，"嶕峣"是峻峭、高耸的样子，"铮钅如"为象声词，形容金属撞击声、乐器演奏声、流水声等。这首诗写作者随从皇帝上元夜观灯的情景。皇帝清晨乘坐御车离开宫殿，出去与民同乐，只见整个开封、整个世界完全笼罩在锦绣笙歌之中，即使计时的"行漏"也难以让人清楚到底是晚上还是白天，游人陷入其中则东西难辨。归来以后坐在高耸的楼阁中，回味无穷，铮铮作响的乐器声还在耳边回响，密集的蜡烛发出的红光照亮了夜空。

除了帝王赞颂诗和盛世赞美诗，描写官员士大夫优游闲雅生活的诗歌也比较多，其中不乏上乘之作。譬如《正月十八夜》：

> 槿户茅斋雅自便，京华风味入新年。
> 楼台冷落收灯夜，门巷萧条扫雪天。
> 病酒不闻花外漏，放朝仍得日高眠。
> 何妨静习闲中趣，欲问林僧结净缘。

譬如《初秋宿直》：

> 绛河星斗夜阑干，禁署沉沉闭九关。
> 上帝册书群玉府，仙人宫阙巨鳌山。
> 凉阴影度秋心薄，促漏声来夜唱闲。
> 隐几吟多欲愁绝，严钟凄断树乌还。

这两首诗均为描写为官生活的闲雅之作，承平日久，官员大多清闲无事，退朝懒眠，访僧问道，赋诗写词。诗歌营造了太平盛世中官员士大夫闲适安逸的生活氛围。文字洗练而传神，格律工整而生动，用典准确而自然。其中"楼台冷落收灯夜，门巷萧条扫雪天"为传世名句，为历代诗论家所爱。

富贵闲雅的风格成为撕扯不下的标签，即使面对官场的重大挫折，这种闲雅也不曾减色，无非增添了一丝淡淡的惆怅。譬如作为晏殊代表作之一的《和王校勘中夏东园》：

> 东园何所乐，所乐亦多事。野竹乱无行，幽花晚多思。
> 闲看鱼尾漪，暗辨蜂腰细。树影密遮林，藤梢狂胃袂。
> 潘蔬足登膳，陶秫径取醉。幸获我汝交，可忘今昔世。
> 欢言捧瑶佩，愿以疏麻继。

据学者考证，此诗系晏殊天圣五年（1027）外放应天府期间所作。此前仕途上一路顺风顺水的晏殊遭遇了第一次重大失利，由枢密副使之要职出知地方州府。但从这首诗中，我们看不到悲伤和愤懑，充其量感受到一丝隐隐约约的惆怅，整体上并不影响诗歌的闲雅气质。

作者首先表明自己的快乐与尘世中的俗事无关，接着描写生机勃勃的竹子、幽香散发的花儿、鱼尾红色的游鱼、腰身纤细的飞蜂，然后描写层层叠叠的树影、疯狂生长的弯弯曲曲的藤梢。"潘蔬足登膳，陶秫径取醉"两句通过潘安、陶渊明的典故，表明东园所产足以自给自用，文辞中略显一丝惆怅。最后感谢有王琪这样的知心朋友，希望友谊不因分离而受影响，做永远的好朋友。

此外，晏殊还写了一些关注底层百姓生活的诗，如《咏上竿伎》，劝诫世人不必翻覆机巧，主张抱朴守拙。

而《雪中》则显示其作为父母官担心久旱不雨使老百姓食不果腹的心情。

平台千里渴商霖，内史忧民望最深。
衣上六花非所好，亩间盈尺是吾心。

这首诗自然平实，情真意切。作为父母官，肩头的责任是让百姓衣暖腹饱，而不该追求官位攀爬。

倘若只有一张"晏殊诗"的标签，你会从160首诗作中找出哪一首呢？这或许是见仁见智的事情，但晓春会毫不犹豫地选择那首《无题》。

油壁香车不再逢，峡云无迹任西东。
梨花院落溶溶月，柳絮池塘淡淡风。
几日寂寥伤酒后，一番萧瑟禁烟中。
鱼书欲寄何由达，水远山长处处同。

此诗又名《寄远》或《寓意》（版本不同之故，第一句前四字为"宝毂香轮",其余同上),被多数学者视为晏殊最具代表性的作品。

《无题》开篇即为几组对仗工整的诗联。

首联"油壁香车不再逢,峡云无迹任西东"是对当年一段难以忘怀情遇的追忆,"油壁香车"借指明眸皓齿的丽人,"峡云无迹"用的是楚王梦会巫山神女的典故,主人公与油壁香车中的美人相逢一见之后,便再也找不到她的踪迹,让人魂牵梦萦。

颔联"梨花院落溶溶月,柳絮池塘淡淡风"以景抒情,通过清词丽句、闲雅情调抒发主人公怅然若失的心情,这两句天然去雕饰,气象华美富贵,是千古传诵的名句。

颈联"几日寂寥伤酒后,一番萧瑟禁烟中"承接颔联,进一步表达主人公的心境,美人离去之后只给你留下无尽思念,想起世事变幻莫测,不知何日才有缘相见,不觉寂寥难耐,唯有借酒浇愁,结果伤身伤心,满目萧条、荒凉。

"鱼书欲寄何由达"表达主人公内心深处的伤感,主人公多么想修书一封表达思念之情啊,可书信该寄到哪里去该寄给谁呢?好在最后一句"水远山长处处同"没有让伤感之情肆意流淌,以理智予以约束,使整首诗的格调哀而不伤,余音绕梁。

这首诗既是晏殊本人的得意之作,也为历代诗论家所高度好评。

方回选评、李庆甲集评点校《瀛奎律髓汇评》:

> 冯舒:自然美丽,然所寓之意与升平无干。集评:第二联乱离时人决道不出。冯班:次联自然富贵,妙在无金玉气。腹联清怨,妙在无脂粉气。此艳体中之甲科也。集评:此首宜编"风怀类","昆体"多用富贵语,此却自然不寒俭,胜杨、刘也。陆贻典:艳丽无脂粉气。查慎行:晏工于填词,炼句每轻倩。

提及晏殊的诗,有一个问题不宜回避,即晏殊是不是"西昆体"诗人的问题。

很长时间里,这压根儿不是问题。所谓西昆体源自宋初杨亿、刘筠、钱惟演等人效法晚唐诗人李商隐,而晏殊与这些人关系密切,且他很多作品具有明显的李商隐诗歌风格，包括代表作《无题》，因此把他列入"西昆体"诗人没有什么不妥。

现当代学者夏承焘先生、邝健行先生先后对晏殊是"西昆体"诗人的说法提出质疑。其中较为重要的论据是，"西昆体"诗人最具代表性的诗集《西昆唱酬集》没有收入晏殊诗作。

问题是，《西昆唱酬集》结集时，晏殊年龄较小，诗作也不多，风格尚在形成之中，未能收入其中可以理解。后人将晏殊视为"西昆体"代表诗人之一，主要是其作品风貌所决定。

唐红卫先生等人在《二晏研究》中，对晏殊是否"西昆体"诗人进行了详细辨析，他认为"晏殊确实应该归属于西昆体作家"。晓春以为，这个结论经得起推敲。

第六章 晏殊的词作：珠圆玉润，情中有思

北宋一朝，曾经拜相的大臣超过七十人，你能记住几个？

赵普、吕夷简、王安石、文彦博、富弼、蔡京……

晓春以为，多数人记住晏殊不是因为他曾经担任集贤相，而是因为那些历经岁月打磨而依然灼灼发光的诗词，是因为诸如"梨花院落溶溶月，柳絮池塘淡淡风"、"无可奈何花落去，似曾相识燕归来"、"昨夜西风凋碧树，独上高楼，望尽天涯路"、"满目山河空念远，落花风雨更伤春"这些千古名句。

所以，更多时候，晏殊以一个文学家的身份活在我们心中。

一　北宋倚声家初祖

在诸多文学体裁中，帮助晏殊在文学史上抢占一席之地的毫无疑问是词。

谈及宋代的文章，人们大多以"唐宋八大家"中的宋六家尤其欧阳修、苏轼、王安石为标杆；谈及宋诗，欧阳修、梅尧臣、苏舜钦、王安石、苏轼等人的影响明显要大一些。但论及宋词，晏殊却是怎么也绕不过去的一个人物。

于宋词而言，晏殊到底是怎么样的一个存在呢？

先看古人如何评价。

宋代王灼《碧鸡漫志》：晏元献、欧阳文忠，风流蕴藉，一时莫及，而温润秀洁，亦无可比。

宋代刘攽《中山词话》：晏元献尤喜冯延巳词。其所自作，亦不减延巳。

清代陈廷焯《云韶集》：元献词风神婉约，骨格自高，不流俗秽,与延巳相伯仲也。

清代冯煦《宋六十一家词选·例言》:晏同叔去五代未远,馨烈所扇,得之最先。故左宫右徵,和婉而明丽,为北宋倚声家初祖。

这些评价并非溢美之词,尤以"北宋倚声家初祖"最为贴切。
再看近代权威怎么说。

王国维《人间词话》:《诗·蒹葭》一篇最得风人深致。晏同叔之"昨夜西风凋碧树,独上高楼,望尽天涯路"意颇近之。但一洒落,一悲壮耳。

薛砺若《宋词通论》:他(晏殊)虽系北宋名臣,但他成名之处在他的词学。他生当北宋升平之世,去五代未远,故于温、韦等大词人,独能得其奥蕴,而加以融洽。他是第一个用自己的天才,最先走入宋词领域的作家。他是北宋初期词家的开祖……他的词,抒情温厚处,颇得力于温、韦;又因平生喜读冯延巳的词,所以也很受冯氏作风的影响。其最特异之处,即在能于一切平易之境,含有一种极舒缓闲适的情绪。如微风之拂轻尘,如晓荷之扇幽香,令人暴戾之气为之顿消。

叶嘉莹《迦陵论词丛稿》:故就情感言,小晏自较大晏为秾挚,然而如就思致言,则小晏实不及大晏之深广。

大晏的词,圆融平静之中别有凄清之致,有春日之和婉,有秋日之明澈,而意象复极鲜明真切,这使我想起了大晏《少年游》的几句词,因仿王国维先生之言曰:"霜前月下,斜红淡蕊,明媚欲回春",同叔语也,其词品似之。

陈匪石《声执》:至于北宋小令,近承五季。慢词蕃衍,其风始微。晏殊、欧阳修、张先,固雅负盛名,而砥柱中流,断非晏几道莫属。

以词坛地位论,晏殊被誉为"北宋倚声家初祖"及"北宋初期四大开祖"之一,对后世产生了深远影响。从艺术成就看,在宋初词人中,晏殊出类拔萃，与欧阳修并称"晏欧"。即使与其子、婉约派突出代表人物晏几道比较，也各有千秋。

那晏殊对宋词的发展到底起了多大的作用呢？

晚唐五代期间，词的创作曾辉煌一时，涌现了温庭筠、韦庄、冯延巳、李煜等一批艺术成就空前的词人。可惜，这种势头在宋初没有得到延续，以至于南宋王灼在《碧鸡漫志》中感叹说："国初平一宇内，法度礼乐，浸复全盛。而士大夫乐章顿衰于前日，此尤可怪。"从创作者的规模及作品数量看，宋初，词的创作明显陷入颓势。

> 诸葛忆兵《多维视野下的宋代文学》：翻检《全宋词》，这一时段有作品留存的词人一共11位，保留至今的词作34首……作家的总数居然远远少于"花间词人"群体，作品数量也不到温庭筠留存词作的一半。即使将五代入宋的部分词人的作品累计进去，数量也非常有限。

被誉为"导宋词之先路者"的晏殊正是此时扛起了振兴小令创作的重任，成为宋代第一个重要的词家。此前的一些词作者，如和岘、王禹偁、苏易简、寇准、钱惟演、潘阆、丁谓、林逋、杨亿、陈亚、李遵勖等人因缺少经得起时光打磨的上乘佳作，往往被文学史所忽视。

宋初，作为"诗余"的词地位不高，多为配合宴饮歌舞间流行音乐演唱而作，词作寥寥，佳作更是凤毛麟角。多数士大夫将小令视为"下里巴人"，对这种来自民间俚俗的东西不屑一顾。

文辞富丽的晏殊加入到小令创作阵营无疑打破了这种沉闷的局面。试想，晏殊少年富贵，又被视为一代文宗，其影响力非寻常文人士大夫可比，振臂一呼应者云集。正如宋祁在《宋景文笔记》中所说"然相国不自贵重其文，凡门下客及官属解声韵者，悉与酬唱"，一时间，填词、唱词成风，欧阳修、范仲淹、张先、宋祁、王琪、韩琦、梅尧臣纷纷加入其中，精品迭出，从而形成了宋初第一个词创作高峰。

公允地说，倡导俗词、营造创作气氛、提升词作水平是晏殊对宋词发展做出的第一个重要贡献。

而创造新词牌是晏殊助推宋词发展的第二个重要贡献。

据统计,清朝的《康熙词谱》收入由晏殊新创的词牌达二十种。一是始自晏殊的词牌,如《渔家傲》、《少年游》、《破阵子》、《燕归梁》、《雨中花令》、《山亭柳》(平韵);二是以晏殊词为正体的词牌,如《踏莎行》、《胡捣练》、《撼庭秋》、《睿恩新》、《清商怨》、《秋蕊香》、《凤衔杯》(仄韵)、《长生乐》、《望仙门》、《想思儿令》、《红窗听》、《殢人娇》;三是经晏殊提升发展成又一体的词牌,如《滴滴金》、《拂霓裳》、《凤衔杯》(平韵)、《长生乐》(平韵又一体)。

词谱对词人创作的重要性不言而喻,晏殊对词牌的创造和发展无疑为后人"按谱填词"提供了极大的便利。

晏殊对宋词发展的第三个重要贡献是丰富了词的表现内容和表现手法。

晏殊词脱胎于冯延巳词,风格类似。但晏殊词的表现内容更为广阔,他的词除了表现艳情、闲情、祝寿、乡思、生离死别之外,还有一些描写普通百姓生活和感情的作品,如采莲的女子、年老色衰的歌女等。冯延巳的词多流露末日的伤感,而晏殊的词无论写什么都留下了太平盛世的烙印。在表现手法上,晏殊往往以精细的笔触、含蓄的意象将心理感受通过对景物的描写缓缓渗出来,使得意境柔美温婉,充分展示了"婉约"的艺术特色。此外,晏殊词作大多采用民间曲子词——小令的形式,为当时老百姓所喜闻乐见,这也是有别于其他士大夫的一点。

晏殊还有一个身份,即"江西词派"奠基人,这是他对宋词发展的第四个重要贡献。

据统计,在两宋词人中,江西籍为153人,其中来自晏殊家乡临川区域的有44人,包括晏几道、王安石、王安礼、王安国、俞国宝、陈郁、魏夫人、谢逸、曾纡等。临川才子纷纷挥毫填词和晏殊的影响密切相关,也直接壮大了"江西词派"的创作队伍。

清人冯煦在《宋六十一家词选·例言》中点明了晏殊对"江西词派"创立的主要作用:

> 宋初大臣之为词者,寇莱公、晏元献、宋景文、范蜀公与欧阳

文忠并有声艺林。然数公或一时兴到之作，未为专诣。独文忠与元献学之既至，为之亦勤，翔双鹄于交衢，驭二龙于天路。且文忠家庐陵，而元献家临川，词家遂有西江一派。

作为将词从晚唐五代过渡到北宋的关键人物，晏殊在宋词发展史上起到了承前启后的作用，对当时及后世词坛产生了极大影响。

首先，在他的直接影响下，一批显宦达官和文人雅士加入了宋词创作队伍，提高了词的品位，收到了雅俗共赏的功效。

其次，他的创作风格对同一时代的欧阳修、范仲淹、张先、梅尧臣、宋祁、宋庠、王琪、韩维、晏几道等人产生了深刻影响。后世有词论家以为欧阳修、晏几道的词作略胜晏殊一筹，这本是见仁见智的事情。譬如清人刘熙载在《艺概》中说"冯延巳词，晏同叔得其俊，欧阳永叔得其深"，譬如况周颐在《蕙风词话》中说"小山词从《珠玉》出，从成就不同，体貌各具，《珠玉》比花中之牡丹，小山其文杏乎"。即使欧阳修、晏几道青出于蓝，欧阳修作为门生弟子，晏几道作为暮子，受到晏殊熏陶、指教是毋庸置疑的。譬如薛砺若在《宋词通论》中明确说晏几道的词"从冯延巳与晏殊二人蜕变来"，说晏几道"与其说他（晏几道）步伍温、韦，毋宁说他步伍冯延巳为更确当。但他受冯氏的影响，还不如受他父亲——同叔的影响大"。而晏几道作为宋词小令的巅峰人物，又对杨无咎、周紫芝、吴文英、赵彦端、纳兰性德等词坛大家产生了深刻的影响。

二　风流闲雅思致远

晏殊研究虽然相对比较冷清，但其词作的艺术特色素来没有很大的争论。经历代词论家、学者总结归纳，晏殊的《珠玉词》主要呈现以下特色：

一是富贵闲雅，气度雍容不鄙俗，散发出浓重的华贵气质。

晏殊身处太平盛世，又少年得志，三十五岁时即贵为宰执。这种经历和生活环境决定了他本身的华贵闲雅气质,发而为词,多"富贵之声"、"闲雅之语"、"盛世之音"。文辞所展现的气象、风度非寻常士大夫可比。

宋人笔记中对此有明确记载,从中可以看出晏殊反对"满纸金玉"做土豪,希望"惟说气象"做雅士的词论主张。

> 吴处厚《青箱杂记》卷五:晏元献虽起田里,而文章富贵,出于天然。尝览李庆孙《富贵曲》云:"轴装曲谱金书字,树记花名玉篆牌。"公曰:"此乃乞儿相,未尝谙富贵者。故余每吟咏富贵,不言金玉锦绣,而惟说其气象。若'楼台侧畔杨花过,帘幕中间燕子飞','梨花院落溶溶月,杨柳池塘淡淡风'之类是也。"故公自以此句语人曰:"穷儿家有这景致也无?"
>
> 欧阳修《归田录》:晏元献善评诗,尝曰:"'老觉腰金重,慵便枕玉凉',未是富贵语,不如'笙歌归院落,灯火下楼台。'"此善言富贵也。

这种常人难以企及、深入骨髓的富贵闲雅气质,弥漫在晏殊诗词中。抛开此前述及的《无题》和后文将重点品读的《浣溪沙·一曲新词酒一杯》,我们且看看这阕《清平乐》:

> 金风细细,叶叶梧桐坠。绿酒初尝人易醉,一枕小窗浓睡。　　紫薇朱槿花残,斜阳却照阑干。双燕欲归时节,银屏昨夜微寒。

这阕词,风调闲雅,气度华贵。首先意象清丽,如金风、梧桐叶、绿酒、小窗、紫薇、朱槿、双燕、银屏等。而节奏又是如此舒缓,细微的秋风、慢慢坠落的梧叶、浓睡的美人、轻轻飘下的残花、缓缓西下的斜阳……此词似表达"悲秋"情绪,又似传达"闺怨",极为含蓄、蕴藉,我们感受不到那种悲离怨别的伤感,只感觉到词人纤细、闲适以及因季节变更、岁月飞逝而引发的一丝闲愁——一种恬淡、细柔、飘忽、似有若无的愁绪。此词让我们感受到一个雍容富贵的高官在季节更替时细致入微的体味、感触,意境温婉动人,蕴高贵于无言,给人以闲静优美的诗意感觉。

俞陛云先生在《唐五代两宋词选释》中评论此词说:纯写秋来景色,惟结句略含清寂之思,情味于言外求之,宋初之高格也。

唐圭璋先生在《唐宋词简释》中说:此首以景纬情,妙在不着意为之,而自然温婉。"金风"两句,写节候景物。"绿酒"两句,写醉卧情事。"紫薇"两句,紧承上片,写醒来景象。庭院萧条,秋花都残,痴望斜阳映阑,亦无聊之极。"双燕"两句,既惜燕归,又伤人独,语不说尽,而韵特胜。

再举《踏莎行》为例,看晏殊如何写富贵不鄙俗,做到气象自高。

小径红稀,芳郊绿遍,高台树色阴阴见。春风不解禁杨花,濛濛乱扑行人面。　翠叶藏莺,朱帘隔燕,炉香静逐游丝转。一场愁梦酒醒时,斜阳却照深深院。

这是一阕伤春之作。上阕写白天郊游之景,尽显暮春衰残景象,暗喻伤感情绪。下阕写黄昏回家后庭院之景及酒醒之后的落寞心态,感叹好景不再,时光易逝。下阕中"翠叶藏莺,朱帘隔燕,炉香静逐游丝转"几句堪称写富贵不言金玉不鄙俗的经典。

景中有情,情中有思,是晏殊词第二个较为典型的特征。

张草纫在《二晏词笺注》中说:"珠玉词最大的缺点,是反映的生活圈子十分狭窄。词中所描写的,大多是上层士大夫优裕的享乐生活,不离看花饮酒,听歌观舞,流连光景的闲情,以及对时光飞逝,人生易老,会少离多,怀远忆旧而产生的淡淡的哀愁。"

这种看法是后世词论家对晏殊词较为一致的诟病。但即使在几近雷同的题材中,晏殊词也能脱颖而出,甚至成为千古名篇,重要原因之一就是晏殊词不仅仅"情景交融",而且表现出"情中有思"的意境,实现了情感与理性的交融、涌现。

作为一个少年得志、一生富贵显达的大臣,理性、圆融、淡定是晏殊驰骋职场的立身之本；而作为一个诗人，他又是纯情、感性的。这两股洪流交汇后反映在其词作上，便是作品意境深远而"情中有思"，呈现出很高的识别度。

这类词很多，譬如名篇《浣溪沙·一向年光有限身》、《蝶恋花·槛菊愁烟兰泣露》等。现在，我们不妨先看看这阕《木兰花》：

池塘水绿风微暖，记得玉真初见面。重头歌韵响铮琮，入破舞腰红乱旋。　　玉钩阑下香阶畔，醉后不知斜日晚。当时共我赏花人，点检如今无一半。

玉真在此借指歌伎舞女，重头、入破为"管弦家语"，响铮琮是琴声响亮之意。此词上阕开头两句写旧地重游，发现风景不变，由此回忆一位色艺双绝的歌舞伎，琴声悠扬，舞姿翩跹，令人难以忘怀。下阕抒写怀旧伤感之情，前两句写自己不敌寂寞，只好借酒浇愁，不知早晚。最后两句实为点睛之笔，将对一个女子的怀念扩展为怀念所有的故交旧友，不再纠结一个"情"字，而是审视生命的根本，感叹岁月无情、人生无常。

这阕词一反晏殊词圆融平静的风格，哀婉入髓，不胜悲怆。最后两句"情中有思"，思想意趣骤然升华、扩展，使得此词更加厚实和耐人咀嚼。尤为可贵的是，晏殊词所表现的"思致"多为顺其自然，并非有意为之，给人以情感、理性水乳交融的感觉。

晏殊词第三个特色是词作于伤感中呈现旷达、凄清中不掩温润。

于灰暗中添一抹亮色，于严冬时送一丝温暖，给人以希望。这或许是晏殊每每展现伤感时的初衷，也是其人生态度的折射。

以这阕《谒金门》为例，我们看看晏殊如何展现伤感之中的旷达。

秋露坠，滴尽楚兰红泪。往事旧欢何限意，思量如梦寐。　　人貌老于前岁，风月宛然无异。座有嘉宾樽有桂，莫辞终夕醉。

上阕以凄婉的文辞开头，入秋的凉露一滴一滴坠下，滴在兰叶上，如同愁绪盈怀的美人流下胭脂泪。第三、四句，写逝去的往事、欢娱纵然意味无穷，可惜于今而言，皆为梦寐。下阕首先通过人貌之衰老与风月之无异对比，点明人生短暂和天地永恒。接着，词人笔锋一转，由此前的伤感之情归结为"座有嘉宾尊有桂，莫辞终夕醉"的通达放旷。

从这阕词中，我们能感受到作者摆脱伤感之后直面现实、抓住当下的达观情怀。

再看《采桑子·时光只解催人老》：

> 时光只解催人老，不信多情，长恨离亭，泪滴春衫酒易醒。　梧桐昨夜西风急，淡月胧明，好梦频惊，何处高楼雁一声？

时光只知道无时无刻催人变老，却不理解尘世间的多情，你看那长亭里送别时，伤心的泪水滴到春衫上，即使喝醉酒也不能让自己忘却烦恼。

昨天夜里，梧桐的叶子在急促的西风中哗哗作响，月色黯淡朦胧，我的美梦不断地被惊醒，不知哪里的高楼上传来大雁的叫声。

在结构上，这阕词和《谒金门》类似，作者也是先铺陈"时光只解催人老"、"泪滴春衫酒易醒"等伤感情绪，却在最后来一句"何处高楼雁一声"，使这阕词于伤感之外顿显超脱和高远。

晏殊词第四个特色是写艳情不纤佻。

"词为艳科"。宋词脱胎于花间派艳词，题材集中在伤春悲秋、离愁别绪、风花雪月、男欢女爱等方面，与艳情有着直接或间接的关系。晏殊也不例外，写了大量涉及艳情的词，但他写艳情不纤佻，与柳永的"彩线慵拈伴伊坐"、"欲掩香帏论缱绻"等不一样，无浅薄淫亵狎昵之语，表现得乐而不淫、哀而不伤、风流蕴藉、清丽优雅、情意浓挚。

譬如，这阕《破阵子》：

> 燕子欲归时节，高楼昨夜西风。求得人间成小会，试把金尊傍菊丛。歌长粉面红。　斜日更穿帘幕，微凉渐入梧桐。多少襟情言不尽，写向蛮笺曲调中。此情千万重。

此词代歌伎叙事抒情，上阕先写初秋景色，接着写歌伎在宴会上与情郎相会的欢欣、在宴会上的歌唱表演。下阕写歌伎与情郎之间依依惜别之情，情深意切。最后三句是全篇的中心，掷杯握管，泼墨著词，一腔深情尽向彩笺倾。此处写艳情不流于浅露轻佻，给人以秾挚而高雅的感觉。此词体现了晏殊写艳情"以理节情"。对此类题材作典雅化、含蓄化审美处理的特征。

晏殊词第五个特色是珠圆玉润、音调谐婉。

长期以来，学者们普遍认同，晏殊词不仅文辞疏朗、清俊，而且具有"大珠小珠落玉盘"式的音节美和"温润秀洁"的色彩美。

据唐红卫先生统计，晏殊词的用韵主要集中于支纸和元阮，其中支纸韵部独用、转用39次，元阮韵部独用、转用33次，仅这两个韵部的使用就占晏殊词用韵的三分之一强。这两个韵部及双声、叠韵、叠字的大量使用促成了晏殊词珠圆玉润的声韵形成。而华美明丽色彩的频繁使用对晏殊词的个性形成同样有着不容忽视的作用。晏殊词使用"红、朱、黄、金、银、玉、绿、青、紫、碧、翠"等明快的色彩累计达297次。

为此，读晏殊词，总让人感觉朗朗上口、音律和谐、满目明快。

三　品读经典，口有余香

从晏殊传诸后世的136首词作中，挑选一部分品读，原本就是一件颇让人为难的事情。

因为，你会感觉到，每一首都是精品华章啊！毕竟经历了千年岁月的打磨。

为此，晓春感觉有必要费些笔墨，和大家共同欣赏经典篇目。版本以张草纫《二晏词笺注》为主，优先选择其代表作和名篇，兼顾一些个性鲜明的篇目。当然，此前已经述及的不再赘述，譬如《清平乐·金风细细》、《木兰花·池塘水绿风微暖》等等。

1. 无可奈何花落去

一曲新词酒一杯，去年天气旧亭台。夕阳西下几时回？
无可奈何花落去，似曾相识燕归来。小园香径独徘徊。

倘若仅限选择一首词贴上晏殊的标签，这首《浣溪沙》将毫无悬念地胜出。此词不仅是晏殊最具代表性的词作，也是宋词发展史上家喻户晓的名篇。甚至可以说，多数人是从"无可奈何花落去，似曾相识燕归来"这千古名句开始走进晏殊的诗词世界的。

此词上阕写春日饮酒赋词赏景的生活场面，因境生情，感叹天气、亭台一如往常，但物是人非，让人顿生惆怅。下阕写作者在这种环境中的落寞、失落之感和惋惜春光美景不再之情。

词的画面感很强，美酒、亭台、西下的夕阳、落花、归燕、香径、独自徘徊的词人，笔笔勾勒，形成一幅鲜活的画面。

"一曲新词酒一杯"交代词人赋词饮酒、轻松闲雅的生活。"去年天气旧亭台"寓含去年此时的类似经历，给人以"转眼又一年"的感觉。"夕阳西下几时回"于抒发时光飞逝怅惘之余，触发对美好景物的流连以及美好事物重现的期盼。"无可奈何花落去"表现惜花人面对落英缤纷只能无奈地任其凋谢，徒留叹息。"似曾相识燕归来"是家燕归来给词人带来的欣慰之情。"无可奈何花落去，似曾相识燕归来"是千古名对，对仗工丽，前四字为虚对，后三字为反对，极尽巧妙。而内容蕴含哲理，词人在惋惜和欣慰情绪交织中，会感受到"该消逝的美好事物无法阻挡，该出现的美好事物也必然出现"，不必惧怕消逝无常，微笑迎接美好的回归，明年春天，又见繁花似锦。最后一句"小园香径独徘徊"形象地描写了词人在惆怅、惋惜、欣慰之余的徘徊和沉思，全词定格于此，戛然而止，回味悠长。

一个单单纯情的词人写不出如此内蕴深厚的词，一个单单理性的词人写不出如此意境缠绵的词，唯有纯情而理性的词人方能写出类似"情中有思"、"以理节情"的千古佳作。

这首词之所以动人心扉,传唱古今,一是因为此词意境悠远,伤感有度,融入了对宇宙和生命的哲理思考,耐人寻味;二是"无可奈何花落去,似曾相识燕归来"的名句效应,其造句之工丽、虚对反对之奇妙、意境之缠绵、思致之悠远、韵调之谐婉令人叹为观止,耸立千年。

一千年来,这首词尤其这对千古名句赢得了众多词论家和读者的高度评价。

  明人杨慎《词品》:"无可奈何"二语工丽,天然奇偶。
  明人卓人月《古今词统》:"无可"(二句)实处易工,虚处难工。对法之妙无两。

这对名句影响之大超乎想象,以至于有人说"似曾相识燕归来"为他人所贡献。

  吴曾《能改斋漫录》:晏元献公赴杭州,道过维扬,憩大明寺。瞑目徐行,使侍史诵壁间诗板,戒其勿言爵里姓名,终篇者无几,又使别诵一诗。云:"水调隋宫曲,当年亦九成。哀音已亡国,废沼尚留名。仪凤终沉迹,鸣蛙只沸羹。凄凉不可问,落日下芜城。"徐问之,江都尉王琪诗也。召至同饭,又同步游池上。时春晚已有落花,晏云:"每得句,书墙壁间,或弥年未尝强对。且如'无可奈何花落去',至今未能也。"王应声曰:"似曾相识燕归来。"自此辟置,又荐馆职,遂跻侍从矣。

后经学者考证,王琪任职馆阁,主要因其上书朝廷,而晏殊也没有那些年前往杭州、扬州的记载。吴曾所叙,或为臆测。但两句宋词引发如此故事,可见当时大家对此关注度有多么高。

2. 昨夜西风凋碧树

　　槛菊愁烟兰泣露，罗幕轻寒，燕子双来去。明月不谙离恨苦，斜光到晓穿朱户。　　昨夜西风凋碧树，独上高楼，望尽天涯路。欲寄彩笺兼尺素，山长水阔知何处。

　　或许因王国维先生在《人间词话》中将"昨夜西风凋碧树，独上高楼，望尽天涯路"视为人生三种境界之第一境，又将此词与《蒹葭》并列，近百年来，这首《蝶恋花》获得广泛的关注。其实，此词早就是公认的名篇，只是因王国维先生之延誉而更加广为人知而已。清人陈廷焯在《词则》中称此词"缠绵悱恻，雅近正中"，可见，此词风格与南唐著名词人冯延巳（字正中）神似。

　　此词上阕首句使用移情于物的写法，选取眼前景物，如"槛菊"、"烟"、"兰花"、"露水"，注入作者"愁"和"泣"的情感，渲染离愁别绪。栅栏里的菊花笼罩着轻烟，像是含愁，而兰花沾着露水，似乎在哭泣。接着，作者继续营造伤离怨别氛围，秋凉季节，燕子双双离巢南去。"明月不谙离恨苦，斜光到晓穿朱户"两句，写主人公因相思牵挂彻夜无眠，反而责怪月亮不理解离恨之苦，将光辉通宵达旦照着窗户。这貌似无理的指责进一步深化了"离恨"的抒发。

　　下阕承接上阕的离愁别绪，昨夜西风惨烈，树木花草凋零，主人公独自登上高楼，长久地茫然张望。想要鸿雁传书表达相思和牵挂之情，可山遥水远，书信该寄往何处呢？从而将怨别伤离的情绪推向高潮。

　　这阕词没有正面宣泄内心的情感，而是通过赋予情感的景物描写和人物心理、行为描写来寄托自己绵细悠长的愁丝恨缕，给人以极大的想象和联想空间。

　　从写作艺术看，此词立意高远，文辞精练优美，含蕴丰富，是脍炙人口的名篇。此外这阕词几乎句句名传千古，被广泛引用，其中尤以"昨夜西风凋碧树，独上高楼，望尽天涯路"几句家喻户晓。

谈到这首词,不得不提及同时代的词人杜安世的《端正好》。因为这首词和《蝶恋花》太像了,各位且看:

槛菊愁烟沾秋露。天微冷、双燕辞去。月明空照别离苦。透素光、穿朱户。　夜来西风雕寒树。凭阑望、迢遥长路。花笺写就此情绪。特寄传、知何处。

据说,晏殊听说杜安世这首词后,大吃一惊。宋祁提醒说,要杜安世公开认错。晏殊却说,算了,让世人选择、让时间选择吧。

事实正如晏殊所料,晏殊这首词大放异彩,而杜词渐渐无人记得、无人知晓。

其实,从质量上看,前面两句已经高下立判。与"沾秋露"相比"兰泣露"明显传递了作者哀愁的情态。而"罗幕轻寒"勾勒出鲜活的意象及人的感受,远不是"天微冷"三个字所可比拟。

3. 不如怜取眼前人

《珠玉词》收入词牌名为"浣溪沙"的词十三首,除《浣溪沙·一曲新词酒一杯》之外,《浣溪沙·一向年光有限身》也是传诵极广、影响极大的千古名篇。

一向年光有限身,等闲离别易销魂。酒筵歌席莫辞频。
满目山河空念远,落花风雨更伤春。不如怜取眼前人。

此词上阕首句感叹时间飞逝,年光有限,宛若江水东流,一去不返。接着渲染离别伤神情绪,直言应及时行乐,通过频繁的聚会借酒浇愁,聊慰此有限之身。过片两句突然笔锋一转,抒发广大幽深的宇宙人生之感慨。最后一句又骤然拉回,与其多愁善感地忧伤,不如怜取当前,取乐于眼下。作者虽感叹时光无情,人生有限,但没有一味沉溺于愁苦、感伤之中,而是猛然跳出愁苦之城,采取旷达的人生态度,惜取眼前，把握现在的一切。

　　这阕词之所以打动人心，引起广泛共鸣，是因为其"情中有思"，从寻常伤感情绪抒写中表现了对宇宙人生的深刻感悟。而这种既深情又不拘谨、既现实又超脱的人生态度极具魅力，给人以深刻启迪。

　　这首词获得众多词学家高度评价。吴梅先生在《词学通论》中甚至认为"满目山河空念远，落花风雨更伤春"这两句"较'无可奈何'胜过十倍"。而赵尊岳先生在《珠玉词选评》中说："此词感慨特深，堂庑更大，忽尔拓之使远，又复收之使近，诚有拗铁为枝之幻。亦惟如此，始亦见其沉郁……'满目'句，既就眼界所及，拓之极远，而曰'空念远'，则预谶别后虽远望，亦终空无所补也。此句中暗转之法，愈转而情愈深，可谓厚矣。"当然，更为到位的当属俞陛云先生在《唐五代两宋词选释》中对这阕词的点评：

　　　　此词前半首笔意回曲，如石梁瀑布，作三折而下。言年光易尽，而此身有限，自嗟过客光阴，每值分离，即寻常判袂，亦不免魂消黯然。三句言消魂无益，不若歌筵频醉，借酒浇愁，半首中无一平笔。后半转头处言浩莽山河，飘摇风雨，气象恢宏。而"念远"句承上"离别"而言，"伤春"句承上"年光"而言，欲开仍合，虽小令而具长调章法。结句言伤春念远，只恼人怀，而眼前之人，岂能常聚，与其落月停云，他日徒劳相忆，不若怜取眼前，乐其晨夕，勿追悔蹉跎，串足第三句"歌席莫辞"之意也。

4. 鸿雁在云鱼在水

　　红笺小字，说尽平生意。鸿雁在云鱼在水，惆怅此情难寄！斜阳独倚西楼，遥山恰对帘钩。人面不知何处，绿波依旧东流。

　　这首念远怀人的爱情词是晏殊代表作之一，被选入《宋词三百首》。

此词细致、凄婉地抒发对情人的深深怀念，表达自己相思之情无法寄托的深深惆怅。

红格信笺上写满密密麻麻的小字，说的都是我此生对你的爱慕之情。鸿雁在云端翱翔，而鱼儿在水里嬉戏，这番满腹惆怅之情难以传寄。在日暮斜阳里，我独自一人倚立西楼，远处群山恰好正对窗上帘钩。美如桃花的容颜不知到哪里去了，唯有碧波绿水依旧向东流去。

词的上阕抒情。"红笺小字，说尽平生意"看似平淡，其实蕴藏无限情思。"红笺"是一种精美的红色短小信笺，用这种纸倾诉爱意，浪漫至极。三、四句抒发情书写就却无法传递的苦闷。"鸿雁在云鱼在水"借"鸿雁传书"、"鱼传尺素"之典故，以强烈的对比抒发"惆怅此情难寄"之意。过片由抒情过渡到具体景物描写。夕阳西下，斜阳残照，孤独的人在楼头眺望，景象十分凄清，而远处山峰又遮挡了视线，隔断了音信，令人更加惆怅。而"遥山恰对帘钩"句，有两情相对而可望不可即之意，平添一缕愁思。最后两句化用自唐朝诗人崔护的诗句："人面不知何处去，桃花依旧笑春风"，又另赋新意。佳人不见踪影，绿水依旧缓缓东流。

此词以红笺、鸿雁、鱼、斜阳、西楼、遥山、帘钩、人面、绿波等意象，营造出一个充满离愁别恨的意境。貌似静止的景物中，构成了一幅表面上平缓，其实蕴含着波涛的图卷，将愁人的情感表现得温婉细腻，令人回味无穷。此词语淡情深，闲雅从容，以淡景写浓愁，清远空灵，含蓄有韵，充分体现了作者的艺术风格。

5. 绿杨芳草长亭路

绿杨芳草长亭路，年少抛人容易去。楼头残梦五更钟，花底离情三月雨。　　无情不似多情苦，一寸还成千万缕。天涯地角有穷时，只有相思无尽处。

在绿杨依依、芳草萋萋的长亭古道上，情郎轻易地抛下我登程远去。楼上的钟声惊醒了五更的残梦，心头的离愁别绪就像洒在花底的三月春雨。无情人哪里能理解多情人的愁苦，一寸相思愁绪竟化作了千丝万缕。天涯地角再遥远也有穷尽终了之时，可想念人的愁思无限绵长、无穷无尽啊。

这首《玉楼春·春恨》是抒写相思之情的小词，也是晏殊词作中的名篇。词人没有刻意去营造含蓄温婉的意境，而是直抒胸臆，以直接明快的情语来打动读者，引发共鸣。此词文辞感人，尤其"楼头残梦五更钟，花底离情三月雨"一联情景交融，将相思之苦、离恨之深表现得淋漓尽致。

清人黄苏在《蓼园词评》中评价此词说：

言近旨远者，善言也。"年少抛人"，凡罗雀之门，枯鱼之泣，皆可作如是观。"楼头"二语，意致凄然，挈起多情苦来。末二句总见多情之苦耳。妙在意思忠厚，无怨怼口角。

而唐圭璋先生在《唐宋词简释》中评论道：

此首述相思之情。起句点春景，次句言人去。"楼头"两句，写人去后之境，凄楚不堪，而缀语亦精练无匹。下片，纯用白描，直抒胸臆，作意自后主词"一片芳心千万绪，人间没个安排处"来。但觉忠厚之至，而无丝毫怨怼。

6. 劝君看取利名场

少年得志，一生富贵优游，这是后人对晏殊较为一致的印象。因此，当他笔下出现"劝君看取利名场，今古梦茫茫"这样的内容时，晓春很是吃惊。

但转头一想，又觉得不必诧异。漫漫人生路，谁都难免有看空尘世的时候。苏东坡被贬黄州时发出过"世事一场大梦,人生几度秋凉"的感叹。而一代大改革家王安石也在《凤凰山》中写有"愿为五陵轻薄儿,生在贞观开元时。斗鸡走犬过一生,天地安危两不知"。这样与其一贯气质格格不入的诗句。

    花不尽,柳无穷,应与我情同。觥船一棹百分空,何处不相逢。 朱弦悄,知音少,天若有情应老。劝君看取利名场,今古梦茫茫。

  花落花开,柳绿柳衰,花开盛衰相循,与我此时情相近。离别美酒情深,醉后万事皆空。离别何必太伤感,人生何处不相逢。从今以后知音少,朱弦瑶琴不再吟,天若有情天亦老。劝君此去多珍重,宦海沉浮风急浪高,名利场中尔虞我诈,功名富贵无非大梦一场。

  这阕《喜迁莺》是一首赠别词,作者将离情别绪写得浓挚却不凄婉,展现了温柔蕴藉之美。

  首句"花不尽,柳无穷"借花柳之盛衰以衬人的离合聚散之情。"应与我情同"以花柳作比,抒写自己离情的"不尽"和"无穷",表达离别痛苦之深。"觥船一棹百分空"系化用杜牧的诗句,做旷达、洒脱状,一醉解千愁。"何处不相逢"是以来日还能重聚相慰。面对离别之苦,词人无可奈何,只能示以旷达胸襟。下阕自"朱弦悄,知音少,天若有情应老"起,正面叙写离别之情。朱弦声悄,只因挚友不在。知音恨少,空虚寥落之感顿生。最后"劝君看取利名场,今古梦茫茫"两句,是词人对友人的再次劝解,名利如梦,转头即空,这也体现了晏殊词作"情中有思"的一贯风格。

  这首词不事雕琢,如行云流水,自然、明快、流畅,反映了词人藐视名利,寄情山水歌酒的人生态度和处世哲学。应为晏殊晚年罢相之后的作品。

7. 念兰堂红烛

> 别来音信千里，怅此情难寄。碧纱秋月，梧桐夜雨，几回无寐。　楼高目断，天遥云黯，只堪憔悴。念兰堂红烛，心长焰短，向人垂泪。

这首《憾庭秋》抒写难以排遣、无所寄托的相思念远之苦情。情难寄，会无期，长夜漫漫，只能移情红烛：分明是自己心有余力不足，偏说蜡烛心长焰短；分明是自己心里难受，却说蜡烛向人垂泪。在这里，人和烛的情绪融为一体。

"别来音信千里，怅此情难寄"开篇点题，自与情人离别之后，音信远隔千里，令人惆怅的是，一片深情无法寄出。接着，词人以景写情：碧纱窗下，皎洁秋月之时或梧桐树上，三更夜雨之时，多少次彻夜无眠，思念之情难以排解。

"楼高目断，天遥云黯，只堪憔悴"——登上高楼眺望，但见天空辽阔，层云黯淡，更令人平添痛苦憔悴。最后，"念兰堂红烛，心长焰短，向人垂泪"三句，是神来之笔。以红烛拟人，使用"移情"手法，以蜡烛向人垂泪抒发自己的痛苦之情，那细长的烛心就是词人之心，"心长"即情长意长思念悠长，"焰短"即蜡烛火焰短小，暗示主人公心余力绌。这几句情景交融，情真意切，悱恻缠绵，极有感染力。

这首词的精妙之处在于恬淡闲雅之外，渗透出厚重苍凉的感觉，体现了词人性情持重、沉郁的一面。

叶嘉莹先生在《迦陵论词丛稿》中曾以此词为例，论述晏殊词与晏几道词各有千秋，而不能单纯以高下论：

> 宛敏灏君在《二晏及其词》一书中，曾举大晏《憾庭秋》词之"念兰堂红烛，心长焰短，向人垂泪"三句，与小晏《破阵子》词之"绛蜡等闲陪泪"及《蝶恋花》词之"红烛自怜无好计，夜寒空替人

垂泪"三句相比较，以为"向"字尚不及"陪"字之深，更不敢望"替"字矣。殊不知小晏之"陪"字、"替"字虽佳，然而其"陪"人、"替"人垂泪者，仍不过只是一支蜡烛而已，而大晏之"心长焰短，向人垂泪"二句，则使读者所感受的实在已不复仅是一支蜡烛，而同时联想到的还有心余力绌的整个的人生。虽然这在大晏也许未尝有此意，而其特色却正在使读者能生此想。故就情感言，小晏自较大晏为秾挚，然而如就思致言，则小晏实不及大晏之深广。

8. 斜阳只送平波远

若干年前，晓春读到李叔同的《骊歌·送别》，不由得拍手叫绝，钦佩之至——"长亭外，古道边，芳草碧连天。晚风拂柳笛声残，夕阳山外山。天之涯，地之角，知交半零落。一壶浊酒尽余欢，今宵别梦寒。"后来，读到晏殊这首《踏莎行》，再联想其"芳草连天碧"、"点检如今无一半"等词句，心中便想，看来李叔同先生也是晏殊的拥趸啊！

> 祖席离歌，长亭别宴，香尘已隔犹回面。居人匹马映林嘶，行人去棹依波转。　画阁魂消，高楼目断，斜阳只送平波远。无穷无尽是离愁，天涯地角寻思遍。

饯别的筵席上唱完离别的悲歌，长亭中的宴饮散了场，芳香的尘土遮住了视线，离人恋恋不舍，还在频频回首。送行人的马隔着树林嘶吼，行人的船随着江波渐行渐远。画阁上我黯然魂消，走上高楼远望天际，夕阳下只见江波无边无垠。人世间的离愁无穷无尽，即使飞到天涯地角也要将他寻遍。

此词从送别场面写起，分别从居者、行者两个角度写离情，既表现居者依依不舍，又叙写行人不忍离开。下片只从居者方面写思念。行者从水路乘船走，故紧扣水波写。过片两句，写"居人"登上画阁，不禁黯然魂消，凭倚高楼，极目远眺，只见江波映照着落日余晖，伸展向遥远的天边，平添离愁别恨。"只送平波远"一句以景传情，抒写愁思浩渺，句中"只送"二字，怨别之情流淌而又无可奈何，语淡而意深。最后两句"无穷无尽是离愁，天涯地角寻思遍"，写别后的思念，主人公放开想象，让此情随波而去，飞遍天涯地角。从眼前的渺渺平波，引出无穷无尽的离愁，意境已然深远，又以"天涯地角"相辅，将相思相望之情演绎到极致。

这首送行词，先写饯别之宴，接着写依依惜别之情，然后写别后无尽思念，情景逼真，含蕴无穷，令人深切感受到词人的缱绻深情。

唐圭璋在《唐宋词简释》中点评此词：

> 此首为送行之作，足抵一篇《别赋》。起两句言饯别。"香尘"句言别去，香尘已隔，而犹回面，极见缱绻不忍之意。"居人"两句，一写去者，一写送者，两两对照，情景如见。换头一气蝉联，因行舟已依波转，故必登楼望之。但转瞬更远，即登楼望之，亦不得见，只余斜阳映波，徒教人目断魂销也。"无穷"两句，说出人虽不见，而心则随人俱远，无时或已。通体自送别至别后，以次描摹，历历如画。

9. 疑怪昨宵春梦好

不得不承认，晏殊词作中反映农村生活、关注普通百姓的作品很少。而《破阵子·春景》正是这样一首较为别致的作品。大中祥符四年（1011），晏固去世，晏殊丁忧回乡，其间写下了这首清新明快的词。

> 燕子来时新社，梨花落后清明。池上碧苔三四点，叶底黄鹂一两声，日长飞絮轻。　　巧笑东邻女伴，采桑径里逢迎。疑怪昨宵春梦好，元是今朝斗草赢，笑从双脸生。

燕子飞来正是社祭之时，清明节后梨花纷飞。几片碧苔漂浮在池中清水上,黄鹂的鸣叫声萦绕着树上枝叶,只见那柳絮在日光中飘飞。在采桑的路上邂逅笑容灿烂的东邻女伴。怪不得我昨天晚上做了一个春宵美梦,原来是我今天斗百草获得胜利的预兆啊!想到这,不由得脸庞上浮现出了惬意的笑容。

归飞的燕子、飘落的梨花、池上的碧苔、清脆的鸟啼、笑靥如花的少女,这些明快、温婉的意象让读者感受到春天的勃勃生机和青春的无限美好。

这首清新活泼的作品,风格朴实,境界明丽,具有淳朴的乡间泥土芬芳。上片写自然景物,色彩缤纷,明净秀美,写尽春色之娇娆明媚。下片写人物,聚焦一个行走在春光中的年轻村姑,将其天真形象和幼稚心态细致描写,"巧笑"闻其声、见其容;"逢迎"观其形、察其色。"疑怪"三句进一步展现生活细节和神态,惟妙惟肖,村姑的天真可爱跃然纸上。

你不得不佩服,晏殊这首词竟如小说一样,有饱满的人物形象和完整的故事情节。而全词洋溢着的充沛的青春欢乐气息极具感染力,给人以如沐春风的快感。

这首词获得词论家较为一致的高度评价。

刘永济先生在《唐五代两宋词简析》中点评说:

> 此乃纯用旁观者之言,描写春日游女戏乐之情景。因见游女斗草得胜之笑,而代写其心情。言今朝斗草得胜,乃昨宵好梦之验,可谓能深入人物之内心者。此种词虽无寄托,而描绘人情物态,极其新鲜生动,使读者如亲见其人其事,而与作者同感其乐。

10. 神仙一曲渔家傲

谈晏殊词作,恐怕无论如何也要谈一谈他的《渔家傲》组词。

以清人陈廷敬、王奕清编纂的《钦定词谱》之说法,渔家傲——"此调始自晏殊,因词中有'神仙一曲渔家傲'句,取以为名。"

晏殊这组《渔家傲》共14首，均与采莲主题有关，均为酒宴之间观赏采莲舞曲时的创作。这14首联章词，分别从不同时间、不同角度、不同场合来咏写荷花。其中第一首为总帽，陈述咏荷之主旨。

  画鼓声中昏又晓，时光只解催人老。求得浅欢风日好，齐唱调，神仙一曲渔家傲。 绿水悠悠天杳杳，浮生岂得长年少。莫惜醉来开口笑，须信道，人间万事何时了。

此词上片写歌伎陪酒歌舞，有画鼓伴奏，即使仅仅短暂的两情相悦，词人也心满意足。时光飞逝催人老，要及时行乐，歌伎们齐声高唱《渔家傲》时，筵席的欢乐气氛达到了极致。下片凸显词人"情中有思"的一贯风格，阐述人生苦短、时空永恒的矛盾，主张及时行乐。人间万事永无休止，不如抛开一切，陶醉于靓女美酒之间。由此可窥见词人的处世风格和人生态度。

这首词看似与荷花毫不相干，随笔咏写游乐之趣，抒发时光飞逝、及时行乐的感慨，但实际上，这首词是后面13首词共同主题的提炼，起到"引子"的作用，在叙事、咏物前挑明主旨。

晏殊年表

淳化二年（991）一岁

十二月二十一日亥时（公历992年1月28日晚上9时至11时），晏殊出生于江西临川。

至道三年（997）七岁

因能文善诗，被誉为神童。三月，真宗即位。

咸平六年（1003）十三岁

洪州通判李虚己将女儿许配给晏殊，并荐之于文坛领袖杨亿。

景德元年（1004）十四岁

闰九月，江南大旱，名臣张知白安抚江南，荐神童晏殊于朝廷。

景德二年（1005）十五岁

五月，召试，获赐进士出身，擢为秘书省正字，并留在秘阁读书。名臣李迪本年状元及第。

景德三年（1006）十六岁

召试中书，迁太常寺奉礼郎。

大中祥符元年（1008）十八岁

十月，迁光禄寺丞。

大中祥符二年（1009）十九岁

四月，召试学士院，命为集贤校理。

大中祥符三年（1010）二十岁

十二月，迁著作佐郎。

大中祥符四年（1011）二十一岁

父亲晏固去世。

大中祥符七年（1014）二十四岁

四月，迁同判太常礼院。本年，第一任夫人李氏、母亲吴氏先后去世。

大中祥符九年（1016）二十六岁

二月，为记室咨议。五月，迁太常寺丞。年初，娶第二任夫人孟氏。

天禧二年（1018）二十八岁

二月，为升王府记室参军，迁左正言、直史馆。八月，以户部员外郎，充太子舍人、知制诰、判集贤院。

天禧四年（1020）三十岁

八月，拜翰林学士。十一月，为太子左庶子，兼判太常寺、知礼仪院。

乾兴元年（1022）三十二岁

二月，真宗薨，仁宗即位，皇太后刘娥垂帘听政。七月，拜右谏议大夫，兼侍读学士，加给事中。

天圣二年（1024）三十四岁

三月，迁礼部侍郎，知审官院。本年，宋郊状元及第，宋祁进士及第，列第十名。

天圣三年（1025）三十五岁

十月，自翰林学士、礼部侍郎迁枢密副使。十二月，加刑部侍郎；同月，上疏论张耆不可担任枢密使，太后不悦。

天圣五年（1027）三十七岁

正月，罢枢密副使，以刑部侍郎出知应天府。延范仲淹掌府学。

天圣六年（1028）三十八岁

八月，任御史中丞。十二月，范仲淹因晏殊的推荐，担任秘阁校理。《浣溪沙·一曲新词酒一杯》作于本年。

天圣七年（1029）三十九岁

二月，迁兵部侍郎兼秘书监、资政殿学士、翰林侍读学士。八月，第二任夫人孟氏去世。

天圣八年（1030）四十岁

正月，权知贡举，举欧阳修为省试第一名。

天圣九年（1031）四十一岁

七月，任三司使。本年，晏殊长女嫁给富弼。

明道元年（1032）四十二岁

三月，撰写李宸妃墓铭。八月，任参知政事。十一月，加尚书左丞。十二月，谏太后刘娥服衮冕。

明道二年（1033）四十三岁

三月，皇太后刘娥薨。四月，罢参知政事，以礼部尚书知亳州。

景祐元年（1034）四十四岁

杨察榜眼及第，晏殊将次女许配。

景祐二年（1035）四十五岁

二月，徙知陈州，而后迁刑部尚书。

宝元元年（1038）四十八岁

四月，任御史中丞，充理检使；四月，晏几道出生。十二月，改任三司使。

康定元年（1040）五十岁

三月，改任知枢密院事。九月，加检校太傅，任枢密使。

庆历二年（1042）五十二岁

七月，授检校太尉，加同平章事。本年，王安石、苏颂进士及第，曾登门拜谒。

庆历三年（1043）五十三岁

三月，拜集贤殿大学士、同中书门下平章事，兼枢密使。八月，范仲淹任参知政事，韩琦、富弼任枢密副使。柳永登门拜谒。

庆历四年（1044）五十四岁

九月，罢相，以工部尚书知颍州。本年九月初，吕夷简病逝。

庆历五年（1045）五十五岁

迁礼部尚书。本年作《临江仙·资善堂中三十载》。

庆历八年（1048）五十八岁

春，徙知陈州。推荐梅尧臣任镇安军节度判官。

皇祐元年（1049）五十九岁

春夏间，范仲淹移知杭州，路过陈州，曾上门拜谒。七月，迁刑部尚书，加观文殿学士。八月，徙知许州。

皇祐二年（1050）六十岁

秋，迁户部尚书。冬，拜观文殿大学士、知永兴军，充一路都部署安抚使。

皇祐三年（1051）六十一岁

第三任夫人王氏去世。

皇祐五年（1053）六十三岁

八月，迁兵部尚书，徙知河南府，兼西京留守，累进阶至开府仪同三司，勋上柱国，爵临淄公。

至和元年（1054）六十四岁

六月，回开封治病。八月，侍讲迩英阁，诏五日一朝前殿。十二月，提举万寿观。

至和二年（1055）六十五岁

正月二十八日亥时（公历1055年2月27日晚上9时—11时），晏殊在开封去世。朝廷赠晏殊司空兼侍中，谥元献，辍朝二日。三月，葬许州阳翟县，宋仁宗赐其墓隧之碑首曰"旧学之碑"。

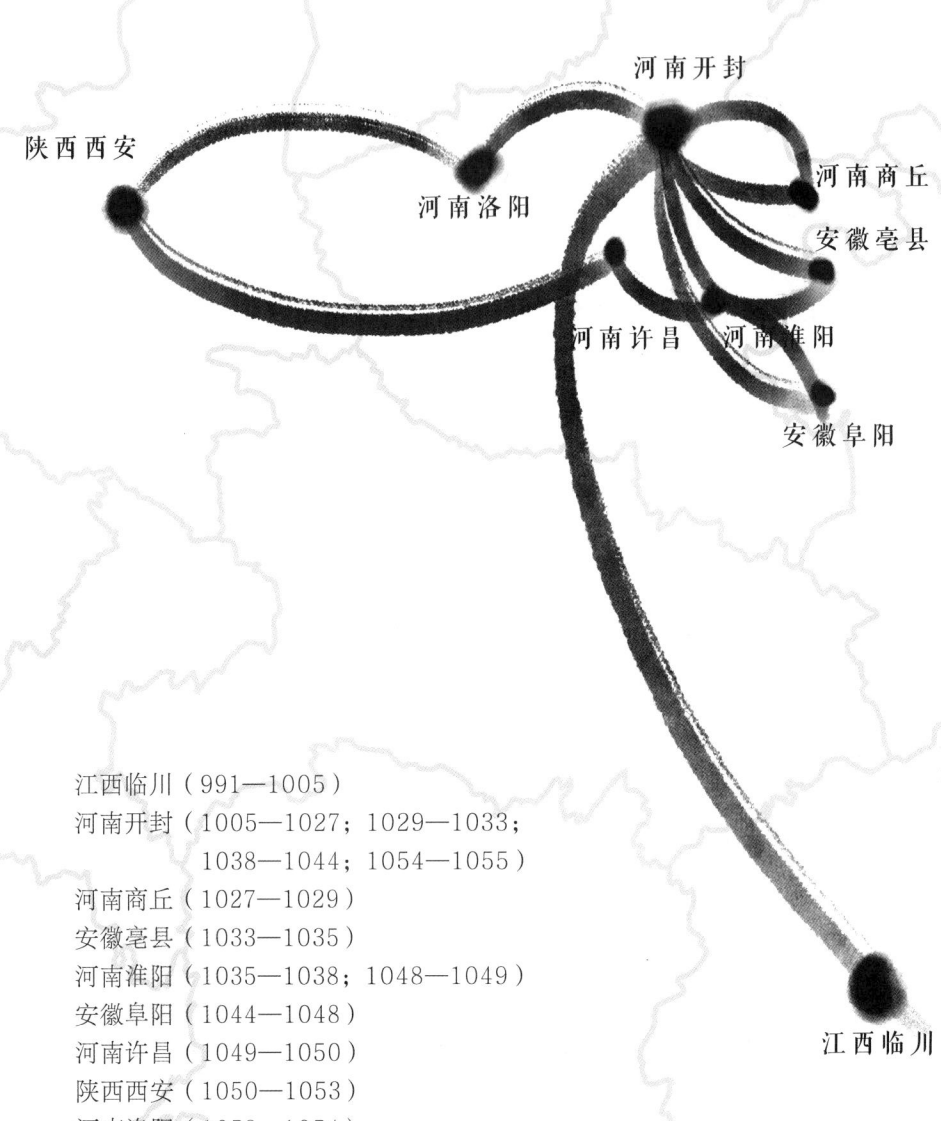

江西临川（991—1005）
河南开封（1005—1027；1029—1033；
　　　　　1038—1044；1054—1055）
河南商丘（1027—1029）
安徽亳县（1033—1035）
河南淮阳（1035—1038；1048—1049）
安徽阜阳（1044—1048）
河南许昌（1049—1050）
陕西西安（1050—1053）
河南洛阳（1053—1054）

晏殊为官路线图

图书在版编目(CIP)数据

北宋大神晏殊传 / 邹晓春著. —杭州：浙江文艺出版社，2019.8
ISBN 978-7-5339-5776-6

Ⅰ.①北… Ⅱ.①邹… Ⅲ.①晏殊（991-1055）—传记 Ⅳ.①K825.6

中国版本图书馆CIP数据核字（2019）第158737号

选题策划　邱建国
责任编辑　余文军
装帧设计　嫁衣工舍
责任校对　唐　娇
责任印制　张丽敏

北宋大神晏殊传

邹晓春　著

出版	浙江文艺出版社
地址	杭州市体育场路347号
邮编	310006
网址	www.zjwycbs.cn
经销	浙江省新华书店集团有限公司
制版	杭州天一图文制作有限公司
印刷	浙江超能印业有限公司
开本	710毫米×1000毫米　1/16
字数	286千字
印张	19.25
插页	1
版次	2019年8月第1版
印次	2019年8月第1次印刷
书号	ISBN 978-7-5339-5776-6
定价	58.00元

版权所有　违者必究
(如有印装质量问题,请寄承印单位调换)